TURING 图灵新知

U0734557

理解哥德尔

数学与爱

Yannick Grannec

[法] 扬妮克·格拉纳克 著

王烈 译

La déesse des petites victoires

人民邮电出版社

北京

图书在版编目（CIP）数据

理解哥德尔：数学与爱 /（法）扬妮克·格拉纳克
著；王烈译. -- 北京：人民邮电出版社，2025.
（图灵新知）. -- ISBN 978-7-115-67067-0

Ⅰ. K837.126.11

中国国家版本馆CIP数据核字第20259U2Q01号

内 容 提 要

　　本书以库尔特·哥德尔遗孀阿黛尔为主角，讲述了她作为科学家妻子的鲜为人知的故事，以及夫妇二人从第二次世界大战中的颠沛流离到在美国的科研生活的传奇经历。书中不仅展现了哥德尔的生活细节和天才思想，还描绘了第二次世界大战后普林斯顿学术圈的复杂图景。在这里，爱因斯坦、奥本海默、冯·诺伊曼、泡利、图灵等科学巨匠都不得不面对生活的困境和激烈的学术竞争。小说还原了这些伟大科学家的真实面貌，展现了他们在科学与人性之间的挣扎与矛盾。

◆ 著　　　　[法] 扬妮克·格拉纳克（Yannick Grannec）
　　译　　　　王　烈
　　责任编辑　赵晓蕊
　　责任印制　胡　南

◆ 人民邮电出版社出版发行　　北京市丰台区成寿寺路11号
　　邮编　100164　电子邮件　315@ptpress.com.cn
　　网址　https://www.ptpress.com.cn
　　三河市中晟雅豪印务有限公司印刷

◆ 开本：720×960　1/16
　　印张：20.25　　　　　　　　　2025年8月第1版
　　字数：289千字　　　　　　　　2025年8月河北第1次印刷
　　著作权合同登记号　图字：01-2018-5950号

定价：89.80元
读者服务热线：(010) 84084456-6009　印装质量热线：(010) 81055316
反盗版热线：(010) 81055315

版 权 声 明

传播光明有两种方式：

当一支蜡烛，或当反射烛光的镜子。

——伊迪丝·华顿

目录

1.

1980 年 10 月
美国多伊尔斯敦，松龄养老院

安娜站在门外，护士正为她说情。为了按捺住焦虑，安娜关注着每一声动静：有一搭没一搭的交谈声、突然爆发的呼喊声、电视里的低诉声、开关门的嘎吱声，还有轮椅的碰撞声。

后背一阵酸痛，但安娜仍不愿把包放下。她向前一步，站在相当于门槛的地垫上，攥着口袋里的便笺为自己鼓劲儿，上面是她用大写字母列出的一条条理由。

护士摸摸老太太满是斑点的手，为她整整帽子，摆正枕头，说："哥德尔夫人，本来就没什么人来探望，您就不要拒绝了，让她进来吧，逗她玩玩，就当是锻炼了！"

护士走出来，朝安娜同情地笑了下："要知道怎么和她相处……祝你好运。"她也只能帮到这里。安娜走进去，犹豫了一下，她本已打算好见面时轻松地把事情讲清楚，可床上的老太太不太客气地看着她，于是她又改了主意。还是正式一点儿吧，配合一下今早选的这一身不起眼的米白羊毛开衫加格子裙。现在她只能确定，哥德尔夫人可不是那种因为时日不多就可以直呼其名的老太太，那张便笺还是不要拿出来了。

"非常荣幸与您见面，哥德尔夫人，我叫安娜·罗思。"

"罗思？你是犹太人？"

安娜听出了浓重的维也纳口音，笑了一下，努力稳住自己。

"这对您重要吗？"

1

"无所谓，我只想知道别人从哪里来，我现在这样子……听别人说说就当旅行了。"

哥德尔夫人想直起身子，却疼得苦笑了一下。安娜差一点儿冲过去扶她，但那冰冷的眼神又打消了她的念头。

"你是院 [①] 里的人？这么年轻就待在科学界的老人院里发霉啊？有话直说吧！咱俩都知道你为什么来。"

"我们可以给您报个价。"

"一群傻瓜！好像这是钱的问题一样！"

安娜感觉恐慌一点点加剧——别理她，别理她——安娜大气不敢出，尽管消毒水混合劣质咖啡的味道让她想吐。她从来都不喜欢老人，也不喜欢医院。老太太不看她，挠着毛线帽下的头发："小姑娘，你还是走吧，这不是你待的地方。"

安娜瘫坐在门厅里的栗色人造革椅子上，把手伸向旁边小圆桌上的一盒酒心巧克力，那是她来时放下的。不该带甜食，哥德尔夫人应该不能再吃甜的东西了。盒子已经空了，安娜只好猛咬拇指指甲。她试了，失败了，院里只能等到哥德尔夫人去世，并祈求苍天保佑，她别毁掉任何珍贵的东西。安娜曾渴望成为第一个整理库尔特·哥德尔遗稿 [②] 的人。此刻她羞愧地回想起自己当初那些拙劣的准备——最终人家只随手一挥，就把她打发了。

她小心地把便笺撕成一片一片，放进巧克力盒的小格里。别人提醒过她，哥德尔的遗孀顽固、粗俗，从不听任何人讲道理，不管是亲朋好友还是院长。这个老太婆怎么能就这样霸占人类的宝贵遗产？她以为她是谁？安娜起身，想："管她呢，我再去一次。"

她敲了下门就进去了，哥德尔夫人看到她又出现，似乎并不惊讶。

---

① 普林斯顿高等研究院。——译者注
② 原文为 Nachlass，德文，意为"留下来的东西"，这里指死者留下的所有文档和遗稿。——译者注

"您既不贪财也没发疯，只想与他们作对，可您现在也就只能捣捣乱了。"

"他们呢？这次又打什么鬼主意？派个无足轻重的秘书来对付我？找一个性格好但相貌平平的女孩儿来打消我这个老太婆的顾虑？"

"您完全清楚这些资料对后世的价值。"

"去他的后世！也许哪天我就烧了，我特别想拿我婆婆的信当厕纸。"

"您没有权利毁掉这些文件！"

"高等研究院那些人怎么想？奥地利老太婆不知道这些稿子有多重要？我和这男人一起生活了五十年，非常清楚他有多伟大！我一辈子都在捧着他的衣角、擦亮他的"皇冠"！你就和普林斯顿那些混蛋一样，是不是在想那样的天才怎么就娶了她这么个泼妇？去找后世要答案吧！从没有人问过我给了他什么！"

"您生气，但不是生高等研究院的气。"

哥德尔夫人看着她，淡蓝色眼睛与碎花睡衣很相配，却充满红红的血丝。

"夫人，他去了，我们无能为力。"

老太太转动着那发黄的手指上的婚戒。

"他们从哪个堆放博士材料的旮旯儿里把你找出来了？"

"我不搞科研，我在高等研究院做文献工作。"

"库尔特用加贝尔斯贝格速记法写笔记，这种德语速记法现在已经没人会了，就算我把文件给你，你也不知道拿它们怎么办！"

"那速记法我会。"

哥德尔夫人的手放开戒指，紧紧抓住睡衣领子。

"怎么可能？世上应该只剩三个人……"

"我祖母是德国人，她教过我。[①]"

"那些人总这么自以为是。你以为你能嘟囔几句德语我就会信任你？告诉你，资料员小姐，我是维也纳人，不是德国人。而且你要知道，那三个能翻译加贝尔斯贝格速记法的人并不在那十个能理解库尔特·哥德尔的人之内——

---

① 德文：Meine Großmutter war Deutsche. Sie hat ihn mir damals gelehrt. ——译者注

你我都理解不了。"

"我并不打算理解，只想为遗稿编目，让真正有能力的人能研究它，也让自己有点儿用。这不是一时兴起，也不是要占为己有，这是一种尊敬，夫人。"

"别驼背，显老，挺起胸！"

安娜调整了姿态，她一直在别人"安娜，挺起胸！"的教训中长大。

"巧克力是在哪里买的？"

"您怎么猜到我带了巧克力来？"

"靠逻辑推测啊。首先，你看起来是个受过教育的好女孩，不会空手而来；其次……"老太太朝门的方向抬了下下巴，安娜转身看去，一个娇小瘦弱的身影等在门口，带亮片的粉色毛衣上沾满了巧克力。

"阿黛尔，到喝茶时间了。"

"马上，格拉迪丝。小姑娘，你不是想让自己有点儿用吗？扶我从这'棺材'里出来。"

安娜把轮椅推过去，放下金属护栏，把被子放到一边，还在犹豫要不要碰哥德尔夫人，哥德尔夫人已经起身把颤巍巍的脚放到地上，微笑着让安娜来扶。安娜扶着哥德尔夫人的手臂，让她坐进轮椅。哥德尔夫人自在地呼出一口气。安娜也放心地长出一口气，惊讶于自己还能毫无困难地想起那些早以为忘记的动作。安娜的祖母约瑟法也会在所过之处留下这一股薰衣草的味道。安娜忍住对昔日的怀念，第一次接触看来还行，伤感就伤感点儿吧。

"罗思小姐，如果你真的想让我高兴，下次就给我带瓶美国的波旁威士忌酒。这里只能偷偷弄到雪利酒，我讨厌雪利酒，而且我一直不喜欢英国人^①。"

"所以我能再来？"

"也许吧。^②"

---

① 雪利酒虽是西班牙特产，但自 16 世纪起，英国商船垄断了其贸易，英国人成为最大的消费群体（尤其维多利亚时期盛行餐前饮用雪利酒的习俗）。因此，雪利酒常被视为"英国人的酒"。——译者注

② 德文：Mag sein... ——译者注

2.

1928
我还美丽之时

"爱上一个人就像是创造一种宗教，
而那种宗教所信奉的神是靠不住的。"
——豪尔赫·路易斯·博尔赫斯，《但丁九篇》①

我早就注意到他了，在他的目光落在我身上之前。我们住在维也纳约瑟夫城的同一条街，离维也纳大学只有几步路。他和哥哥鲁道夫同住，我住在父母家。那天凌晨，我像往常一样独自从"夜蛾"（Nachtfalter）歌舞厅走回家——那是我工作的卡巴莱剧场②。下班后总有些客人要送我，但我可没天真到相信他们别无所图。这条路我闭着眼睛也能走，但还是不能放下戒备。城市一片灰色，流传着可怕的传闻，女子被黑帮拐到柏林，卖给风月场所。于是，虽已不是少女但看起来不过二十岁的我，阿黛尔，只能贴墙而行，担心着每一处阴影，并对自己说："五分钟后你就能脱下这双讨厌的鞋子，十分钟后你就能躺在床上了。"在离家几步远的地方，我看见一个身影在对面的人行道上踱步，一个中等身材的男子裹着厚重的大衣，戴着深色的毡帽，脸藏在围巾里，双手背在身后慢慢走着，好像在散步消食。我加快脚步，心里七上八下，我的感觉很少出错，没人会在凌晨五点

---

① 摘自：《但丁九篇》，王永年译，上海译文出版社，2015。——译者注
② Cabaret（中文常译作"卡巴莱"或"歌舞餐馆"）是一种融合表演艺术与餐饮的娱乐形式，起源于19世纪末的欧洲。——译者注

散步。在黎明时分，游戏人间的人从夜场返回，其他人正要去上班，而且谁也不会在这么温和的夜里裹得如此严实。我提心吊胆地跑过最后几米，心里琢磨着大声呼喊能不能把邻居叫醒。我一手拿钥匙，一手拿一小袋胡椒粉——朋友丽艾莎教过我，先把坏人弄"瞎"，再把他的脸撕烂。一进到家里，我就马上把那扇薄木门紧紧关上，这人真把我吓得不轻！我从窗帘后面偷看他，他还在踱步。第二天同一时间，我又看见这个幽灵一样的人，但没有加快脚步。从那时起，连着两周，我每天早上都会遇到他，但他似乎从没注意到我的存在，好像什么都看不见。我换到对面的人行道走，想弄个清楚，故意与他擦肩而过，他却连头都不抬。我和"夜蛾"的姑娘们说起这事，说起胡椒粉，她们哈哈大笑。有一天他不见了，之后我就早一点儿回家，又晚一点儿回家，但他就像蒸发了一样。

直到某天晚上，在"夜蛾"的衣帽间，一个人把厚重的大衣递给我，那个季节穿这大衣实在太热。大衣的主人就是他，有着帅气脸庞、褐色头发，大概二十岁，严肃的黑框眼镜后是朦胧的蓝眼睛，我忍不住要和他搭话。

"晚上好，长街幽灵先生。"

他看了看我，一脸诧异。然后，他转向和他一起来的两个朋友，我认得其中一个——马塞尔·纳特金是我父亲店里的顾客。他们讪笑着，小年轻有点儿尴尬时都这样，读书最多的也一样。他不是那种向衣帽间的女孩献殷勤的人。

他没有回答我，人又不断涌进来，我得动作快点儿，也就没坚持，拿上他的大衣钻进了衣帽间。

一点左右，我换上舞台装——一套很俏皮的水手服，与某些时髦夜场的服装相比已经算非常得体，短袖、丝光白短裤、深蓝色领结，脸上自然也浓妆艳抹。想想那时给自己化的妆，也是疯狂！姑娘们一起演完就让位给滑稽戏，丽艾莎又跳错了至少一半步子。我在人群中看到那三个人，他们坐得离舞台很近，恣意欣赏我们的身姿，我的"幽灵先生"也不例外。我又回到衣帽间干活儿。"夜蛾"是一家很小的夜场，在那儿什么都得干，不仅要跳舞，两场演出之间还要卖烟。

不一会儿，他来找我，这回轮到我的朋友们讪笑了。

"不好意思，小姐，我们认识吗？"

"我经常在长街遇到你。"我边说边在柜台底下乱翻，想显得很忙，他就一直傻站着，"我住 65 号，你住 72 号，不过白天我可不穿成这样。"

他一言不发，显得好可怜、好无辜，我想逗逗他。

"你整晚在外面干什么？除了盯着鞋子。"

"我喜欢边走边思考，应该说……走路时我能更好地思考。"

"你思考什么这么投入？"

"我不确定……"

"……我能不能懂？舞女也有脑子啊！"

"真理和不可判定性。"

"让我猜猜……你是学哲学的，把家里的钱都耗在没结果的问题上，最后还是回去继承家里的服装店。"

"差不多，我对哲学也感兴趣，不过我是学数学的。我父亲倒真开了一家服装厂。"

他似乎惊讶于自己说了这么多话，不知所措地摆了摆手。

"我叫库尔特·哥德尔。你呢，阿黛尔是吗？"

"差不多，你又不可能什么都知道！"

"这有待证明。"

他倒退着走开，被潮水一般的客人挤来挤去。

如我所愿，打烊时他又来了，一定是被伙伴怂恿的。

"能让我送你回家吗？"

"那你就没法思考了啊，我话很多！"

"没关系，我不听就行。"

我们一起顺着大学那条街往回走，聊了很多。准确地说，是我问了他很多问题。我们说到林德伯格的壮举[1]，他说不喜欢爵士乐，他说他很爱母亲。我们尽量不提去年的暴力示威[2]。

我已不记得我们相遇时我的头发是什么颜色，毕竟这辈子它换了那么多次。应该是金发，有点儿像珍·哈洛，但没那么俗，更精致，侧面看像贝蒂·布朗森，谁还记得她？那时我很喜欢这些电影演员，每一期《一周电影》都要仔仔细细翻看。库尔特成长的维也纳上层社会很瞧不起电影，只是一个劲儿地讨论绘画、文学，还有最重要的——音乐。我的第一个妥协便是独自看电影，万幸的是，库尔特喜欢轻歌剧而不是古典歌剧。

我早就不再做梦了，毕竟我二十七岁就离了婚。为逃离死板的家，我太早就和一个靠不住的男人结了婚。之前几年物价高涨，我们只能吃白菜、土豆，靠黑市买卖勉强度日。我们很快就会重蹈覆辙。我想寻欢作乐，却饥饿难耐，我嫁错了人，第一个出现的人我就要了，可他是一个只会花言巧语的人。库尔特就从来不给守不了的承诺，谨小慎微到令人厌恶。少女的梦想都已被我丢弃，我本想去拍电影，和当时所有的舞女一样。我很奔放，长得也漂亮，尤其是右侧脸。那时刚流行烫发，人人都要弄一个，长发不流行了。我明眸皓齿，总涂着口红，手也小巧，只是左脸颊有个红印子，不好看，要用厚厚的一层粉盖住。不过这讨厌的印子到最后还挺有用，所有未能实现的梦都可以怪到它身上。

库尔特和我毫无共同之处，就算有，也极少。我比他大六岁，没上过学，而他在读博士。我父亲开了一个照相馆，他父亲是成功的企业家。他信新教路德派，我信天主教，但那时并不虔诚，宗教对我而言就是家传的老物件，

---

① 1927 年，林德伯格成为第一个独自从纽约飞到巴黎且中途不停的飞行员。——译者注

② 指 1927 年 7 月发生在维也纳的"暴乱"。——译者注

注定在壁炉台子上接灰。那时，最多也就是在舞女化妆间里祈祷："圣灵受孕的圣母玛利亚啊，保佑我别出岔子吧!"身体里莫名多个住客，最让人害怕。二十岁的我但行好事，不问前程，根本想不到要留点儿幸福快乐给以后，偏要把一切燃烧殆尽，反正有的是时间从头再来，有的是时间后悔。

　　这次散步如同开始时那样结束，两个人都尴尬地沉默着，欲言又止。我从来都没有数学天赋，但也知道"差之毫厘，谬以千里"。在哪一个时空，哪一个版本的故事中，他那天晚上没有送我回家?

3.

再会

"'也许吧'是什么意思？她到底放不放那些文件？这样推三阻四对她有什么好处？"

"我想是为了拖延时间吧，这样有人听她说话。"

"要多久就多久，只要保证遗稿安全。不要和她顶嘴！这个老太婆很可能把文件扔进垃圾桶。"

"我觉得不会，她看起来挺明白，至少在这件事上。"

"胡扯！她根本看不懂。"

"他们一起生活了五十年……他肯定和她说过关于研究的一些事情。"

"我们要的可不是某个富商的回忆录。在这个领域，大部分人连题目都看不懂。"

安娜后退一步，不喜欢自己的空间被侵犯。卡尔文·亚当斯有个讨人厌的习惯，说话一激动就唾沫横飞。

她一回到院里就向院长汇报了与哥德尔遗孀的会面情况，如实说明哥德尔夫人的不客气。她想突出自己的成绩：之前一位公认的专家就碰了一鼻子灰，她至少打开了一扇门。但院长对现状很恼火，不在乎这点儿微小的差别。

安娜问："如果哥德尔自己偏执过头，早把资料都毁了呢？"

"不太可能。"

"他家里什么也不要？"

"除了他在欧洲的哥哥鲁道夫，哥德尔没有任何继承人。他把所有东西都留给了妻子。"

"那说明他认为她能替自己行使著作人身权。"

"鉴于这些文件的历史价值，它们应该归院里，不管是记事本、发票还是处方!"

"说不定有没见过的手稿。"

"应该不会有什么重大发现,那几年他有些迷失。"

"天才就算迷失也依然有天才的痕迹。"

"安娜,在你的领域中,浪漫就代表业余啊。"

这种居高临下的亲切态度,让安娜很反感。她从小就认识卡尔文·亚当斯,但从不直接喊他卡尔文,尤其在高等研究院里。他差一点儿就要拍大腿笑她太天真,但她可不是因为天真才相信这些文件中依然保留着哥德尔的天才痕迹,她真心相信,哥德尔深居简出五十年,很少发表东西,但人们都说他从未停止工作,那这些文件怎么就不会有单纯史料之外的价值?她不会满足于当邮差,一定要拿到遗稿,让卡尔文·亚当斯无话可说。

"院长,您很懂波旁威士忌吧?"早晨要忍受他口气的人都会觉得这问题多余。

中午刚过,安娜又走上去养老院的路,准备好再被刁难一番,到了那里却被值班护士拦下。哥德尔夫人在接受治疗,得等等。她只好尴尬地坐在接待处的椅子上,看着那扇进不去的门。走廊尽头,一个绝对有一百岁的人问她:"有巧克力吗?"安娜没有说话,那人也就默默离开了。

安娜可不敢因为沉浸在恐怖小说中而错过阿黛尔,看见清洁工进了房间并把门敞着,她顿时不安分起来,决定冒险溜进去。

她装作若无其事,放下包,洗洗手,环顾房间。上次来的时候太焦虑,什么细节都没注意。墙被漆成大胆的粉蓝色,正好调和床板的深棕色和移动桌的浅米色;一把崭新的座椅也是蓝色,等待着来访者;读物居然只有一本翻旧的《圣经》和几本无聊的杂志,还有些私人物品——钩针毯子、有花朵图案的枕头、带玻璃坠儿的床头灯;金色的光从金属百叶窗透进来,一切都经过用心布置,要不是无处不在的医疗设备和高挂的电视,房间显得很温馨,安娜完全可以在窗边喝一杯热腾腾的茶。

白色的塑料钟提醒她这一天已快过去。清洁工用湿布擦了地,又去忙别的。床头柜上摆着一些老物件，看起来没什么价值。安娜拿起一个褪色的盒子又恶心地放下，里面不知道什么东西已经结块，看外面是德梅尔咖啡店[1]装紫罗兰糖的盒子，上面用德文写着"奥地利生产"。她仔细端详精美相框里的照片，阿黛尔侧着脸，非常年轻，波浪齐耳短发，有一种现已消失不见的甜美。以前她挺漂亮，尽管眼神空洞，照相馆拍的老照片都这样。头发应该是栗色，从黑白照片上看不出来，眉毛颜色深些，画成当时流行的样子。在一张结婚照中，阿黛尔已没有那么艳丽，还是侧着脸，头发变成了浅金色。在她身边，哥德尔先生出神地看着镜头。还有一张集体照，背景是地中海，胖胖的阿黛尔很开心，照片里没有她丈夫。

"您是要整理整理，准备拍卖吗？"

安娜想找个借口搭话：这也是工作啊。这些是个人物品还是人类遗产，还是阿黛尔说了算啊。但这似乎怎么都说不过去。

护工把阿黛尔扶到床上："好了，哥德尔夫人，休息吧。"

安娜听懂了话里的意思：不要引她激动，她经不起折腾。

"你觉得我把库尔特·哥德尔的遗稿藏在床头柜里？"

"您这房间住起来应该挺舒服。"

"这是等死的地儿，不是住的地儿。"

安娜越来越需要来一大杯茶。

"我可以和你说话，但别假惺惺地可怜我这老太婆！*明白了吗？*[2]"

"我只是好奇，忍不住看了您的照片，没有坏心。"

安娜走近年轻的那张："您以前很美。"

"现在不美？"

"我就不假惺惺地可怜您这老太婆了。"

"回得漂亮。我父亲拍这张相片时，我二十岁。他专门给人照相，和我母亲在维也纳开了一家小照相馆，就在我未来的丈夫家对面。"

---

① 德梅尔（Demel）是维也纳著名的咖啡馆。——译者注

② 德文：Verstanden？——译者注

阿黛尔从安娜手中拿过那张照片："我都不记得我还有过这个样子。"

"我也经常有这种感觉。"

"大概因为发型吧，时尚变得太快。"

"有时候，老照片上的人看起来像另一个物种。"

"我现在就活成了另一个物种——人们不愿说的'老人'。"

安娜沉默，假装在琢磨这句话的深长意味，其实在找话头说出此行的真正目的。

"我很有架子吧？老人都喜欢这样，越心虚就越不容争辩。这是为了掩盖慌张。"

"哪个年龄的人都会摆架子，总有年纪更小的人。"

透过阿黛尔的微笑，安娜仿佛看见了那位容光焕发的小姐，藏在这个尖酸刻薄的胖女人身体里。

"下巴慢慢就和鼻子越靠越近，年龄让人显得多疑。"

安娜条件反射般地摸摸自己的脸。

"你这么年轻，摸不出来。你多大了，罗思小姐？"

"叫我安娜吧，我二十八岁。"

"我像你这么大时正爱得死去活来呢，你恋爱了吗？"

安娜没有回答，阿黛尔用从未有过的温柔目光看着她。

"来杯茶吗，安娜？半小时后花房里提供茶水，你也不怕再来几个老婆子。说是花房，其实就是摆满塑料花的阳台，丑得很，好像我们都没养过花似的。对了，你是哪里人？上次你没回答我。你经常去欧洲旅行吗？你去过维也纳吗？别穿这羊毛开衫了，现在流行这种米白色？你穿着不好看。你住在哪里？我们原来在普林斯顿北边有栋房子，离格罗弗公园不远。"

安娜脱下开衫，炼狱里火热难耐。如果要和魔鬼做个交易，以自己一命换老太太死，她肯定毫不犹豫地答应。

听说安娜从未去过维也纳，阿黛尔很失望，但她对安娜带来的礼物很满意，这是她最喜欢的一种波旁酒。

4.

1928
维也纳学派

你连飞都不会，也能算是鸟吗？
你连游泳都不会，也能算是鸟吗？
——谢尔盖·普罗柯菲耶夫，《彼得与狼》

维也纳让我和他走到了一起。我的城市如此狂热喧嚣，翻涌鼎沸。哲人与舞女共进晚餐，诗人与市民并肩而行，科学天才多到不可思议，画家在其中大笑，三教九流喋喋不休，女人、伏特加、纯粹的思想，都是只争朝夕的欢愉。爵士乐的"病毒"感染了莫扎特的摇篮，在黑人音乐的节奏中，我们不问前程，不提往事。战争遗孀将抚恤金挥霍在小白脸的臂弯里，有人从战壕死里逃生，从此百无禁忌。打烊之前，再跳最后一支舞，再饮最后一杯酒。明眸善睐的我喜欢听男人们高谈阔论，逗他们开心。一句话惊醒迷失在酒精或无聊中的灵魂，看他们眯着眼睛，如同被从睡梦中拉起，诧异身在此处，在这桌旁，在突然的嘈杂中。他们在挥洒的红酒里努力回想被蒸发、消散的念头，最后还是一笑置之，回到对话开始的地方。我陶醉其中，善交际又有点儿天真，自得其所。

第一次正式约会，我就使出了浑身解数。他请我去德梅尔咖啡馆，那是上流人士经常出入的高雅之地。我完全不怵那些小口啜茶的高贵夫人，一顶不对称的钟形帽巧妙地遮住了脸上的斑，丝光润滑的新衬衫衬出了我的肤色——这可花了我整整一个月的薪水，要是被父亲知道，他的脸色好看不了。我还借了丽艾莎的披肩，每个姑娘想找个好夫婿时，都曾把它披在肩上。我倒完全不想再结一次婚，只不过和这位毕恭毕敬的大学生聊聊，暂时不用烦店里的那些事。我们像跳着华尔兹，绕圈靠近。那时我不说"同心圆"之类的词，要是丽艾莎听到了，她会斜眼看着我说："你得了吧，我知道你是什么人。"库尔特和我喝了几次酒，在夜里散了几次步，才告诉我一些事情。他出生在捷克摩拉维亚的布尔诺，来维也纳不是为了闯荡，而是因为方便，他哥哥鲁道夫在这里学医。这个德裔家庭似乎没怎么受到第一次世界大战后物价高涨的影响，两兄弟都生活无忧。库尔特不怎么说话，礼貌拘谨，很迷人却不自知，总陪着那个疲惫的阿黛尔在凌晨回家，却还没见过阳光下的她。

那天，他在咖啡馆里选了一个靠里的位置。我的步子走得嗒嗒响，摇曳着经过一块块白桌布，来到他面前。他本可以仔细打量我一番，却完全沉浸在阅读中。当他从书本里抬起头来，我再次讶异于他的年轻：皮肤如婴儿般嫩滑，头发自然整齐，一身西装十分整洁，完全不像我们在夜场后台迷恋的那些电影演员。他一看就是读书人，身材瘦削，但也很迷人，眼睛充满温柔，蓝得无法捕捉。他不是假装客气，但也不会盯着对方，只是望向自己内心深处。

我们刚互相问好，一本正经的店员就过来点单——也好，不必费力想开场白。我点了一份紫罗兰冰沙，其实，我惦记柜台里令人垂涎的蛋糕，但不能第一次约会就显得贪吃。库尔特对着甜点单陷入沉思，店员耐心地回答他无穷无尽的问题。我听她仔细讲这些甜点，胃口被勾了起来，于是又点了一个奶油角——去他的礼节吧，他也不该让我等啊。最后，库尔特只要了一杯茶，店员赶紧离开，长出了一口气。

"你下午做什么了，哥德尔先生？"

"我去开学派的会了。"

"英式俱乐部之类的？"

他用僵硬的手指抬了一下眼镜。

"不是，是施利克和哈恩教授建的讨论小组。哈恩应该会当我博士论文的导师。"

"我都能想象到……你们坐在大皮椅上，一边欣赏木墙板一边消食。"

"我们在数学学院一楼的一个小房间聚会，或者去咖啡馆。没有皮椅，我也没看到过木墙板。"

"聊体育和雪茄?"

"聊数学、哲学，还有语言。"

"有女人吗?"

"没有，没有女人……哦，有，有时奥尔加·哈恩①会来。"

"她漂亮吗?"

他摘下眼镜，擦去根本看不见的灰尘。

"我觉得她非常聪明，很好笑。"

"你喜欢她?"

"她已经订婚了。你呢?"

"你问我订没订婚?"

"不是，你下午干什么了?"

"我们排了个新节目，你会来看吗?"

"我不会错过。"

我认真地欣赏了一下周围。

"这地方真漂亮，你常来吗?"

"经常和我妈妈一起来，她很喜欢这里的点心。"

"你不点些吃的吗?"

"选择太多了。"

"我帮你点。"

店员把茶壶、茶杯、糖罐、奶罐放在他面前，他马上把每件东西摆正，但忍住没有碰我的餐具。他挖了一勺糖，小心翼翼地去掉上面一些，估了一下量，然后又倒回糖罐里，重新开始。我一边尝着冰沙一边看他摆弄。他闻了

---

① 数学家，汉斯·哈恩的妹妹。——译者注

一下杯子。

"不喜欢吗?"

"他们用沸水泡茶,但水开之后,最好等几分钟再泡。"

"你要求真高啊。"

"为什么这么说?"

我大口吃着奶油角,遮掩着笑意。

"你胃口真好,看你吃东西真让人开心。"

"我体力消耗大,吃饱才有劲儿啊。"

"真羡慕你,我身体很虚弱。"

他狡黠地笑了一下,我感觉自己像甜品店橱窗里的薄酥果馅卷[①]。我用餐巾轻轻地擦了擦嘴,跳起欲擒故纵的探戈。

"你到底学些什么呢?"

"我在读形式逻辑的博士。"

"我的天,逻辑也可以学? 有没有逻辑不是与生俱来的品质吗?"

"形式逻辑与品质无关。"

"那它到底是什么?"

"你真的想讨论这个?"

我要放手一搏了,最后一击。

"我喜欢听你说你做的事情,特别有意思。"

丽艾莎如果听到,白眼都要翻到天上去了,但我坚持我的"逻辑":越俗越管用。男人的虚荣让他们耳听不见,却话多。第一步:让他给你讲人生。

他放下茶杯,杯柄对着茶碟上的花朵,接着又改了主意,转了半天把杯子转了一圈。我耐心地等待,努力憋着心里话:"快点啊,我的小学生! 你抗拒不了,你也是个男人!"

"形式逻辑是一个抽象系统,不使用你我日常说话所用的语言,它是一种普适的方法,用于操作各种数学对象,就算不懂中文,我也可以明白中国人

---

① 一种叫 Strudel 的奥地利甜品。——译者注

的逻辑证明。"[1]

"除了明白中国人，这对你有什么用呢？"

"有什么'用'？这是什么意思？"

"逻辑的目的是什么？"

"证明啊！我们寻找程式来建立最终的数学真理。"

"就像菜谱一样？"

在这不一样的光线下，我看清了他"追人"的方法。其实他没那么害羞，只不过我是特别的样本，他不知道该拿我怎么办。和我接触比和女学生接触难，因为我对他在学业上的成功毫无感觉。他要稳扎稳打，步步为营：一个偶然、一次同行、两次同行、一起喝茶。和她说什么？让她说吧。后来他告诉我，他平时追女孩可大不一样。他会约一个女孩到大学教室，但其实另一个在那儿学习的女孩才是他真正的目标。嫉妒、竞争、迂回，这是应用数学。

"逻辑也不可能证明一切吧？能证明爱吗？"

"首先，要严谨陈述命题，将问题分解为固定不可变的小对象；其次，不能将一切都归入这个领域，这不正确。爱并不由形式系统支配。"

"形式系统？"

"这是一种数学专用语言，严格客观，基于一组公理。'爱'从定义来说就是主观的，没有初始公理。"

"公理是什么？"

"显而易见的真理，由此可以构建定理等更复杂的知识。"

"就像一块砖？"

他又把茶杯转了三圈："可以这么说。"

"我来教你阿黛尔第一定理：对于爱情，1 加 1 等于一切，2 减 1 等于什么也没有。"[2]

---

[1] 不严谨地简而言之，"一阶逻辑"是一种数学形式语言，以"和""或""如果"等逻辑算子（或称联结词）将"谓词"连接起来，由已知"真"或"假"的命题推出"真""假"。

[2] 妮农·德朗克洛语，她是法国国王路易十四时代著名的社会活动家。

"这不是定理。还未被证明的，就只是猜想。"

"被证明是错的，该怎么办？扔到猜想的墓地里？"

他没有笑，我看到了蛛丝马迹，该进行第二步了：烧火——争吵能让他与你更亲近。

"我不同意你说的，爱情反复发生，很有规律。我们都经历过这种有逻辑的过程：欲望、愉悦、痛苦、无爱、反感……只是看似模糊，看似个人。"

我刻意强调了"愉悦"和"痛苦"两个词。

"阿黛尔，你是个实证主义者却不自知，这很可怕。"

他发出一声尖笑，像老鼠叫一样，这人从没学会怎么笑吗？

"你想当老师吗？"

"当然。几年内，我应该能当上大学编外讲师。"

"可怜的学生们！"

说我是实证主义者？我决定敲打一下这个头头是道的家伙。第三步：淬火——突然冷却。

我把他扔在那里了。

小伙俩没有回味多久，鞋子的嗒嗒声消失在米歇尔广场上四轮马车的嘈杂中。我踩到马粪，咒骂起来——马和人，然后又责怪自己。我确实捕捉到了他的蓝眼睛，但从中读出的是惊愕，不是欣赏。我在商店里试穿了一条于我而言太过漂亮的连衣裙，而且我也买不起。我已经开始惋惜。

5.

养老院的窗

趁接待处那凶神恶煞一般的人不在，安娜偷看了登记表，发现这几周来探望哥德尔夫人的很少，来的人都是女的，而且从名字判断，年纪应该都不小。

她把登记表分毫不差地放回原处，坐回椅子上。来得太早，只能像往常一样耐心等待。她做过那么多耗时费事的蠢事：找胶带的开头、在银行排队、在超市选错收银台、在高速公路上错过出口，这个秋天可以再加一项——等阿黛尔。浪费的点滴时间加上别人迟到时的等待，等于少了一辈子。

格拉迪丝从走廊尽头急急走来，这个岁数还如此有活力实在叫人诧异。她毫无顾忌地翻了翻安娜的包，一脸失望。这次安娜什么也没带来。

"您真是老来俏，格拉迪丝。"

穿着粉毛衣的小矮个儿，伸出美发师一般的手，氨水和指甲油的气味令人作呕，指甲油的颜色艳丽得不自然。"不能破罐子破摔。你知道男人都是什么德行。"

安娜抱紧包，她真的不想知道。她驱赶着脑海中烦人的画面：老皱的皮肤贴在一起。

"养老院里剩的人不多了，六女一男的比例都不到。我给你讲讲几个精力旺盛的吧。"

"还是别了。"

格拉迪丝毫不掩饰失落，没糖吃又聊不了闲话。安娜看她可怜，又挑起话头。

"阿黛尔呢？"

"她连头发都不剪了，不知怎么搞的，头发一把一把地掉。你的头发很漂亮啊，本来就是这颜色？"

"她抑郁了？"

小老太太轻轻拍了拍安娜的手。

"阿黛尔在娱乐室，跟着音乐走。我就不陪你了，小姑娘，我要去约会了。"

走音的钢琴奏出支离破碎的拖沓旋律，安娜循着声音，不费劲儿就找到了娱乐室。墙上挂着三三两两浓艳刺眼的画，阿黛尔端坐在轮椅上，用脚打着拍子，看到安娜，竖起一根手指放在嘴唇上。她总戴着软帽，穿着厚厚的毛衣和软塌的旧鞋，那毛衣在 20 世纪应该算好看的了。安娜选了最近的位置坐下。粉色，好像幼儿园一样，生命的开始和结束都要在"粉扑扑"的色彩中。

钢琴师在这里算年轻人。他弹完最后一个和弦，转过身来，脸上有兔唇留下的伤疤，有一只眼睛睁不开，另一只则充满温情。他亲了一下阿黛尔的脸颊就离开了。

"杰克是护士长的儿子，内向怕生，却很有魅力。"

"他弹的是什么？我听过这个旋律。"

"我丈夫在世时喜欢奥芬巴赫[①]。我这个寡妇当得挺开心。"

安娜差点儿从人造革椅子上滑下去。

"幽默是生存的必需品，尤其是在这里。"

"各人有各人的悲伤管理方式。"

"痛苦不是生意。就像溺水，管理不了，只能挺过去。"

"或者干脆被淹死。"

"你好像是这方面的专家嘛。别那么死板，放松点儿！"

对安娜而言，没什么比叫她放松更让她讨厌的了。阿黛尔太精神了，根本不像个寡妇。安娜搞不懂，她在看人方面一向没什么天赋，这老太太与她之前的哪一种设想都对不上。她宁愿用矜持作为自己的保护色，但她没时间也没本事拖延。

---

① 德裔法国作曲家，是法国轻歌剧的奠基人。——译者注

"您不想和我说话吗？让我在接待处一直等。"

"你要吵一架？"

"我忍得住。"

"太可惜了，请带我回房间吧。"

安娜去推轮椅，但手刹没松。

"手刹，小姑娘。"

"对不起。"

"把这个词从你的字典里抹去。"

阿黛尔是那种不会为自己的存在而道歉的女人。她俩默默顺着走廊走，墙上贴着一幅褪色的秋日森林画，不知被哪个不听话的家伙揭起一角，寻找不存在的紧急出口。

"葬礼上寡妇多，男人走得早，就是这样。"

凉风吹起窗帘，安娜赶紧过去要关窗。

"开着吧，我觉得闷。"

"您会着凉的。"

"我讨厌关窗。"

"我把您扶上床？"

"我还想再坐一会儿。"

安娜把轮椅停到穿堂风吹不到的地方，在旁边坐下。

"格拉迪丝从来不换毛衣吗？"

"她有好多毛衣，二十多件，全是粉色。"

"全都惨不忍睹！"

"安娜，你不板着脸就笑得很好看。"

6.

1929
冬天也开着的窗

有时，库尔特会让我说说感受。他要定性、定量，看看我的感受是否和他一样，好像"我们女人"属于另一个国度。我真的很难回答，尤其按他要的那种精确度。

"你又变回满脸是痘的小子了。"

"那我们谈谈别的吧。"

他抚平衬衫上的印子，我没给他时间，不让他像平时那样恼人地把衣服叠得整整齐齐放椅子上。

"我爱你。"

"撒谎，男的都骗人。"

"要看是谁说的。这是你父亲还是你母亲教你的？三段论还是诡辩？"

"博士先生，别钻牛角尖！"

"如果这是你父亲说的，那你就永远无法知道他是否在撒谎；如果这是你母亲说的，那她说的有没有道理，就取决于她对男人的经验。"

"按常识都知道，教女孩儿就要先骗她们。别用你的鬼逻辑来套我，真是不解风情，你就是个男人而已！"

"'诉诸人身'①，你的逻辑有问题，观点不公正，要是我用这么低级的方法会被说粗鄙。"

"去给炉子添点儿炭吧。"

---

① 拉丁文：Argumentum ad hominem，即在辩论时搞人身攻击。——译者注

库尔特怀疑地看了一眼炉子，他讨厌这活儿，又把窗户敞得大开。

"干什么啊？天寒地冻的。"

"我透不过气，屋里味道不好。"

"你要害我得肺炎死掉了，过来！"

他放下衬衫，躺到我身边。我们躲在被子下面，他抚摸着我的脸颊。

"我喜欢你的斑。"

我抓住他的手。

"你还真是独一个。"

他用两指在我胸前画了一个横着的数字 8。

"我读过一篇关于红斑的文章，很有意思。"

我轻轻地咬了他一下。

"中国有一个传说，胎记都是前世带来的。我在以前的某一世中，在你身上做了标记，以便这辈子能找到你。"

"也就是说，我忍过你一辈子，还要永生永世被你纠缠？"

"我得出了同样的结论。"

"那我要怎么认出你？"

"一直开着窗，冬天也开着。"

"窗户太多了，看不过来。谨慎起见，我也给你留个印子吧。"

我使劲咬了他一口，他叫了出来。

"疼永远忘不了。"

"你疯了！"

"我俩谁更疯？看你把我弄成了什么丑样子。希望这是最后一世！我不觉得我从最开始就是这样。"

我抚摸他，为咬了他将功补过。他的身体放松下来。

"你睡了？"

"我在思考，要去干活了。"

"这么快？"

"我有个礼物给你。"

他从床下的小袋子里拿出两个又红又亮的苹果，用小刀在一个苹果上刻下"220"，在另一个上刻下"284"。

"这是我们有多少前世的数量吗？有人领先了啊。"

"我吃'220'，你吃'284'。"

"你总拣轻松的。"

"少说几句，这是阿拉伯的传统[①]。220 和 284 是一对亲和数，很神奇。它们各自是对方所有因数之和，284 的因数 1、2、4、71、142，加起来是 220；220 的因数……"

"够了够了，浪漫过头，我要晕了。"

"在 10 000 000 以内，现在只找到 42 对亲和数。"

"都跟你说了，停!"

"还无法证明是否有无穷多对亲和数，从来没找到一奇一偶的。"

我把苹果塞进他嘴里，又咬了一口自己的那个苹果。我开始怀念这个瞬间，怀念终将青春不再的我们——漂亮又傻气的孩子，除了彼此，一切都不关心。这是他送给我最珍贵的礼物，我把苹果籽收在了德梅尔咖啡店的糖果盒里。

几个月前在第一次拥抱时，我都怕把他弄伤。我的第一任丈夫敦实，毛发旺盛；他瘦削，几乎没有体毛。我教会他亲密。我们开始谈恋爱时，亲密对他只是一种释放，一种生理需要。当然，我不属于他的世界，但聪明人也是人，也有七情六欲。

他在很年少的时候曾和一个成熟的女人在一起，她是他家的朋友。事情败露后，他妈妈玛丽安娜发誓要守护家族的名誉，不可让儿子浪费在没出息的女孩身上。她想给宝贝儿子找一个门当户对的女子成婚，安稳度日，衣食无忧。他的妻子应当知书达礼，但胸无大志。他父亲辛辛苦苦建立起

---

① 阿拉伯数学家塔别脱·本·科拉发现了亲和数公式。——译者注

的小资本家家族要延续下去，或者说要扎根下去，这样的基础就充分且必要。库尔特被迫与那女子分开后就不再敞开心扉，凡事都不吐露。我们在"夜蛾"相遇几年后，他才告诉他妈妈我们在一起。在她听来，这就好像是一种不公的惩罚：一辈子为宝贝儿子着想，到头来怎么会这样？她永远都不会原谅我抢走了库尔特，当然也不会承认库尔特其实心里向着她，而我才是受害者。

1929 年的那个冬天，他妈妈还很幸福，并不知道我的存在。她在丈夫死后来到维也纳与两个儿子同住。库尔特只得竭尽所能把时间分在多疑的玛丽安娜和苛刻的阿黛尔之间，还要兼顾学业。本来不喜欢吃饭的他，要先在我这里吃晚饭，然后又和家人去看戏、吃夜宵；在我这里睡半宿，黎明时又跑到办公室，还得挽着母亲的手在普拉特公园走很长的路散步消食。他是怎么撑住的？换成石头都会裂开，他却说，研究从没那么顺利过。我那时没看出来，他正在把自己耗尽。

库尔特没吃几口他的"220"就从床上跳了起来，抚平衣服，擦亮鞋子，检查每一颗扣子。我第一次看他穿衣服不禁笑了，他向我一一解释为什么"永远从下往上扣衬衫的扣子，这样就不会扣错。"他穿裤子总先穿左腿，因为右腿平衡更好，能将摇晃时间减到最少。他一辈子里的每时每刻都这样精准。

他眉也不皱地熨着起皱的衬衫。所以，他之前没说谎。他真的要干活，绝不可能袒胸露背地出现在他母亲大人的客厅里。他在维也纳最好的裁缝那里定做衣服，衣着优雅。他妈妈看不惯某些学生的波希米亚风格，她把儿子当成展示哥德尔家业的橱窗——毕竟家族事业就是服装，他父亲从工头一路做到厂长。我自己对衣着倒是大大咧咧，就算用了心也总有可改善之处——袜子抽丝、袖子翻得不好、手套颜色太丑。不过，我衣衫不整的样子让他兴奋，他没有非要我也穿得工工整整。他一切都要做到极致，但对衣衫的苛刻只针对自己。我一开始以为，他这是装高贵或是遵守中产阶级的家规。后来我才发现，这对于他来说是生存所必需的，他要穿上那些衣服去面对世界，不穿就等于没有形体。他作为一个人，每天早上全副武装，必须无可挑剔，这才代表他正常。后来我才明白，他怕自己的精神不正常，于是用"平常"给生活定出了条条框框：平常的衣服、平常的房子、平常的生活，而我，是个平常的女子。

7.

礼尚往来

"今天又不是我生日。"阿黛尔犹豫着，不愿摘下帽子，不想露出稀疏的头发。安娜跪在地上，假装在包里找镜子，其实镜子早已拿在手中。她站起来时，哥德尔夫人戴好了她送的礼物：一条浅蓝灰色的头巾。

"真漂亮，阿黛尔！好像西蒙娜·德·波伏娃，头巾很衬您的眼睛。"

老太太满意地看着镜中的自己。

"你直接喊我名字了。我不介意，就是以后看场合再喊，我还没老糊涂。"

她把包装纸折成正方形，用手抚平。

"格拉迪丝一定会说显老。"

"您什么时候开始在意别人的看法了？"

"她看起来温和，实际毒着呢，还会翻我的东西。"

"我大概明白了。"

"她的毒默默侵入，老看见她，能要你的命……她都耗死三个丈夫了。"

"她还在找呢。"

"有些人就是永不放弃。"

老太太用袖口擦擦镜子，还给安娜。

"你这么大方，想要什么回礼？我得礼尚往来嘛，我可不是昨天才出生的。"

"这和遗稿没关系。可以的话，我想问您个私事，我想知道……您和您丈夫都聊什么。"

"你说话总这么客气，听着都累。"

阿黛尔把折好的纸放进床头柜，安娜不知道手该放哪里，就放腿中间。

"你父母做什么?"

"他们都是历史教授。"

"对手?"

"同事。"

"不管你父母多么渊博,星期天肯定也手牵手散步。"

"他们聊得很多。"

安娜听着自己"脸不红、心不跳"地撒谎。说实话,不是"聊",而是"吼"。她父母什么都要比,连孩子也要争,即使不明着吵架,也会借着学术会议暗暗讽刺对方。等到女儿上了大学,两人才默契地停火,各自找个地方体现自己的伟大:她妈妈蕾切尔去了美国西海岸的伯克利,她爸爸乔治回了老家,然后突然去了哈佛大学。安娜则留在普林斯顿,一个人待在一直想离开的城市。

"他们怎么认识的?"

"上学时认识的。"

"我这样的女人却得到了那样一个天才,你诧异吗?"

"我周围都是天才,也没觉得有什么。但您丈夫就算是在这些人中,也是一个传奇——他出了名地深居简出。"

"我们就是一对夫妻,别想太多。"

"那你们吃晚饭时会聊起他的研究吗?比如,'今天我证明了时空旅行是可能的,把盐给我一下'?"

"你们家这样吃饭?"

"我不和父母一起吃饭。"

"哦,中产阶级教育?"

"打预防针。"

"我不懂。"

"我接受的是老式教育。"

安娜童年时,家里关起门来就是鸡飞狗跳。她和女家教面对面吃晚饭,上私立学校，学音乐、舞蹈，穿漂亮的小裙子，检查好仪容再出席社交场合。在盛大的晚宴上，她妈妈像花蝴蝶一样飞来飞去，她爸爸像教皇一样正襟危坐。回家路上，她蜷缩在车后座，假装睡着才能不被他们的对话憋死。

面对安娜的苦笑，阿黛尔只是仔细观察了她的手指，似乎满意了，也不再追问。

"说实话，刚开始谈恋爱时我老缠着他，受不了被排除在外。我进入不了他生活中最大的一部分，只能学着好好待在自己的位置。我可不想这样，这真让我不知所措，尽管我不承认，而且……我们还有别的烦恼。"

安娜给她倒了一杯水润润口，阿黛尔犹豫着接过来，手控制不住地颤抖。

"库尔特追求完美，但这不适合推广普及，要推广普及就意味着要做些让步，不要那么精确。他工作上的事，我都是从别人那里听来的，听了很多。"

"您什么时候意识到他很重要？"

"一开始就知道，他在大学里就像个小明星。"

"您见证了不完备定理的诞生吗？"

"为什么问这个？你要写书？"

"我想听听您的故事，这个定理对业内人士来说是一个传奇。"

"我一听人对这讨厌的定理高谈阔论就想笑，恐怕其中有一半人都没真正明白，还有人什么都用这定理来证明！我有自知之明，这不是我靠勤奋就能明白的东西。"

"弄不明白，您不会气愤吗？"

"无能为力的事情有什么好气的。"

"这不像您。"

"你觉得你已经了解我了？"

"您深藏不露。但为什么是我？为什么允许我再来？"

"你没有总让着我，我害怕那种居高临下。我喜欢你有时客气，有时不逊。我也想看看，这身中规中矩的衣服里到底藏着一个什么人。"

老太太轻轻把从头巾里露出来的一缕头发塞回去。

"你知道阿尔伯特怎么说的吗？对，爱因斯坦是我们的好朋友——又可以吹牛了，是吧？哎^①！他说了那么多遍，说得我们都烦了。"

安娜侧耳倾听，不想错过一个词。

"'人能有的最美、最深刻的体验就是神秘感。'当然，你可以因此说他信教，但我读出了别的东西。我与神秘擦身而过，我就算把事情都讲给你听，也永远讲不清那种体验。"

"您就当是给我讲一个美丽的故事，我回去不写报告，这与他们无关，只有您、我、一杯茶。"

"还是来点儿波旁酒吧。"

"天还没黑呢。"

"好吧，那先来口雪利酒。"

---

① 德文：Ach，感叹词。——译者注

8.

1930 年 8 月
不完备咖啡馆

我不让自己把真理变成崇拜的对象，
宁可给它一个更为谦卑的名称：真实性。
——玛格丽特·尤斯纳尔，《苦炼》[①]

　　休息日的晚上，我都在大学对面的帝国议会咖啡馆门口等他。这个咖啡馆不是我来的地方，人们都在高谈阔论，根本不在乎喝的是什么。他们重建着我都不知道需要重建的世界。那天晚上是要为柯尼斯堡学术大会做准备，他没带我去。我一点儿也不遗憾，讨论"精密科学认知论"又不是情侣的乡村游。大会前几天，库尔特就特别激动——从未有过的激动，他急不可待地要介绍自己的研究。

　　我走过了拱廊的每一个拱，终于看到他一个人从咖啡馆出来，其他人大多早就走了。我又渴又饿，正准备和他发火，好好说他几句，但看他气鼓鼓的样子，我知道不是时候。

　　"去吃晚饭吗？"

　　"不用了吧。"

　　他小心地扣上外衣，这衣服已经不像夏天时那样平顺得没有丝毫褶皱，好像另一个更敦实的人的衣服。

　　"我们走走吧。"

---

① 摘自：《苦炼》，赵克非译本，东方出版社，2002。——译者注

他说"走走"的意思就是别说话。过了几分钟我就受不了了，不说话怎么安慰一个不吃饭也不愿碰你的男人？我不知道还有什么更好的方法来抚慰他的焦虑。

"你不同意他们的想法，为什么还坚持参加这个学派？"

"他们帮助我思考，我也需要让别人知道我的研究。论文发表了，我才有资格教书。"

"你就像一个对圣诞礼物失望的小男孩。"

他竖起领子，把手插进兜里，对夜晚潮湿的空气无动于衷。我挽住他的胳膊。

"我朝桌上扔了个'炸弹'，大家说三道四，喊人结账，然后……就结束了。"

我也微微颤抖，大概是饿得。

"你相信自己吗？没有算错吗？"

他甩开我的手，走了另一条小路。

"我的证明无懈可击。"

"我相信你，我知道你关窗都要反复三次，保证关好。"

几个寻欢作乐的人把我们冲散了，我穿着高跟鞋快跑几步才追上他。他的思绪还在继续，我只能在一边默默跟着。

"达尔文说数学家就像盲人，在黑暗的屋子里找不存在的黑猫。而我，在最纯粹的光明中。"

"那他们怎么会有疑问？你研究数学，数学就是精确啊。人人都知道 $2+2=4$，这永远都对。"

"有些是一时的约定，2 加 2 并不总等于 4。"

"我用手指都能数过来……"

"靠主观感觉做数学的时代早就过去了，现在要操作非主观对象。"

"我不明白。"

"我尊敬你，阿黛尔，但有些东西你确实明白不了，我们说过这个。"

"有时，复杂的想法用简单的方法一说，反而有进步。"

"有些想法无法用人类的语言简单表述。"

"你终于说出口了！你们把自己当成神。时不时关心一下身边事吧，你知道有人活得很苦吗？你觉得下一届选举和自己没关系吧？对，我也看报，报纸就是用人话写的！"

"你要学着控制怒气。"

他握住我的手，这在公共场合还是第一次。我们沿着寂静的拱廊一直走到街角。

"在某些情况下，我们可以既证明一件事，又证明它的反面。"

"这没什么新鲜的，我很在行。"

"你那是自相矛盾。在数学上，这叫'不一致性'。我刚证明有些数学真理不可证，这叫不完备性。"

"就这些？"

他从来都听不出我的反讽，以为只是沟通问题。有时，他也会因此重新组织句子，说得好懂一点儿。这少见的努力是爱的确凿证据，他为我暂时放下了完美的桎梏。

"想象有一个永生者，一直都在检查数学命题，确定它们的对错。这个永生者永远无法完成任务。"

"说简单点儿，就是神。"

他停了一下，前面都是烂泥，看不清哪里是路。

"数学家就像孩子，把真理的砖头一块块垒起来，砌成一堵墙。他们自问，有些砖头是不是没垒实，会不会让整面墙都塌下来。我证明了在这堵墙的某个地方，永远无法知道有些砖头垒没垒实，所以，永远不能确定整面墙是否稳固。"

"淘气包，给别人的游戏捣乱可不好。"

"这也是我的游戏，一开始我没想摧毁它，我想巩固它 ①。"

"那你怎么不去研究物理？"

"物理更不确定，尤其是现在，说来话长。物理学家们要一个盖过一个，他们都在找最大的桶，去容下前人的桶——找更全面的理论。"

"总有人尿得比小伙伴远。"

"我的同行一定会非常欣赏你对科学家的看法。"

"让他们放马过来！我来教他们怎么活。"

他考虑了几秒，是否要把我送去大学的办公室，去报复那些人，但这一想法也不足以让他放松。

"我没有获得他们的尊重。我知道他们在背后说我什么，就连不相信实证主义的维特根斯坦 ② 也觉得我是个变戏法的，只会操作符号。"

"这人脑子不清楚，把财产留给诗人，自己住到窝棚里。你会相信这样的家伙？"

"阿黛尔！"

"我就想逗你笑笑，但看来，我们面对的是'本体论不可能性'。"

"这词你是在'夜蛾'的衣帽间学的？"

我们来到他家的那个街角，我远远看见窗户还亮着灯。他妈妈不听到过道里儿子的脚步声就不会睡，他不回家就是不让她睡觉。有时我们以此取笑她，但那天晚上，孤独的人是我。

"总之，你用逻辑证明逻辑也有局限？"

"不是，我证明了形式体系的局限，这是现今数学语言的局限。"

"所以你并没有把他们那些讨厌的数学都扔进垃圾桶，只是向他们证明了他们永远都不会成为神。"

---

① 哥德尔在其 1929 年通过的博士论文中证明了"一阶谓词演算的完备性"。与后来的"不完备定理"相反，这个结果强化了希尔伯特计划的实证主义理想，但它仅限于有限的一组公理。

② 路德维希·维特根斯坦（1889—1951），维也纳哲学家、逻辑学家，1921 年出版了 20 世纪的哲学巨作——《逻辑哲学论》。

"别把神扯进来。他们相信数学思想无所不能，这种信仰受到了损害，我'杀死'了欧几里得，'杀死'了希尔伯特……我是渎圣之人。"

他拿出钥匙，代表谈话到此为止——别走太近，我妈会从窗口看到你。

"我得好好准备报告会，两天后又要见卡纳普①，单独面谈。"

"那只井底之蛙……"

"阿黛尔！卡纳普是好人，帮了我很多。"

"他很快就会有麻烦。"

"你一点儿也不懂政治。"

"我听说的。这对知识分子可没什么好处，相信我！"

"这样的烦心事够多了，我很累。"

他又把钥匙放回兜里，我们要一起睡了，今晚他妈妈就等着吧。

"你终于想通啦。"

"我只知道一种方法让你闭嘴。"

他让导师们失望了。他们不是对库尔特失望，而是因为知道自己无法全能而失望。他那些实证主义的朋友想减少"不可说"——人的语言无法触及的东西。将数学研究限于机械操作该有多么诱人！库尔特却用他本应巩固的语言，给了他们一个毁灭性的结果。

他从来都不盲从实证主义，甚至成了羊群里的狼，但他要在这小圈子里给自己找一个位置，需要他们来刺激自己，不让自己被"时代精神"（Zeitgeist）裹挟向前。也许他就爱我的天真纯朴，能自然大方地接受直觉。他喜欢我的腿，但留住他的是我幸福的无知。他说："我越思考语言，就越惊讶于人竟然能互相理解。"而他自己却非要追求精确，在这个人人高谈阔论的世界中，宁可不说也不愿说错。在真理面前保持谦逊，这个美德在他身上发展到了有毒的地步：怕走错而止步不前。

---

① 鲁道夫·卡纳普，德裔美籍哲学家，逻辑实证主义的主要代表人物。——译者注

这是个"炸弹",但后来才被引爆。不光我不懂,就连当时最有才华的数学家也需要消化一番,在他的证明中,连工具都是前所未见的。在期待已久的报告会上,库尔特在物理学家海森伯等重量级人物后面急不可耐,全才的冯·诺伊曼出面支持,但库尔特的名字甚至都没有出现在会议报告中。

不过,在几个月之内,他的成果就被认可,成为必谈的话题,证据就是许多对手极力想找出其中的漏洞。"炸弹"的威力也传到了大西洋的另一边,他收到了美国普林斯顿高等研究院的邀请。这意味着,我们很可能要分开一段时间。同时,我看到怀疑在他身上扎根,从此再也没有离开。

他开始觉得不被理解。他这个小天才、小宝贝,在一群夸夸其谈的政治家、机灵鬼之中显得杰出而沉默。他原以为自己到了宁静的小岛,找到了自己人。他当然赢得了忠诚的朋友,但也收获了意想不到的仇恨,并痛苦地学会了漠然。我温柔体贴地陪在他身边,但赤手空拳就加入了战斗——维也纳苹果卷填不满形而上的深渊。

我们周围的世界渐渐腐朽,他早早就算清楚了,在这个世纪,"怀疑"和"不确定"会成为新的根本。他永远先人一步。

9.

迟到

安娜满头大汗地冲进阿黛尔的房间，探视时间要结束了。

"迟到了，这可不像你。"

"我也很开心见到您。"

她连风衣都没脱，捧出一个纸盒，上面印着普林斯顿一家熟食店的精美标志。阿黛尔打开一看，整个人的表情都亮了："萨赫蛋糕①！"安娜递给她一个装饰着蓝丝带的小塑料勺，她迫不及待地吃了一大口。

"我做的更好，不过你很有哄老太太的天赋。"

"只能哄哄不像老太太的老太太。"

"你要是给我找一个像的，我就把盒子吃了！你怎么样？摆脱那个臭名昭著的亚当斯了吗？"

"不瞒您说，他很担心。"

"肯定不是担心我的健康，我是他的眼中钉、肉中刺。"

"您也不是世上第一大事。"

"那是当然！你呢，为什么老来找我？工作不保吗？"

"我喜欢和您说话。"

"我喜欢你的礼物，来点儿吗？"

安娜拒绝了，她还没自我牺牲到要和老太太用同一个勺子。

"院长什么样？"

"衬衫里面穿高领衫。"

"我记得他，他管研究院有一阵子了。有人说，秘书进他办公室之前都要

---

① 原文是德文 Sachertochte，一种维也纳特色巧克力蛋糕。——译者注

把扣子扣好。"

阿黛尔的下巴上粘着巧克力，举着勺子看着安娜。安娜翻着挎包隐藏自己的慌张，东西真不少：一个笔袋、一个药袋、两份处理中的文件、一本在等待时看的书——博尔赫斯的《阿列夫》，一个要收拾的化妆盒、一瓶水、一本厚厚的行事历、一串系着长绳的钥匙。她带着这么重的包四处走，搞得背一直疼。晚上想着要减轻点儿负担，但早上又拿着同样多的东西出门。她找到一块手帕，铺在床上的蛋糕盒旁边，阿黛尔当作没看见。

"你这包可以装下一把椅子了。不掌控一切很难吧，小姑娘？"

"您没事还当心理医生呢？"

"你听过犹太人的那个笑话吗？'心理医生是什么？'"

安娜僵住了，老太太作为 20 世纪 30 年代维也纳的天主教徒，对这类其实没有未知数的方程早有简单的解答。

"心理医生，就是为了讨好母亲而想当医生但又晕血的犹太人。"

"您对犹太人有意见？您这么说话不是第一次了。"

"别那么敏感！这可是爱因斯坦跟我说的。"

"您没有回答问题。"

"不跟你计较，我理解你的疑心。"

安娜又在包里翻扎头发的皮筋，不被马尾辫绷着，她就无法思考。阿黛尔温柔地看着她。

"你应该多把头发放下来。"

"您不光是心理医生，还是美发师？"

"这两个职业差不多。你的肤色真不可思议，一点儿斑也没有！像圣母像一样洁白无瑕。鼻子长，眼神太柔，你涂个鲜艳的口红就行。"

"检查完了？"

"你怎么这么不爱打扮？你其实挺好看。"

"我家不是轻薄肤浅的那种。"

"你肯定梦想过加入啦啦队，可你妈听到差点儿没犯心脏病。自诩深刻的人通常都十分不幸。"

"我从来都不喜欢涂脂抹粉。"

在这一点上，安娜没有说谎，她很早就决定不参加"比美"。不过，她并不缺少训练，她母亲吝啬爱抚，教起穿着打扮倒十分慷慨。小女儿刚会走，她就想用粉色纸、布娃娃、公主裙唤醒其女性特质。蕾切尔那时还认为美丽诱人是老天给女人的武器。她只是偶尔像个妈妈，还喜欢给自己编出一套理论，竭力不让太完美的女性形象阻碍女儿的充分成长，于是，她星期天不化妆，但她也没"慈祥"到其他日子也不化妆。上课、参加会议要画眼线，社交晚会要画眼影、淡唇彩，晚上赴不名之约时，要把奇特的淡紫色眼睛画得极黑。女儿趴在房间的窗户上等她回来。第二天早上，妈妈的枕头上沾满黑渍，而爸爸的枕头连皱都没有。等到班上的女同学到了开始一窝蜂涂睫毛膏的年纪，安娜却把衬衫一直扣到领口，埋头看书。

她很快就发现，自己根本不需梳妆打扮，男孩们反而都想要瓦解她的冷若冰霜。他们有没有达到她的期望，另当别论。

"不要鄙视快感，它与生命一同被赋予我们。"

安娜为老太太擦了擦嘴："痛苦亦然。"

"吃点儿蛋糕吧，低血糖乃忧郁之母。"

10.
1931
裂痕

"如果自然没有把我们造得有点儿肤浅，我们就会很不幸；
正因为我们肤浅，大部分人才没有上吊。"

——伏尔泰，《书信》

我担心得要发疯了，六天了，没有库尔特的一点儿消息。他的朋友中极少与我有联络的都已经移民：费格尔去了美国，纳特金去了法国巴黎。大学里的人把我上下打量了一番，才嘴都不愿动地告诉我他临时停职了。不得已，我只好去敲约瑟夫城大街上那扇禁忌的门——没人在家，我白白打破了我们的约定。门房太太连小窗都不愿开，我往里塞了一先令，她才肯跟我说话，而且什么都告诉了我：半夜有人进进出出，男人们一脸悲伤，他母亲双眼通红，哥哥比平时更僵硬。

"他们把他带去普克斯多夫那个疗养院了，就是收容'上流疯子'的地方。我一直都觉得那个年轻人虚弱得很。您认识他们，您说说，这哥德尔一家是犹太人吧？我从来没搞清楚，但老远我就能认出他们。"

我连再见都没说就赶紧走了，漫无目的地走了几小时，撞着过往的行人，最后还是决定折回我父母在长街的房子。想到要一个人待在家里，我就受不了。

这不可能，我接受不了，不可能是他，我能看出来。上周六，我们还一起吃了晚饭，不，是我吃饭，他看着。我怎么能如此眼瞎？最近他对什么都没胃口，甚至对我十分冷淡，我还以为是因为劳累过度——他做了那么多事。但一切已经结束了啊，他说自己的研究开始被接受，他拿到了博士学位，也发表了论文，前路一片光明。是我不愿看见，在我的世界里，这种病得用酒治。疗养院，那是结核病人才去的地方。

我看不出他发病有什么特殊原因，只不过是压力大了一点儿，熬了太多夜，见我太多，见他妈妈太多，大光大亮之后见了太多黑暗。一出事，我就被踢出了他的生活。他的家人都没想着要通知我，他妈妈和他哥哥知道我们在谈恋爱，但在他们眼中，我不存在。在他们看来，我不过是"俱乐部的舞女"，作为库尔特的情人，他们对我睁只眼，闭只眼。一个楼梯就把他们和我隔成两个世界。

我在父母家厨房的桌子上留了张字条便冲向维也纳西站，赶上最后一班开往普克斯多夫的列车。我瘫坐在座位上，又马上想到：要如何到他身边？我没有任何名分，他妈妈可以随时让人把我撵出去。但我是他生命的一部分，她无法否认。这次她不会赢，我不会让她用嫉妒和歉疚给自己的儿子挖下坟墓。

我父母不懂，我已不属于他们的世界，但也永远无法完全进入库尔特的世界。我孤身一人。如果今天晚上"夜蛾"点我的名字而我不在，我也不知道回去后那里还能不能有我的位置。作为一个舞女，我已经缺席太多次。不管了，就算没人在乎，我也肯定能拯救他。如果他忘了，我就要提醒他。

一路上，我尽量把皱了的衣服整理好，收起疲惫的面容。很快，维也纳高耸的楼宇远去，让位给大片绿地，大自然让我沮丧。

我去了疗养院的招工处。这栋洁白无瑕的大楼更像高档酒店而不是医院，尽管看起来现代而朴素。这种地方总需要像我这样的女人，但我没有任何推荐信，而且时局艰难，所以他们礼貌地请我回去，回到我的悲苦中。我避开正门，在院子边缘徘徊。草地的清新、偶尔被乌鸦叫声刺破的寂静、汤羹和修剪过的黄杨隐约传来的味道——我那时还不知道，这预示了我们接下来几年要面对的苦难。

一个女佣在卸货处休息，我向她讨了些烟草，手却连烟都卷不好。

"今天不顺啊。"

我勉强笑了一下。

"我们这里对遇见悲伤的人习以为常，说是特色也不为过。一车一车地运来，才说明有生意！"

"我的一个朋友在这里接受治疗，他们不让我见他。"

她从嘴里拿出一小段烟草梗。

"你朋友叫什么？"

"库尔特·哥德尔，好多天一点儿消息没有。"

"23 号房，吃了安眠药，情况还行。"

我抓紧她的手臂，她轻轻推开我。

"你那朋友现在还虚弱得很，瘦得像根钉子。我挺喜欢他，我们整理房间时他会说谢谢，不是所有人都这样。除此之外，他一个字也不说。他妈妈难对付得多，一会儿说这不好、那不好，一会儿又骂护士，讨厌至极！"

"他们要怎么治他？"

"这就要看瓦格纳－尧雷格医生了。如果他心情好，你朋友就被喷喷水，拿着手帕哭几回，就能回家。瓦格纳是弗洛伊德的好哥们儿——那是个名人，给我们带来很多客户。大部分病人从他的诊所走出来时都拿着湿透的手帕，据说有帮助。对其他人，瓦格纳喜欢用更粗暴的疗法。"

我从卷得很糟的烟里断断续续地吸了几口。

"瓦格纳可不会心慈手软，听他说话，好像为了科学什么都可以。他用电治疗特例。"

"做什么？"

她把烟头弹向篱笆。

"把他们带回现实，好像他们还需要明白这乱七八糟的一切都是真的似的。我觉得，他们只是脑子里的某根筋休假去了。用电的优点是他们不会一边叫一边用脑袋撞墙，所以还是有好处的，但他们会拉在床上，那我们可就有活儿干了。我要走了，继续忙了。"

她正了正棕红头发上的白帽，把那袋烟草递给我。

"走之前再来一根？别想太多。你爱的那个人不是特例，他只是抑郁，他们是这么说的。他就是个伤心人，都是时代造成的。明天你还在这个时间来，我让你进去。他妈妈不在，她把护士惹得烦死了，这两天护士不许她探视。真是清静多了。"

"太感谢你了，你叫什么名字？我叫阿黛尔。"

"我知道，他睡觉时一直低声念这个名字。我叫安娜。"

11.

默片

"去花园转转？"

"天冷，我累。"

"这暖和得像春天一样啊！我给您多穿点儿，我们就出去。"

安娜小心地给老太太穿好衣服，松开轮椅手刹，毫无磕碰地出门，动作行云流水，一气呵成，但阿黛尔还是紧紧抓住扶手。

"老坐着这破玩意儿被人推来推去，我再也受不了了，感觉跟已经死了似的。"

"您太暴躁，死神都害怕得不敢接近。"

"我站定了等他，如果还能站……以前我的腿可漂亮了。"

"您跳起舞一定像个王后。"

阿黛尔松开扶手，把手放到毯子下面："快点儿，我又不是纸糊的。"她们赛跑似的穿过走廊，差点儿撞上个一脸惊恐、游来荡去的家伙。

"不用道歉，罗杰听不到你说话，他这最后几年一直都在找行李，就算上路之前找到，也用不到。"

"可怜人。"

"那我呢？我被困在这里，周围都是流着口水、记忆短得像金鱼一样的人，没人想这样了结一生。"

"那就该英年早逝吗？"

"先于所爱之人离世，是唯一不痛苦的方法。"

"但对留下的人太残忍。"

"吓唬吓唬人是我最后的奢侈，欣赏的人觉得是智慧，其他人觉得是老糊涂。"

"或是口无遮拦。"

"第一次血管出问题的时候，我对自己说：'行了，都结束了，最后也没那么糟嘛。'但我想到库尔特，我问自己，没有我，他会变成什么样，于是我又回来了。我正疼得厉害，马上就后悔了。"

"看看绿茵就不会有这些黑暗的想法。"

"你净给我些廉价的诗意。注意！掉头！左侧粉毛衣出没！"

娇小的格拉迪丝冲了过来。

"罗思小姐，你怎么样？我们的阿黛尔怎么样？"

比她重两倍、比她大五六岁的哥德尔夫人翻了个白眼。

"快一点儿，拜托！[①]"

"她说什么？"

"她要上厕所。"

安娜推着轮椅以最快的速度冲到电梯前，门一开，里面是一群白大褂，满是香烟和消毒水的味道。安娜把轮椅推进去，按钮上的数字已模糊不清，犹豫着不知道该按哪个按钮，阿黛尔迅速用大拇指按了正确的按钮。

"安娜，格拉迪丝那种人就是吸血鬼，你对'怪物'也一直客客气气，就无法在这个世界生存。"

"多谢教导。"

她们绕过草坪，不顾几个孤零零的老人和更少的探视者，躲到一棵参天大树后面。安娜从无所不有的包里掏出一个保温瓶、一袋肉桂饼干和一小瓶酒。

"我的天啊！你简直就是玛丽·波平斯阿姨[②]啊。按你的标准，现在喝酒不会太早吗？"

"维也纳现在已经是晚上了。"

---

① 德文：Machen Sie bitte kurz! ——译者注

② 电影《欢乐满人间》中会魔法的保姆。——译者注

安娜倒了两杯茶，加了波旁酒。阿黛尔一边搅拌，一边抱怨加的酒太少。她们碰了下塑料杯。

"看着我的眼睛，不然碰杯也没意义，敬维也纳！某天你会代我去拥抱这座城市。"

金色的阳光照着空气中飞舞的微尘，一瞬间，安娜有一种感觉：一辈子终于有一次在对的时间来到对的地点。阿黛尔一口喝下："我半辈子都给了这种监狱，先在外头，后在里头。当我是探视者时，我会去看电影，换换脑子。"她递过杯子要第二杯，安娜这回放的酒多茶少。"你回去后会怎么洗掉这一身老气？"

安娜看着琥珀色的杯底，决定实话实说："泡个澡，喝杯酒，看本书。"

"同时？"

"生活需要豁得出去。"

"我从来不喜欢读书，总难以集中精神。我喜欢动，一句话得读三遍。库尔特就整日把自己埋在书里，书是我们之间又一道隔阂。"

她勉强把杯子放在膝盖上，假装扶了扶眼镜，捏着嗓子说："我人在心不在，说什么也没用！我还是要逃离沉默，寻找人群的躁动，最后去了电影院。你不知道我多怀念看电影！"

"要不我申请带您出去看电影？"安娜话一说出口，就后悔了。

"那我马上把你写进遗嘱，我悲伤的屁股已经粘在现实上太久了。"

安娜想到许多可能的枝节，又往半温的茶里倒了整整一杯波旁酒。

"我没有毁掉那些文件，但别以为我告诉你是因为你要带我出去，我可没那么容易被搞定！"

"我也没那么容易被搞定。"

老太太咂了下嘴。

"现在有什么好片子？"

"《曼哈顿》，黑白片，伍迪·艾伦拍的，他是个纽约的导演。"

"我知道这名字。这片子对我来说太文艺，我觉得自己一辈子就像一部黑白片，还是默片！老天，给我点儿色彩吧！给我点儿音乐吧！为什么好莱坞不拍音乐片了？"

"说实话，我不喜欢那种类型。"

"觉得太俗？女王陛下应该喜欢法国电影吧？"

"您哪有权批判我？"

"小可怜，我一辈子都在被批判——无能、愚蠢、粗俗，从不够格。我哭过，用脚踹那些紧闭的门，但还是被叫作'那个奥地利女人'，普林斯顿不是我的世界。有一天，我说：'见鬼①！'然后在院子正中摆了一只粉色火烈鸟。你能想象别人怎么说吗？库尔特·哥德尔家有只粉色火烈鸟……他妈妈差点儿没吞珍珠项链自杀。那感觉太爽了。我喜欢音乐剧、情歌、颜色漂亮的画，我不读书……'*去你的*②！'法国人就会这么说。安娜，如果你想看沉闷的电影，在日落前小酌一杯，随便你，最重要的是开心，开心！"

"您丈夫对这只粉色火烈鸟怎么看？"

"他恐怕都想不起来我们有个院子吧。"

---

① 德文：Scheisse，咒骂语。——译者注
② 法文：Et je vous emmerde.——译者注

12.
1933
离别

"爱情就是，我觉得你是把刀子，
我用它搅动我的心。"
——弗朗茨·卡夫卡

　　当库尔特第一次住进疗养院时，虽然他家人阻拦，但我还是得以探望，这多亏女佣安娜帮忙。安娜的父母来自俄国，在那里以给人帮佣为生。革命爆发时，他们一家人随主人一起逃到这里。她与维也纳的一个钟表匠相恋、结婚，他在煤市街上有家小店，离德梅尔咖啡店不远。她丈夫的父母是虔诚的天主教徒，从来没有接受这桩与犹太人的婚事。她生下儿子彼得后不久，丈夫就患肺结核去世了，她孤身一人，既要抚养孩子，又要照顾年迈的父亲。后来，她奇迹般地找到了这份普克斯多夫的工作，包住宿，工资仅够付请保姆和住养老院的钱。她一个月只能见孩子一次，骑车很久去很远的乡下。她经常给我看她儿子的照片——棕红色头发像妈妈，黑眼睛应该像爸爸吧。她说笑起来就像个维也纳人，藏起了俄语口音，但藏不住斯拉夫人的血统：圆圆的脸，脸颊上有两团肉，浅到无色的眼睛向上吊着，好像一直在笑。火红色的头发特别蓬松，老远一看就知道是她。我不许她把头发漂成金色，我羡慕那一头像达那厄①一般的头发，她却很难把它塞进白帽里。她的生活比我困难得多，但她从不抱怨，善于倾听，不求回报。我与她没那么熟，不用隐瞒什么。

---

① 古希腊神话中的人物。——译者注

每次见过库尔特，我都会跑到楼后面躲起来哭，哀叹命苦，又无能为力。他那么瘦、那么弱。安娜会卷好烟，默默擦去我脸上花掉的睫毛膏，只劝一句："如果他们的药真管用，会见效的。我觉得没什么高深的。你的男人只是需要爱，你要给他爱。"

我每天都去，在员工入口旁等好几个小时，就为和库尔特单独相处几分钟。这偷偷摸摸的相聚并没有瞒过他的家人——他太不会撒谎，不过他们也没阻止我。在他们看来，这只是他一时糊涂，以后绝口不提便是，就像这次不愉快的发病住院。

库尔特似乎好了一点儿后，他母亲就把他送去了边陲的温泉。整个夏天，我都在维也纳急得像热锅上的蚂蚁。库尔特回来时精神焕发，对未来充满信心。数学家奥斯瓦尔德·维布伦收了他，要他在普林斯顿高等研究院做一系列报告会。

这个高等研究院是四年前路易斯·班伯格和他妹妹一起资助创建的。这两位美国慈善家在 1929 年的股灾发生前几天，把自己的连锁商场转让给梅西百货，用所得的钱建立了一项专门支持纯理论研究的基金。那时，欧洲的大学涌现"解聘潮"，众多知识分子都争着抢着逃往美国。在维也纳读完博士也就能当个编外讲师。但库尔特无法想象自己去私人企业当工程师，这个想法倒没有让他不舒服，却也让他发笑。来自大西洋彼岸的邀请不仅是一种肯定，也是走向学术成功、经济独立的通行证。我们的分离是不得不付出的代价。

普林斯顿是不可错过的机会，那是他的世界，讲着他的语言。他一想到要去那里就兴奋得不得了。但我还是心存疑虑，横跨大西洋的航程又长又累，就算在头等舱也一样，为一点儿小事也能急晕过去的他，怎么能承受这一路的颠簸？异国他乡，人生地不熟，他这个必须按部就班的人要怎么办？

他答应我会回来的，让我不要哭，要我等。那些年我除了等还干过别的事吗？发电报很贵，信件要漂洋过海，等待是我唯一能做的事。不过，更长的距离——天才与舞女之间的距离，我们都克服了。

　　我在午夜前收工，把最后几个酒鬼赶出去，放下百叶窗，把我的巴伐利亚围裙装①挂好，就着吧台的灯光补一点儿粉。我当舞女太老了，但又不愿放弃。五年前如果有人告诉我，某天我会穿着传统服装给人端啤酒，我一定会大笑，让那不识相的算命先生好好看看。但时代变了，我放弃了自己的住所和独立。父亲来接我下班，街上太危险，腐坏的维也纳在夜间风波四起，到处有人打架斗殴，还有我一点儿也不懂的政治武斗。德国已经尘埃落定，奥地利很快也会一样。某些人选好了阵营，丽艾莎与保守的天主教卫国民兵来往密切，想想她过去那么轻佻也是讽刺。有些寻欢作乐的人放弃了夜夜笙歌，选择了政治，加入了对立阵营，但不管哪边都是一些傀儡。一届届联合政府，没一届能化解大萧条的悲惨。街上的气氛越来越紧张，奥地利全国大罢工一触即发。纳粹也虎视眈眈，准备入侵。当时的奥地利总理陶尔斐斯铲除了左右派一切反对党，执掌国家，独自指挥着一艘行将沉没的船。

　　再没什么能阻止纳粹掌权，他们不会像火烧德国国会那样烧了我们的议会，因为已经没有议会了。新秩序的闷响从边境传来，很快，他们要烧禁书，禁音乐，关咖啡馆，熄灭维也纳的光。

　　那天晚上，我左等右等都等不来父亲，为安抚心中的不安，我把库尔特的上一封信又拿出来读了一遍——已经读了一百遍了吧。我活在上一封信和下一封信之间的忐忑中，因规律的来信而安心，因信中的冷淡而失望，有时会恨写信的那个人，但从来都不会持续很久。我为自以为的真情流露而感动，为每一行字不安——一半像母亲，一半是情人，他睡得好不好？会想我吗？会对我忠贞吗？他似乎很高兴，但这能维持多久？多少天后他又会自闭？他会肚子疼吗？会头疼吗？如果一句话太过平淡，我便会在其中寻找复发的前兆，却又不敢承认。这一次，不能再忽视。

---

①　Dirndl，指在德国南部和奥地利等地区，女性的特色白上衣配围裙装。——译者注

普林斯顿，1933 年 10 月 10 日

亲爱的阿黛尔：

你在上一封信中要我说说普林斯顿和周围的细节，我没什么时间旅游，但还是简短说一下吧，免得你责备我。

普林斯顿是一座大学村，在纽约远郊，去一趟纽约煞费周章，叫人筋疲力尽。首先，要坐很不舒服的名为"dinky"的小火车，从大学到又小又远的普林斯顿章克申火车站，再坐两小时的火车才能到曼哈顿的宾夕法尼亚站，车站坐落于在第七大道和第 31 街的交汇处，走出车站，便置身于百老汇一处灯光炫目、嘈杂喧闹的路口，所以不必和我说："别每晚在纽约流连忘返。"我既没那个力气，也没那个心思。

不过，我对高等研究院很满意。研究院目标远大，招收的人也都达到了奥斯瓦尔德·维布伦和第一任院长亚伯拉罕·弗莱克斯纳的期望。他们把现在科学界的"尖子"聚到一起，甚至请来了爱因斯坦先生，真是了不起。之前整个美国都等着迎接他。我不容易被打动，但与爱因斯坦的会面是难忘的经历。我们聊了一个多小时，只聊了哲学，几乎没聊数学和物理。他说他数学太糟糕！你会喜欢这位伟人和他的幽默。你知道他怎么说普林斯顿吗？"这小地方很神奇，规矩极好玩，这里的人都是微型的半神，踩在高跷上。"

我只是受邀做报告，但我很羡慕第一批常驻学者：冯·诺伊曼、外尔、莫尔斯，他们不用教课，唯一的任务就是思考。只要你看起来很忙，就没人管你在干什么。

秋天的普林斯顿很美，你这个习惯了维也纳夜生活的女孩可能不会喜欢红艳似火的树林和平整无瑕的草坪。第一学年，高等研究院暂驻在普林斯顿大学的法恩楼。建筑尚可接受，美国人的卫生意识相当不错。我正准备下几次报告会："论形式数学系统公设的不可判定性"。我就不用细节烦你了，尽管晦涩的命题也拦不住你！你只要知道我的研究终于受到热烈欢迎就行了。

我每天的日程很紧，白天当教授，晚上是孤身奋战的学生。同事们都很友好，但其实交流也有限，我想念维也纳的咖啡馆。维布伦夫人照顾我的社交，经常组织茶会和音乐晚会。

这里的人食量惊人，什么都巨大无比，一份牛排够我吃上一星期，一杯干马提尼能灌满一个浴缸。我得特别注意饮食，不然就会生病。我也监测体温，每天都去周围的大自然中散步许久。

我不能为你庆祝生日了，等回去再补上。你想让我从纽约给你带些什么？我没多少时间做这些，但可以让一位同事的妻子去买。美国出产了许多新鲜玩意儿，应该能满足你的好奇心。要不给你带几张唱片？我在这里听到过奇怪的音乐，你肯定十分喜欢。

爱你，照顾好自己。

库尔特 ∞

我正摩挲着已经模糊不清的无穷符号，突然有人敲了三下窗，吓我一跳。我从猫眼里看到丽艾莎正毫无顾忌地调整着束衣。我犹豫要不要出去，她变了，不再是以前那个纯真地笑着、左右逢源的窈窕金发女郎，那个敢和匈牙利人拼伏特加的年轻无畏的女孩。我不喜欢她那些新朋友，她也从来没喜欢过库尔特。我也敲了三下窗，然后从朝着后院的门出去，丽艾莎正倚在爬满爬山虎的墙上抽烟。

"来喝一杯吗？给你介绍一个人。"

"我爸马上就来，我要回家了。"

她扔掉烟头，用跳过太多次摇摆舞而布满划痕的鞋跟踩灭。她的纤纤玉足一直令我羡慕。

"他不会回来了，你不过就是他的消遣，你都三十四岁了，大好青春都消耗在等待上。来吧，夜晚才刚开始！"

我穿着薄大衣瑟瑟发抖，这个冬天会很冷，我没钱买新衣服打扮自己。

"守着个鬼魂，你看上那个'妈宝男'哪一点了？半天蹦不出一个词。"

我太累，根本听不进她的责备，只紧紧盯着街道，为迟迟不来的父亲担心。她硬扭过我的脸，她的手很干。我推开她，又把帽子往下压了压。

"你以为他会回来向你求婚，和你生孩子，邀请你星期天和他妈妈一起吃晚饭？天啊，你醒醒吧！他走了！"

"他会回来的。"

"你很清楚，你那相好的脑子少根筋！他就是个神经病，身边都是犹太人。你电影看多了，大姐，不会有什么大团圆。你趁模样还能看，赶紧好好利用吧！"

"我们之间很特别。"

"这恋爱都谈了多久了？六年？七年？你见过他的家人吗？没有！"

"你有什么资格教育我？"

"你眼光太高了，可怜虫，看看你的出身吧！你以为会怎样？你在他们眼中只是个舞女！舞女还收钱呢，你却当服务员给他赚钱。你到底活在什么样的世界啊？"

"反正不是你的世界。"

她咂了下舌头，扭着屁股走开了。那一刻，我告别了我们的青春。

她选择了生存，也要我这么选，这座城市的每个居民都要选，不是因为希望，而是因为恐惧：谁能解救我们熟悉的维也纳？有能力的人都逃走了，狂欢已结束，只剩下一片混乱。我孑然一身，我不要选择，我不想害怕。我只想从旋转木马上下来，和库尔特一起坐在德梅尔咖啡馆，边吃冰激凌，边逗得他团团转。

13.
相持不下

　　安娜挺直身板，两腿并拢，她在高等研究院院长面前时总感觉很压抑，因为他太像她父亲：自负、固执地认为世界一板一眼，非此即彼。就连办公室的"气味"都一样：皮装书、常春藤校盟纪念品、藏在红木板后的天价酒散发出的隐隐酒气。她盯着他海蓝色西装上星星点点的头皮屑，衬衫下的高领衣让她想起阿黛尔。

　　"你看起来挺满意，有进展了？"

　　"如果说，非要明早就拿三箱文件来，那我没什么进展。"

　　卡尔文·亚当斯站起来，居高临下地打量她。

　　"怎么突然这么凶？"

　　她更紧张了。不能顶撞他，她见过他暴跳如雷的样子。

　　"不好意思，这段时间我有点儿累过头了。"

　　"找人帮忙啊。天哪，我又不是要折磨你！你不用每三天去一次养老院。研究院里的事就够多了，马上要来一个欧洲访问团，你来当翻译。"

　　"这不是我的职责。"

　　"你父亲和我们说过，你需要多出去接触接触人，你在资料堆里浪费了太多年。"

　　安娜早就知道父亲迟早有一天会插手她的事情，刻在图书馆三角楣上的普林斯顿大学校训"她因上帝的力量而繁荣"[①]一直提醒着她。但在她家这位"上帝"的无所不能之下，她却颓败了。

　　"感激您给我这个机会，就算我知道这是因为我父亲。"

[①]　拉丁文：Dei sub numine viget. ——译者注

院长解开西装，一把推后办公椅。安娜的世界总躲不开小轮子。

"咱们私下讲，乔治和我是老朋友，他的担心有道理，我也会为儿子这么做。"

"我们刚才在说哥德尔夫人。"

院长一提到他儿子，安娜就没词了，尤其是在这间办公室里。二十年前，就是在这里，他们的父亲正在前厅热烈讨论，利奥用他收集的《奇异博士》引诱安娜。

"事情不成就不成吧，再耗下去也没用。我手头还有不知道第几本爱因斯坦传记，还有十几场会要准备。"

"哥德尔夫人向我保证没有毁掉那些文件。"

"这个头开得很好，现在让她相信我们的诚意就行。"

"没那么简单。"

"不管怎样，你哄住她了，祝贺你。"

安娜别无选择，必须给他一个骨头啃，不然他就会把她调去做别的事。他准备切入正题，拨弄起西装的金扣子，说明他有些尴尬，如果他也能感到尴尬的话。

"感恩节你要来，弗吉尼娅见到你会很开心。到时会有两三个能拿诺贝尔奖的，一个肯定会拿菲尔兹奖的，还有理查森家族的人。"

"谢谢，但参加这种晚宴，我不自在。"

"这不是邀请，这是命令！那天晚上我找不到人给我做翻译，那个法国数学家口音太奇怪，叽里咕噜的，我只能听懂三分之一。我需要你帮忙，你会穿得好一点儿吧？"

安娜心想，他会不会说起她那传奇般高雅的母亲——这一击将彻底毁灭她。他没敢。光是她父亲的阴影，就足够让他们的对话无比沉重。如果利奥感恩节也在场，那真是雪上加霜。安娜想赶紧提出要休假，想大叫，但也只能忍到回家淋浴的时候，普林斯顿大学完美整齐的草坪不适合歇斯底里。

　　院长透过办公室窗户看着那柔弱的身影。从她小时候，他就不懂她，对长大成人的她更无甚了解。他想起三十多年前，普林斯顿学生联谊会上坐在他身边的那位女学生，不禁心中一紧。朴实无华的安娜正是她母亲的反面，蕾切尔魅力难挡，才华横溢，衣着令人窒息。都已订婚的两人只跳了一支意兴阑珊的舞。他挠了挠大腿。时过境迁，如今只要请她喝一杯就够了。他关上门，给自己倒了一点儿酒聊以慰藉，想将那挥之不去的身影从脑海中抹去。他要告诉妻子，感恩节安娜要来吃晚饭。弗吉尼娅不喜欢她，也从来没喜欢过她的母亲。幸运的话，他那外星人一般的儿子会大驾光临，小安德鲁·W. 理查森也能给他找些事做。如果结束时弗吉尼娅没有喝到酩酊大醉，那真是谢天谢地，但这事恐怕老天爷也管不了。他又倒了一杯，把酒藏好，然后接通了秘书的电话："克拉克，马上把利奥给我找来。打电话给麻省理工学院的宿舍管理员，让他叫醒睡在一堆空比萨盒里的那个人。"

14.

1936 年 1 月
必要不充分

"因不正常的强而被加上不正常的弱，
地狱也想不出比这更残酷的折磨。"
——埃德加·爱伦·坡,《书边批识》

和他家人一样，我也愿意相信他第一次抑郁只是不幸的意外，没什么大碍。只要回到我身边，他就会好起来，有我就够了，混乱之后一切都会回归秩序。但在 1934 年，他从美国回来后再度崩溃，只得长期休养。

第二次抑郁症发作，是在他的博士论文导师汉斯·哈恩死后不久。在陶尔斐斯遇刺的前夜，哈恩因急速发展的癌症去世。当时，库尔特还在普林斯顿，为没能陪伴他走完最后一程而心烦意乱。病魔仅用三个月就带走了他的良师——又一位他没来得及说再见的"父亲"。

他也许会说，这就是熵增原理，一个系统的混乱程度总是越来越大，打破的杯子不可能自动黏合起来。宇宙就是混乱，乱中生乱。

普克斯多夫疗养院成了他第二个家，我只能等待他极少能出来的机会，拥抱一小下，凑合吃顿饭，有时甚至看场电影。然后，他就要赶紧去母亲家，说自己有好转——他能不能出来，全由她说了算。红头发的安娜让我知足："你要为两个人坚强，这是你的天命。你要知道自己很幸福，大部分人苟活着，不知道要干什么。"

库尔特从不在维也纳久留，持续不断的紧张把他的一点点气力也消耗殆尽。维也纳大学清掉了自己的有生力量，犹太人、不支持纳粹的知识分子都被换成了"正统奥地利人"。他们发誓效忠陶尔斐斯的继任者舒施尼格，效忠国家。希特勒不承认要吞并奥地利，但没人相信。恶狗已在边境逡巡，只因墨索里尼有所保留，才未付诸行动。知识界大批人移民海外，库尔特因此远离了最亲密的朋友，也失去了思考所需的沃土。

他身体那么虚弱，居然还答应在 1935 年秋开学时，再去普林斯顿做一轮报告。我发怒、恳求、威胁要分手，他都不让步。他的家人和医护人员也劝不了他。他自己的哥哥就是放射科医生，他却不信医生的话，只信书。等他看完比哲学书、数学书还多的医书，离再住进疗养院也就不远了。那年夏天，库尔特的抑郁迹象很多，鲁道夫不可能看不见，他从来都不该允许弟弟去普林斯顿。库尔特几乎不吃东西，把食物切成小丁推到盘子边上，掩饰自己不想吃。他抱怨牙疼、肚子疼，不睡觉，连躺都不躺。他不再碰我，或勉强做做样子，只为不提这事。库尔特是个话不多的人，但这一次，沉默真的缠上了他。

秋天，他出发了，留下我反复体会对这个男人的无能为力。他虚弱、迟钝，又没人护着。到达普林斯顿几天后他就感觉消沉，在最后一封信中，他告诉我，院长弗莱克斯纳引荐的美国医生让他尽快回维也纳。当我收到这封信时，他已经在路上了。乐于助人的维布伦把他送上一艘开往欧洲的船，保证不让他家人担心，但还是给鲁道夫发了电报，告诉他库尔特将于 12 月 7 日到达法国勒阿弗尔。他在半昏迷的状态下到了巴黎，打电话给哥哥求救，但没有打通。于是他在巴黎待了三天后，鼓足力气自己一个人坐火车回到维也纳。我都不知道他是如何做到的。

我从没能让他讲出这三天发生了什么，但我知道一定是前所未有的痛苦。许多年过去，我也只问出极少的细节。我永远都不会知道，我永远都不是他。直到今天，我也只能想象他的无助：在酒店房间昏暗的灯光中，一个人站在床前。

我看见他反复叠着自己的东西，给双手找点儿事做，洗手，用绣着"巴黎皇宫酒店"①字样的毛巾擦干，下楼去餐厅，点餐却又不碰食物。服务员很漂亮，向他微笑，他和她说了几句法语，然后走楼梯回房间，看需要多少时间。他盯着钥匙号码看了一会儿，希望从中找到某种迹象，开门，关门，问自己是不是这辈子最后一次做这个动作，是不是最后一次脱掉外套坐在椅子上。他能闻到房间里还飘着上一位房客的淡淡气味。他伸手去拿笔记本，打开又合上，摩挲着褐色的仿皮封面。他想起服务员的微笑，在那一刻想起我，想起在火车站的站台上，我们最后一次见面。他记不清我的脸，自语道："有时最熟悉的东西却说不清，真是奇怪。"他想起汉斯·哈恩，想起父亲，然后又想到什么，却无法抓住，那念头沉入脑海深处消失不见，就像一条鱼，浮到浑水表面又沉入水底。他在那里，在那张让他背疼的椅子上，一动不动，生怕吓跑那念头，甚至不敢翻开笔记本，觉得只要待着不动就能找回那念头，不要搅动那浑水。他想起我们最后一次争吵，想起我直截了当的话，好像扇了不肯呼吸的人一巴掌："天啊，你是个男人！吃啊！睡啊！吻我啊！"他不知道在这椅子上待了多久，只有后背提醒他逝去的时间——他喜欢这种疼痛。清晨，他关上窗，收拾好行李。

他一辈子都企图自杀。他本可以在巴黎了结自己的痛苦，反正没人拦着，但他还是回了维也纳，心甘情愿地去疗养院，不是因为我对他的爱，不是因为他妈妈的爱，更不是因为他的信仰。他应该遵循了另一种性质不同且强大得多的指令：身体的最后挣扎，对抗吞噬肉身的灵魂。

也许我注定要在从来没有二元对立的地方看出二元对立。

1936年冬的一个早上，我透过父亲店铺杂乱的橱窗，认出了他哥哥鲁道夫的身影，我想：库尔特死了！不然他为什么纡尊降贵来找我？库尔特从巴黎九死一生地回来后，我就仿佛不存在。他被严格隔离在普克斯多夫，连安娜

---

① 法语：Palace Hôtel。——译者注

也帮不了我，从护士那里打听来的一点点消息令人恐惧：他什么都不吃，整日昏睡，因为药而神志不清。我都不敢去想可能的两种结局：等一个无望好转的病人，或者变成连悲伤都无权显露的寡妇。我甚至不能逃离，只能当一个观众，看着灾难发生。

我坐下，闭上双眼，听见开门时略刺耳的铃声，然后他简单地问候了我父亲。我一动不动地等待判决。

"波尔克特小姐？库尔特要您去一下。"

库尔特居然要联系我，他即使没死也离死不远了。

"他情况很糟，不肯吃东西，觉得医生要毒死他。您能陪我去一趟普克斯多夫吗？他需要您。"

我父亲什么也没说，这个女儿已经丢了，他早已放弃拯救的打算。妹妹们在楼上一边窃窃私语，一边帮我收拾东西，母亲温柔地给我穿好衣服。平常大家心照不宣，此时残酷的真相突然浮现，把我变成一个手脚脱节、不会动的娃娃。不过，在家人眼中，鲁道夫的到访证明我在那人生命中的重要性——那个大家绝口不提的人，那个让我卑微的幽灵。

鲁道夫开车带我去普克斯多夫疗养院。在一路尴尬又漫长的沉默中，我回过神，用眼角的余光打量他。哥德尔两兄弟长得很不像，除了都有这种僵硬的伤感，这是他们本色的一部分。开出维也纳近郊，他才生硬地挤出几句话，我们避而不提"为什么""谁的错"之类的话，只聊聊近况和安排，言语之间不带感情。库尔特应该会喜欢我们对话中这种严格的客观：哪些天、由谁看护他。他们会把我作为家庭好友介绍给医护人员，我们不提传闻，不搞得沸沸扬扬，不刺激他，别弄断如此脆弱的最后一根线。他已不是我们之前爱的那个人。

鲁道夫把车停在疗养院前。在冬日混浊的阳光中，那栋洁白无瑕的楼依然干净异常。我讨厌起那几何的屋檐，它透出一种胜券在握却无力解除患者病痛的现代感。

鲁道夫坐着不动，戴手套的手紧握方向盘，不看我，终于说出了早就想说的那句话："我应该去巴黎接他。"

我忽然心疼：这个男人也很脆弱，就算他不想表现出来。男人都如此脆弱。

"你清楚，其实不会改变什么。"

我的神态让他僵硬。我不会撒谎，鲁道夫确实应该去巴黎接他，但更不应该让他去普林斯顿。

"母亲不知道你来……以库尔特现在的状况，他面对不了。"

"我为他才来，别以为你们的态度变了，我就自认为赢了。"

我等他绕到这边开门，让我下车。这一次，我抬头挺胸从正门走了进去。

他的生命、我们的故事、奥地利的未来，一切都一团乱麻。我要从这一片狼藉中整理出头绪。如果还想和他有一个未来，我就要学会驯服他的迷乱。我就是这样：说你需要我，我就为你扛起大山。

15.

争执

　　养老院管理方拒绝了安娜带哥德尔夫人外出的申请，老太太病刚好，活一天赚一天，去电影院简直不可想象。安娜不知道如何把这坏消息告诉她，什么都不该承诺，她不想协调，又有许多工作拖着，只好取消了上次探视。

　　她在半掩的门前犹豫了一下，房间里很昏暗，窗帘拉着，有一股闷气，味道让她恶心。她强装笑容走了进去。

　　"不好意思来晚了，路上耽搁了。"

　　被褥下那人不回答。

　　"您睡着呢？不好意思。"

　　"这也不好意思，那也不好意思，听着都累。"

　　阿黛尔勉强坐起，背靠枕头，撇嘴皱眉。安娜没力气吵架，尤其那个晚上——遇上一些烦人的人，车子爆胎，下巴上还长了一颗火辣辣的痘。太阳早就下山了，她已经在想一个人的漫漫回家路，回去面对一个空冰箱。

　　"怎么？先是两天来一趟，然后再也不来了？"

　　"我有很多工作。"

　　"我现在没心情接待你，打烊了，今天没有遗稿促销①！"

　　"您感觉不舒服？我去叫护工？"

　　"除了缠着人不放，你就没有别的事做吗？"

　　安娜觉得，老太太这么凶是因为没有被允许外出，别人宣布消息，她来承担后果。她靠近床边，拿出一袋糖。

　　"我带了些甜食来，我们不告诉护士。"

---

① 直译为"没有 Nachlass 的 Nachlass"，Nachlass 也有打折之意。——译者注

"你想让我早点儿死，快点儿拿到那些文件？"

"我想让您高兴高兴，知道您喜欢美食！"

阿黛尔指着她嘟囔，安娜感觉不对，觉察出话和手势有问题，却又不知道有什么问题。

"别像训孩子一样训我！"

她终于耗尽耐心，悻悻收起老太太不要的糖。

"你要是有个孩子的话，也不至于为了升职讨好老太婆。"

"您说其他的我都可以听着，但在这方面您没资格教育我！"

"蠢货！① 别居高临下地假惺惺！"

"我对您挺有好感，哥德尔夫人，别浪费了我的感情。"

"我才不在乎你说的好感，都是逢场作戏！都是撒谎！"

"见到您我总是很开心。"

"你不懂什么叫开心，怎样都不爽，大手像鸡爪子一样，干什么都小心翼翼！说你冷淡你都不够格，就是个没人要的老姑娘！"

安娜委屈得不知所措，失去了斗志，呆若木鸡，脸色难看，心想真发一通火也许解气，但阿黛尔脸涨得通红，疲惫的心经不起那样的折腾。

"出去！② 我这辈子受够呆子了！出去！"

一位护士闻声赶来。

"你也来！乡巴佬！"

"哥德尔夫人，我给您打镇静剂。暂时谢绝探视！"

安娜把糖丢在床上就逃走了。

安娜翻包找手帕，大厅里的自动售货机让她很想买点儿什么。她深呼吸，掏出钱，遭受了这么多，实在应该买点儿东西抚慰自己。哥德尔夫人一把老骨头，嘴依然很厉害。她再次忍住泪水，这个老太婆说话竟然如此伤人。你

---

① 奥地利德文：Bist deppert! ——译者注

② 德文：Raus! ——译者注

赢了，老巫婆，我再也不来了！为什么这样折磨自己？她看着颤抖的双手：鸡爪子？还是别在意她的狠话，管理处不让外出又不是自己的错，也不用每天都来听她喋喋不休。安娜狼吞虎咽地塞下巧克力棒，这么多时间都浪费了，这么多次探望都白搭了。"没人要的老姑娘？"瞎扯！毕业舞会的晚上，她和某个小子一起跳舞，虽然两人都喝多了，体验不怎么样。更让她伤心倒是这事的后果：和青梅竹马的利奥就此分手。利奥一直觉得，他们会一起长大，也要一起老去，他十一岁就已想好一切：他事业成功，两人买一栋房子，生两个小孩，有一间书房让安娜想写什么就写什么，因为利奥坚信她会成为一个艺术家。安娜不想成为他的"缺省设置"灵魂伴侣，不满足于当一条公设，所以选择了班上的万人迷。结果，利奥好几个月没动静。极其敏感、记忆力惊人的他连一点儿小事也会记着，能在几年之后拿出一句无足轻重的话和人理论，把各种意思分析个遍。

看来她从来无法预见，只能受气。阿黛尔·哥德尔和许多老太婆一样，也像个找人撒气的泼妇。

一个粉色的亮点进入安娜的视野，她叹了口气，格拉迪丝会给这末日般的一天画上完美的句号。

"怎么，吵架了？"

"消息传得真快。"

"阿黛尔容易激动，但不记仇，下次想着点儿。"

"想着点儿什么？"

格拉迪丝双手叉腰，斑斑点点的手刚做过美甲，在安娜眼中，她就像烦人广告里的高龄芭比。

"今天是她生日啊！没人来看她，除了你来了一小会儿，况且这应该是她最后一个生日，在这方面，她已经不抱幻想了。"

安娜感到一种非常熟悉的歉疚，细致如她，怎会忘了这日子？她已经知道后续：两分钟之内，她就会帮阿黛尔找借口；三分钟之内，她就会想怎么让阿黛尔原谅自己。

16.

1936
一生中最坏的一年

"数学家的生涯很短暂，过了二十五、三十岁就不会有什么起色。
如果这之前还没做出最好的成果，之后也不会做出更多。"
——阿尔弗雷德·阿德勒，数学家

鲁道夫先进了他弟弟的房间，我和数学家奥斯卡·莫根施特恩一起等在外面。莫根施特恩是库尔特的好友，可在此之前我都无缘会面。他肯定知道所谓"家里的朋友"不过是个幌子，但什么也没表现出来。库尔特那么多疑，都觉得我可以完全信任这个友好而冷静的人。

"他怎么样，波尔克特小姐？上次见面时他看起来非常虚弱。"

"昨天早上称了一下，五十三公斤，医生说他到了五十八公斤才能出院。"

慑于疗养院大堂的高贵典雅，我只敢轻声细语。安娜和我说过，许多维也纳名流曾来此疗养——古斯塔夫·马勒①、阿诺德·勋伯格②、阿瑟·施尼茨勒③，流连于各国的富豪与贵妇间，奢侈地休憩——当然，是经济危机之前！1936 年的普克斯多夫就和维也纳的夜晚一样，绝望的有钱人越来越少。

家具和内饰造作而肃穆，看得我头晕目眩。这里的建筑师好像叫约瑟夫·霍夫曼，对格子有一种病态的喜爱：饰带、地砖、门窗，甚至我坐着耗费

---

① 奥地利 – 波希米亚作曲家、指挥家。——译者注
② 奥地利裔美国作曲家、音乐理论家、教师、作家和画家。——译者注
③ 奥地利剧作家、小说家，维也纳现代派的核心人物。——译者注

生命的不舒服的座椅上都是格子，外墙面也被窗户分成一格一格。我需要柔和的气氛，看着这洗练的房间和精心打理的呆板花园舒服不起来，这地方对库尔特而言倒是完美，干净、无声、整齐。尊贵的莫根施特恩在这高高在上的环境中也十分自在，据说他是德国王室的后代。

"库尔特和我说过，多亏有您。他一般不说这种话。"

莫根施特恩热情地和我握手，这是我们相识历史上他唯一一次碰我。

我说："他又开始做研究了，您知道吗？我带了一些最近的文章来，他可能会感兴趣，尤其是一个年轻的英国数学家艾伦·图灵的文章。"

他误以为我的不自在是因为他："我不是要和您套近乎。"

"现在不让我们给他带文件，有个家伙给他带了封信，不知道是哪个德国人写的，结果他又好几天不吃饭，认为大家不承认他所有的成果，觉得有阴谋，要把他永远关起来。"

"一个叫根岑的人想绕过他，但并未否定他的定理。他们依旧围着希尔伯特，就像孩子不愿离开妈妈的怀抱。他对图灵的研究应该更感兴趣。"

"他读的东西都要严查，现在连纸笔书都不让给。"

"荒谬！不让哥德尔做研究就是不让他呼吸。"

根据以往经验，我完全同意，对我男人而言，做研究既是锚也是救生圈。我转身看鲁道夫还没回来，感觉可以信任莫根施特恩，库尔特需要靠得住的朋友。

"我们说好了，看他体重的增长情况，我偷偷给他带东西，如果他又自暴自弃，我就拿走。"

他一脸惊讶，我一点儿都不意外。

"您可能觉得太没规矩，但这是唯一的办法，他再也受不了强制进食和吃药变成傻子，他应该有点儿自主力。"

"鲁道夫知道吗？"

"他睁只眼，闭只眼，只要弟弟有起色就好。"

"所以说哥德尔在做研究？终于有个好消息！他说起过研究的课题吗？"

　　我在他的话中没有察觉出高傲和轻蔑，我已从情人变成了护士，我不讨厌这些新角色，尽管应该有更正式的名分。我还是有点儿犹豫，这个莫根施恩我可以信任到什么程度？库尔特曾多次和我说起他的同事们爱嫉妒。

　　"我听他说是第一问题。"

　　"希尔伯特计划第一问题？康托尔的连续统假设？他仍要证明其协调性？"

　　"这我就不懂了。"

　　"肯定是，希尔伯特计划第一问题，库尔特在普林斯顿高等研究院的一次报告会上表示要攻克它，他搞研究的初衷就是这个……我先告辞，鲁道夫回来了，我去看看库尔特，您再去。"

　　我抓住他的袖子："莫根施恩先生！这个希尔伯特计划是什么？我要担心什么？"

　　"这太复杂。"

　　"和库尔特一起那么久，我习惯了半懂不懂。"

　　"希尔伯特计划列出了20世纪数学家为巩固现有数学的某部分要解决的一个个问题，库尔特已经用他的不完备定理部分解决了第二问题。"

　　"那他还忧心什么？"

　　"这二十三个问题中至少还有十七个未解决，库尔特只是证明了某些解不可知，至于是哪些……"

　　"他可能花一辈子也找不到？"

　　"如果真有人能彻底解决第一问题，那肯定是他！"

　　"其他的问题呢？"

　　"他花十辈子恐怕都不够，我甚至怀疑这些问题有没有解决的一天。"

　　"就是这种想法折磨他。"

　　"非也！库尔特更看重旅途而不是目的地。您选对了，波尔克特小姐。"

　　他把位子让给鲁道夫，鲁道夫瘫坐在不舒服的椅子上，哪怕把背弄断。

　　"护士恨不得掐死他。"

　　"别着急，他会好起来的。"

鲁道夫看报纸看得激动起来，咒骂几句，挥着其中一页，上面的日期是 6 月 23 日。

"看看这无耻的'奥地利博士'在《更美好的未来》①上写了什么，全是垃圾，都不敢署真名。"

他低声念文章，我侧身倾听：

"犹太人天生反形而上学，喜欢用逻辑、数学、形式、实证研究哲学，这些特点充分体现在施利克身上。我们可以期待他在维也纳大学的遇害会让人更快找到真正完满的犹太问题解决办法。"

他把报纸扔进垃圾筐："什么狗屁文章！库尔特肯定受不了。"

我震惊，但也只能接受：莫里茨·施利克在大学被一个反犹的学生杀害了。施利克，哲学家、实证主义学派创始人，对库尔特而言不仅是老师，还是父亲、朋友。哈恩刚去世不久，库尔特如何能接受又一个噩耗？

"凶手叫汉斯·内尔伯克，与我弟弟同一时期在大学学数学，就住在长街。"

我不禁打了个寒战，我就住在那条街上："他俩不认识，但我和他住得近，肯定某天遇见过。"

"这些疯子快把维也纳剩下的知识分子消灭光了，纳粹把实证主义者、逻辑、数学、犹太人归在一起，也不管多荒唐。库尔特肯定也会有麻烦，他一好我就劝他离开。莫根施特恩说他已经在整理行装，很快就要坐船走。"

"库尔特现在经不起旅途劳顿。"

"他们不会就这么忘了他，脑子不好使，记忆力倒是很好。"

"这几个月他很少联系学校。"

"凶手被好几家精神病院收治过。我知道我弟弟会怎么想，他能把凶手看成自己的'分身'②。还是不要告诉他比较好，您觉得呢，波尔克特小姐？"

真不习惯鲁道夫问我意见，但我已变成必不可少的中间人，因为库尔特在

---

① 德文：*Schönere Zukunft*，当时一份支持奥地利政府的报纸。——译者注

② 德文：doppelgänger，极相似的人。看到另一个自己是不祥之兆，代表死期将近。——译者注

我的照料下终于有了起色。

"他特别会联想，尤其是不想让他知道的事情。谎言总会带来新的谎言。"

"那您来告诉他？"

我看见安娜从大堂走过，悄悄用手向我示意要去员工入口抽烟，我决定和她一起，我需要和朋友一起麻醉这纠缠不清的苦痛。他才刚刚有点儿好转，他家人就要把他送到远离我的地方，单凭安娜估计不能让医生劝家人放弃，但试试无妨。

"我以后告诉他，现在为时过早。"

我们不该用这噩耗打击他最近的起色。之前我看着病弱的他去普林斯顿，回来时人不像人，鬼不像鬼。他独自从巴黎回家后几个月不吃东西，体重不到四十六公斤，整日昏昏欲睡，只有我的声音有时能唤醒他。

我既不懂也无权过问，但红发安娜看过其他人瓦解崩溃，因此我听了她的建议。我付出了我的所有：美和喜悦。我拉开窗帘让阳光和空气进来，而医生却把他关在睡意的黑牢中；我让人把他的留声机拿来，而医生说要保持安静。我还带来早春初放的花。他越来越自我封闭，我依然和他说话，从未停歇。我向他隐瞒世界的境况，一边读报一边撒谎，装出开心的样子。我对他说，我们会一起品尝初夏的果实，华灯初上的维也纳多么漂亮，孩子们在普拉特公园嬉闹，安娜温柔甜美，还有个一头棕红色头发的可爱儿子。我告诉他，他们母子俩也没看过大海，我们会一起去看海。我安慰他，教训他，像吓唬孩子一样吓唬他，一勺一勺喂他吃饭。我触碰曾让我渴望但现已完全变了模样的身体，既无怜悯也不反感。我听他痴人呓语，替他试吃每一盘菜，一遍又一遍，只为证明没人要害他。我决定不告诉他唯一的事实：是他自己在害自己。

我接受了他的软弱、自怜、哀求、无礼，还有喃喃自语的愤怒。虚弱的他无力思考，而无力思考又让他更加虚弱。他就像一把锋利的手术刀，是完美的工具，最怕变钝。他是令人赞叹又如此脆弱的精密仪器，我已竭尽所能地清洁所有部件，但仪器还是不工作。他才三十岁，但心已老去。他说："搞数学是青春饭。"他已过了才华横溢的年纪？这才是真正的问题。他宁愿沉默也不愿平庸，我对此既没有答案也没有良方，只能两害相权取其轻，于是把他的笔记本带给他。我为此哭泣，恨我自己，但我看不到别的出路。我只能给他毒药，安抚他的同时也毒害他。我就像他的医生瓦格纳－尧雷格，让精神病人感染疟疾来治疗僵住症，以毒攻毒。如果我没有这么做，医生会怎么治他？电击？永远关禁闭？我听过那么多次数学让人发疯，才没那么简单！数学没让他发疯，只是救了他也杀了他。

进他房间之前，我从垃圾筐里捡回报纸，剪下演出专栏，喂饭间隙也有话题打打岔。

一个两鬓斑白的白大褂坐在他床上，一边把着他的手腕一边看表，见我进来，用直白露骨的眼神把我上下打量了一番。他起身，我在他旁边坐下，等医生离开便掏出剪下的报纸。

"你的偶像远走高飞了，库尔特，玛丽亚·切博塔里以后都会在柏林歌剧院唱歌了。"

17.

老照片

安娜又轻轻地敲了下门，还是没回应。她给阿黛尔写了封道歉信，还附上了价格不菲的礼物，但阿黛尔都没什么表示。安娜一会儿怪老太太，一会儿怪自己，不知如何是好，她本不该相信来得如此之快的亲近。她又想起院子里那棵参天大树。她太天真了，以为没自己不行。"没人要的老姑娘"，这话现在想起来还是不堪入耳。

"请进！①"安娜踮着脚尖走进充满薰衣草味的房间。哥德尔夫人涂脂抹粉喷香水，好好打扮了一番。"安娜，很高兴见到你。"老太太应该不是记性不好，只是表现得像什么都没发生过，"一听那小心翼翼的敲门声就知道是你，既然你喜欢打听别人的生活，我就给你准备了些小故事。"

安娜挺起肩膀，看来阿黛尔没忘，现在也只能接受这和解。她脱下外衣，看着阿黛尔小心翼翼地打开一个半透明纸袋。"我把眼镜放哪儿了？"安娜顺从地把眼镜递给她，阿黛尔拍拍被子："坐我旁边来，这些老照片是我被带来这里之前收起来的。"安娜端详第一张，怨恨渐渐消散，老照片上有两个男孩，哥哥鲁道夫拿着呼啦圈，弟弟库尔特拿着娃娃，穿着幼儿罩衫。

"我的小小'为什么先生'②。"

"我很想看看您小时候的照片。"

"我们从维也纳走得太匆忙，战后再回去，什么都没了。"

"您小时候肯定是个特别活泼的小女孩。"

老太太挠挠头巾下面的后脖子，头巾底边的浅蓝已褪去，变得灰中泛黄。

---

① 德文：Kommen Sie rein！——译者注

② 德文：Kleine Herr Warum。——译者注

"我是波尔克特三姐妹中的老大，莉斯尔、伊丽莎白、阿黛尔，三个疯姑娘闹翻天！我爸管我叫犟丫头。"

安娜想评论几句，话到嘴边又不敢说，觉得还没重回能开玩笑的地步。

"生不逢时啊，现在的女孩选择那么多，我们就像……囚犯一样，每种自由都要用很大的代价去换，而且我们还经历那么多战争，都活在恐惧之中，害怕自己的男人上前线，甚至我丈夫也免不了，虽有各种不适合服役的证明，他们还是说他可以打仗！"

"你们移民到美国是为了躲避征兵？"

"我们还有许多别的仗要打，小丫头。"

安娜换了张照片，她很喜欢老太太的亲切，但不会因为一点儿小关爱就忘了之前的羞辱。她选了张很小的，阿黛尔穿着侍者制服站在幕布前，挽着一位男士，样子已模糊不清。

"这是我跳舞跳得好的唯一证明，当然不是古典芭蕾，舞剧还差不多！"

"那时有色人种都不能看表演。"

"我第一次见到黑人是 1940 年在美国旧金山下船的时候，就算在维也纳的夜场，我都没见过黑人。"

"比莉·荷莉戴说，刚出道时人们觉得她不够黑，不像唱爵士的，她就把脸涂黑，真是奇怪的时代。"

"《奇异的果实》[①]。哎！比莉……美国也有好东西，我刚来美国时多亏有音乐，除了比波普士乐让我受不了，那人叫什么来着？查利·帕克！听得人头晕，有些学生却疯狂喜欢，把那噪声与巴赫和数学相比，我是从来都没看出它们有什么联系，反正一听巴赫我就郁闷。"

"您和丈夫一起去爵士乐酒吧？"

"和库尔特一起？你开玩笑吧？他讨厌噪声和人群！我就在广播上听听，

---

① *Strange fruit*，比莉·荷莉戴的一首歌，歌词是："...Black body swinging in the Southern breeze. Strange fruit hanging from the poplar trees."（黑色的身体在南方的清风中摇摆，奇异的果实挂在杨树枝头。）——译者注

埃拉、萨拉……我特别喜欢荷莉戴，尽管歌词都听不明白，你记得那句'容易想起却如此难以忘记'[①]吗？"

"老看旧照片不好，阿黛尔。"

"没老看，没必要，都在这儿呢。"

阿黛尔戳了戳脑袋，太阳穴的头巾松动，飘出一丝老人味。安娜怔住，这味道混着那熟悉的薰衣草香让她坐立难安，她把祖母最喜欢的那款香水送给阿黛尔当生日礼物，看来老太太没少喷。她一边怀念，一边意识到犯了一个错：不该拿过世亲人的香水送人。

"如果我没记错，这张是 1939 年拍的，就在我们动身前不久。"

"您真是有一头金发。"

"你没漂过头发，不是那种人。我的天！[②]为了漂染我吃了多少苦！当时流行。你看，我 40 岁还是苗条得很！在那个年代，我那岁数的女人就没人要了。"

在黑白照片中，阿黛尔穿着羊腿袖低领深色上衣、过膝波浪裙，库尔特立在一旁，眼睛直视前方，半敞的风衣下是完美的西装三件套。

"我胳膊下夹着那把一直用的雨伞，哪天和你讲讲这把伞的故事。"

"您没看镜头。"

"阿黛尔就像个埃及人，永远展示侧面；也是个不完整的人，永远只是半个女人。"

安娜把照片铺在被子上，眼前仿佛有一段人生无情快放：阿黛尔渐渐臃肿，库尔特渐渐瘦削，要消失在西装里，最后，他们就像成双成对的鸟，可是她不记得名字。她随手拿起一张照片：在船舷上，库尔特弓腰驼背，像个老头。

"你们在去美国的船上？"

"我不喜欢这张，别管了，看看我们结婚纪念日那张，在帝国大厦用

---

① 比莉·荷莉戴的另一首歌的歌词："Easy to remember but so hard to forget." ——译者注

② 德文：Mein Gott! ——译者注

晚餐。"

"您穿得真隆重！这张照片是谁拍的?"

"应该是饭店的摄影师,一直烦你,让你掏钱买照片。三十年后再看,我们很高兴当时让步了。"

"帽子真漂亮!"

"在麦迪逊大道买的,真是疯了,当时那么拮据,但我还是任性了一回,照顾了他十年,买个帽子也不为过。"

"您那时很幸福。"

"这张也很好,1949 年,我们在林登道住下,终于有了真正属于自己的家!"

"很少见他这样微笑。"

"库尔特感情不外露。"

"您很勇敢,活得真精彩。"

"你太天真了! 人这一辈子,精彩其实是一次次小放弃拼起来的。"

"我上初中时父母离婚了,他们的职业计划里没有'放弃'这个词。"

阿黛尔把照片收到一起,本想理出顺序,最后还是放弃了。她把手放到安娜的腿上。

"总有个岁数要能自己想开,孩子。"

安娜猛地直起身子,阿黛尔的话就像一把戒尺,逼她挺起老弯着的背。她心情低落时,宁愿自己的出生是个意外,可惜自己没那么好骗,就算忘了父母相遇故事里的所有浪漫,也没有理由为此感到痛苦,她是父母真心相爱的结晶。衣冠楚楚的博士生乔治在普林斯顿大学历史系新生报到处遇到了富家小姐蕾切尔,她冷得发抖,他把自己的毛衣给她,他的敞篷车和波士顿口音令她刮目相看,她如好莱坞女星一般的身材和彼时还算合理的坚决让他欣赏,第二天乔治就给她打了电话。蕾切尔把他介绍给家人,他们结了婚,深爱过彼此的不同后渐渐生厌,直到吵得翻天覆地,一拍两散,那年安娜十四岁。两人宣布离婚时,利奥想安慰安娜,说:"不过就是高斯曲线。"那时,这位神童自以为是的比喻就像他下巴上层出不穷的胡须。他早就等着和父母把账算清，安娜却无法指责双亲，他们为她选了称职的保姆、合适的学校，家里也没有那些塑造个性之后又能当故事讲的夸张剧情，她的父母甚至都没有过中产阶级焦虑。那时不流行"负能量"，他们三十岁赶上战后物质繁荣，四十岁又赶上社会观念开放。第二次世界大战时的犹太人大屠杀就像幽灵，在祖母约瑟法的房子里游荡。只有她还会忆起那些逝去的人，饭桌上她一提起，大家就转移话题。安娜不能怪他们尘封对父辈的回忆，他们要继续生活。

"想什么呢？想这么出神。"

"我在想体现统计均值的高斯曲线。"

"你不会要和我聊数学吧？"

"高斯曲线表明，集合中元素的特征趋于钟形曲线分布，中间值占大多数，形成隆起，极大或极小的则很少，给定人口的智商分布就是这样。"

"这些话我听过太多了。"

"您在高斯规则、正态分布之外，您的一生不寻常。"

"我告诉过你，安娜，一切礼物皆有代价。"

18.
1937
约定

"如果人们不相信数学很简单，
那只是因为他们没有意识到生活有多复杂。"
——约翰·冯·诺伊曼，数学家、物理学家

　　我走在墓地的坡上，觉得丝袜滑了下来，想整理一下却不小心勾了一个洞。要迟到了，到他妈妈面前肯定汗流浃背，一副狼狈相。挑衣服挑了太久，我很紧张，却又不知道有什么可紧张的。如果她要拆散我们，怎么不找库尔特说？她要离开维也纳去布尔诺了，我和他终于有机会生活在一起。

　　到底为什么找我？库尔特和我说过，她一度怀疑我生了孩子藏了起来，太伤人了；她也不能再说我图他们家的钱，大萧条之下，他们的日子也不好过，在维也纳当放射科医生的鲁道夫才是家中的经济支柱，库尔特远不能养活我俩，尽管我一直勤俭持家；可能她意识到从此以后我就是他们家的一分子，不管是库尔特旧病复发还是她与当局的麻烦，都与我有关。我必须承认她很有勇气，高声表达对纳粹的憎恶，完全没有谨言慎行。

　　收到她那封简短的信，我十分惊讶，玛丽安娜·哥德尔夫人要找我在安静的地方单独谈谈，换句话说，就是想在库尔特不在时和我谈。我和他儿子好了十年，她从没想要见我。回信我重写了一百遍，提议在歌剧院旁的咖啡馆见，既显得我知道她爱音乐，又能体现我的诚意。她回得很简短，说要更安静，应该是不想被人看见和我在一起吧，于是我提议在格林津墓地的古斯塔夫·马勒墓旁见，她不喜欢马勒，肯定觉得我故意讽刺她，但我想她也不会让我开心。她坚决不肯来我们家，我都已经和她说了可以来格林津看看他儿子的小窝，我们就住在离 38 路终点站两步远的地方，库尔特在大学门口坐电车就能直接到家，这大片的绿色对他身体有好处，著名的弗洛伊德也在这宁静的市郊有间乡村小屋，我们与名人为邻。我对她怨恨颇多，但见一见**亲爱的妈妈**①的诱惑太大，她集诸多优点于一身，既是无与伦比的贵妇，又是颇有成就的音乐家，还是细心周到的母亲。

她等在灰色大理石墓前，一脸严肃。她没和我问好，但把我从头到脚打量了一番。

"马勒和他女儿葬在一起，他女儿五岁就死了。"

"您想找个地方坐下吗？路那边有个长椅。"

她像女皇般摆摆手，否决了我的提议。

"你不知道为人母的不易，库尔特八岁因为关节炎发烧，我都以为要失去他了。从他出生开始，我无时无刻不为他担心。"

我没经历过这些，已然败下阵来，她很会说话，我只能强压怒气。

"库尔特和我一直很亲近，他五岁时，只要我一离开房间，他就赖地撒泼。"

我拼命忍住不发作，仔细打量他母亲，让自己不要在意这痛苦的开场白。不管怎么说，她不是要来维护母亲的身份，库尔特会说这是她公理体系的公设。

我见过鲁道夫，高雅得体，目光深邃，头发稀疏，但我从没见过玛丽安娜，连照片都没看过。我在这位母亲女神的模样中寻找我所爱的男人的样子。她看起来五十多岁，充满审视的眼睛深陷在耷拉的眼皮下，显得既惊讶又警觉，有一种令人生畏的智慧，就像他儿子那梦游般的眼神醒了过来；她的嘴依然很漂亮，只是总苦兮兮地撇着，或是生来就有这种豪门特有的不动声色的笑；受制于中产教育和望子成龙的想法，她看起来只是多疑而不是凶狠。她的

---

① 德文：Liebe Mama。——译者注

鼻子似乎和库尔特一样。

"普林斯顿高等研究院又向我儿子发出邀请，他拒绝了好几个，但这次机会难得，不幸的是，他不想离开你。维也纳现在的气氛对他很不利，结局会很糟糕，你要说服他移居国外，需要的话带你一起。"

"为什么要我去说？我的家人都在这里，我们的生活也在这里。"

"你太天真了，意大利不出几个月就会抛弃奥地利，维也纳很快就会发疯，敞开怀抱欢迎德国人，必须走，而且要快！"

"我们不是犹太人，没什么好怕的。"

"所有人都该害怕。我怎么能让儿子效忠纳粹，教一群野蛮人？他所有的犹太朋友都出国了，没有他们，他什么也做不出来。真正的科学家、艺术家不会屈服于纳粹。对我来说，维也纳已经死了。"

"这对我有什么好处？在这封信之前，我对您来说就像不存在。"

"库尔特讨厌冲突，他很软弱，如果没有我的允许，他不会娶你，你也不年轻了，我还能活很久。"

我默默听着，委屈只能往肚里咽。

"您要我当护士？"

"差不多吧，不会亏待你，体面又稳定。"

"体面，我早就忘了什么是体面；稳定，你也知道库尔特说发病就发病。"

"那是他天才的代价。你似乎没意识到自己多么幸运，我儿子不是寻常人，我们早就在他身上觉察到天才的迹象。"

她终于开始夸儿子，我早就猜到了，钟声适时响起，似乎在认同我的想法。

"你知道有天赋和成材之间差着什么吗？工作，许许多多的工作，他需要安宁才能实现自己的命运，你一直都在妨碍他学术有成，必须改变。"

"不是！"

她只是撇撇嘴。

"我有些事要嘱咐你，尽量不要插嘴，听我说完。"

我整理手套，裹紧双手，由她再说库尔特几句吧，他也活该。

"库尔特总有问不完的问题，在他小时候，我们就叫他'为什么先生'，他这样，你在日常生活中就要扮演'怎么办夫人'，他的那些'为什么'你明白不了。"

"您明白？"

她的头昂得老高，好像不长在脖子上。

"问题不在这里，你要解决所有的琐事，让他专心致志。他的专注是把双刃剑，如果什么事让他着迷，他就会一门心思琢磨。永远不要让他开车，他一想事情就出神，不注意就会出危险。"

我模仿她的姿势，挺胸抬头，双手交叉放在面前，拿手包当盾牌。

"宽慰他，容忍他的怪异，但要注意发病的迹象，及时治疗，尤其不要忘记夸他，就算你什么也不懂。有些男人就是自尊心太强，被傻子夸也会开心。"

"不说说他最爱吃的菜和冬天戴的围脖吗？"

她嗤之以鼻。

"我一直都认为你会毁了他的事业，你没推动他前进，但至少让他活了下来。你很坚韧，这一点我必须承认。"

"也算为时未晚。"

"在他身体不好时，你也不是没有作用。他需要安静，据说你容易激动，你照顾好、保护好他就够了，不要把一些奇奇怪怪的病传给他。"

我忍不住挥舞起手包，我可没她那么能克制，她在克己方面真是比我多修行了一辈子。

"少损我！您那天才儿子的毛病说起来也不少！"

"库尔特永远都是个孩子，聪颖过人，但这也让他不幸、孤独、可怜，我作为母亲要保证他的未来。"

"保证他再找个妈？玛丽安娜，你别忘了，"我靠近她的脸，"他的枕边人是我！"

我不知道哪一点更让她震惊，直呼其名、斗胆上前，还是出言不逊。其实，我心里清楚。在那个年代，鞋和包要搭配，出门要戴手套、帽子。我有选举权，但在她眼中，我几乎连活命权都没有。

"你是一个离过婚的女人，还是跳舞的，如此粗俗也不奇怪。工作之外，库尔特的品位一向不怎么样。"

"对，他一直都喜欢比他大的女人，和您不无干系！"

她面无表情地盯着我，我似乎看到呢子大衣下的"母狼"要扑上来将我撕个粉碎。

"你们不要孩子，是吧？他受不了孩子，而且你岁数也太大了。"

我穿着高跟鞋打了个趔趄。

"您会来参加婚礼吗？"

"你的袜子抽丝了，库尔特对这类细节很敏感。"

她从我面前走开，甚至都不屑露出胜利的笑容，一次都没叫过我的名字。我们逃不出婆媳关系的老一套，婆婆和媳妇就像两位智者，争着是谁先发现了好东西。没有子宫就不会诞生进步，但子宫也是从另一个子宫来的。我们是同一块奖章的两面，她把他带来世上，我看着他死去。

真想带她去我们住的名副其实的"天堂路"，为她打开家门，但事一完她就马上走了。也许我该低头向她效忠，要一起生活，墓地里的匆忙约定远远不够。我厌倦了猜来猜去，这游戏我总是玩不来，而她身经百战，精于此道。

我走到最喜欢的墓前，看着墓上的天使聊以慰藉，雕像和真人一般大小，我和库尔特曾在这雕像前荒唐地讨论天使究竟应该多大。在一片常春藤中，天使坐着祈祷，守卫长眠于此的一家人。我们不认识他们，但在星期天散步走过这里时总会向这天使问好，库尔特也喜欢天使。

19.

老故事

哥德尔夫人小心地把照片收好，用眼角余光看着不愿离去的安娜，这一天似乎有种最后一次的意味，安娜不愿到此为止。

"要不我们去喝杯茶？"

"太晚了，没人服务，人们都在忙一年一次的假面舞会。"

"您不喜欢万圣节？"

"我讨厌假乐。"

"但您喜欢喝酒啊。"

安娜把一绺散落的头发捋到耳后，她需要好好洗个头。下午淋过雨后，衣服就散发着一股老拉布拉多犬的味道。她困得几乎躺在地下就能睡着，但她扎紧马尾，把头皮勒得生疼，给自己点儿勇气。可能又要惹阿黛尔生气，还是直说吧。

"我不和您一起过感恩节了。"

"我又不会趴在窗边等你。"

阿黛尔摆弄着粗线毛衣上的纽扣，安娜让老太太自己静静，心里却突然一揪，照片里那个俏丽女子去哪里了？她无比同情面前这个老太太，同情自己某一天也会不幸成为一个老太太，现在她还年轻，还能做梦，衰老让人生不如死。

"我有时脾气不好。"

"谢谢您给我看照片，您的心意让我很感动。"

"我就知道能让你高兴，你这小姑娘，一点儿小事也开心得很。"

"我也不想去家庭聚餐，太多菜，太多亲戚。"

"我还记得在普林斯顿过的第一个感恩节，校长请我们去一个高档场所，别人说话我一个字也听不懂，那时我只能结结巴巴蹦几个英文单词。桌上那么多菜，真让我惊奇，我很久没见过这场面了，上一次还是……其实，我从来都没见过。你和家人一起过节吗?"

"高等研究院院长请我去他家。"

"面子挺大啊!"

"其实是被召唤去的。"

安娜用手指撑开百叶窗，路灯发出温暖的光，将午后的积水照得清明光亮，一堆身影跌跌撞撞地穿过停车场。躲不掉的晚餐越来越近，她还没找到一个说得过去的理由来避免见到利奥。感恩节那天，他非常可能也出席，因为他从不错过任何给家里扫兴的机会。

"这家养老院让我讨厌感恩节，这里只有两种选择：要么接待没教养的孩子，也不知他们父母怎么就神奇地找到了你养老的地方；要么就在角落生闷气，气没人来探望。"

安娜没问有没有人来探望她，从接待处的登记表就能看出她是孤家寡人。安娜放下戒备。

"我以为您喜欢孩子。"

"我早过了装样子的年纪，老头儿、老太太总追着给我看他们孙子、孙女的照片，或挥舞着一张可怜的明信片，好像是宝贝一样! 真可悲，就说格拉迪丝吧，她觉得儿子是超人加上迪安·马丁①。你觉得她为什么总打扮得花枝招展? 不是为了像她自己说的那样再找个老头儿，而是等着儿子来看她，不过她儿子总说来却总也不来，养一群没良心的孩子还不如不养。"

"我母亲说养育孩子体现了斯德哥尔摩综合征，父母无法自控地扑在孩子身上，孩子则掌控他们的人生。"

"她的幽默很特别。"

"她恐怕不是说笑。"

---

① 美国歌手、演员、笑星和电影制片人，是20世纪中期最为流行的美国艺人之一。——译者注

"懂事点儿！有家就很幸运。"

安娜微笑，懂事是她最大的缺点，不曾因青春期的迷惘而故意惹事，没有给父母已经鸡飞狗跳的婚姻火上浇油，长大后也没想象中那么恨父母。她爱他们，就像自己愿意的那样：坚定不移，不求回报。她说服自己，父母是要把爱意留到年老，上路前肯定忍不住终于要摸摸她，他们总是干什么都晚一步。

"家也是毒药。"

"尤其你们这些人。"

安娜愣住，又拿血统说事，这拉响了她心中所有的警报。

"怎么，我一聊到你家就变成了纳粹？"

"我不喜欢您的偏见。"

"这不是偏见，犹太家庭就是压得人透不过气，我有过很多犹太朋友，普林斯顿高等研究院的大部分人都是为躲避战争逃难来的。"

安娜用手指缠起一绺头发，差点儿送到嘴边，不过还是服从了潜意识中母亲的命令："别吃头发！别人会以为你傻。"

"生气了？没必要！我清楚得很，一开始你就犯嘀咕，你想：哥德尔老太婆，奥地利虔诚天主教徒，历史可光彩不了。对不对？"

不能吃头发，只好咬嘴唇。安娜的童年一直被这段无人提起却又挥之不去的历史困扰。

"你家有人死在集中营？"

安娜忍住痛苦的回忆：祖母约瑟法，银框黑边的相框，一张张逝去亲人的照片，她儿子戏谑地说那是她的"哭墙"。一摞摞书上的灰尘、炎热、上了三道锁的门、维也纳苹果卷、吱吱呀呀的小提琴声、德语童谣，回忆就像一锅粥，无法消化。

"我爸爸的两个舅舅没能及时从德国逃出去，还有许多不太熟的亲戚。"

阿黛尔做了个无可奈何的手势，安娜都准备好听她解释，尽管并不准备原谅她，但老太太那副无关紧要的样子就像一个耳光打在她人生故事的脸上，热得发烫。

"在 1938 年的维也纳，您就什么都没感觉到，一点儿也不愤怒？"

"那时我顾自己还顾不过来。"

"怎么可能无动于衷？抓了那么多人，死了那么多人。"

"你想听借口吗？想听我说惭愧？我又不能回到过去，我不否认曾经的我，现在的我也还是那个人。我没勇敢起来，救了我丈夫，救了我自己，仅此而已。"

安娜强忍住反驳，她太需要崇拜阿黛尔，太需要在她身上找到一种非凡命运给予的高尚智慧，但没有人能逃过钟形曲线和高斯的诅咒，平庸的现实玷污了她的眼，她觉得还不如让她恨阿黛尔。

"别批判我，事到临头你也不知道会怎么做，也许你会逞英雄，也许不会。"

"这老一套不能平息我的气愤。"

"我也有亲人死在战争中。"

这对安娜来说不是借口，尤其不能拿这个当借口。

"为什么我比库尔特更有罪？他也没做什么啊！因为智力过人就可以不闻不问？"

"您拿他当挡箭牌。"

"如果你读过他的信，就知道他有多漠视，都让他朋友莫根施特恩发笑，也许是为了不气得发抖。库尔特只管自己。"

"您丈夫是个懦夫？"

"不！他只是非常会忽略，不能忍受任何形式的冲突。就算我能推翻所受的教育，克服恐惧，想行动起来，也无法让他正视生活，他用普克斯多夫就能把我吓退。"

"他把抑郁当借口？"

"有时，拿来当隔绝现实的围墙。"

"您就和他一起？"

"既要我比他蠢，又要我比他明白，他不是的，我都得是！"

"我不要求您任何事。"

"你需要一个有点儿疯的小老太太，喝两杯雪利酒就和你聊人生，我不是这样的人。和你一样，我是放弃过的女人，你在我身上看不到自己，因为你才刚刚放弃，时间久了，你就会知道这种轻松是如此沉重。"

"您搞错了，我可不轻言放弃！如果真放弃了，我就不会在这里。"

阿黛尔握着安娜的手腕，安娜不忍心甩开，感到生命还在这布满斑点的大手中跳动。她犹豫了一下，没有俯身拥抱老太太，她无法原谅，既没有原谅的权利，也没有原谅的意愿，两人之间脆弱的好感经不起一场假模假式的赦免。阿黛尔似乎已昏昏入睡，或是装睡逃避告别，安娜小心地把被子塞好。

她合起百叶窗、关了灯才离开。在走廊里，她遇到一对满脸疲惫的探视者，男的怀抱睡着的婴儿，婴儿嘴上还粘着糖；女的紧绷着脸，仿佛能从她脸上读出她准备对着后视镜大骂一通的那些话。接待处堆满艳俗的花环，夜班护士脸色很不好看。不用呼唤万圣节那些伪装的鬼怪，每个人都与自己的幽灵同行。

20.

1938
抉择之年

我打开窗，天空是一如既往的灰色，远处传来采葡萄的人的呼喊。我哼着小曲，打开炉子给他做早餐，一杯茶、一片褐面包，餐具按他的习惯摆好，一切都要完美无缺。我斗胆用梅子酱画了个横着的 8，希望不会惹到他。我强迫自己高兴点儿，今天结婚啊，心心念念了那么多年。我喝了点儿茶压住想吐的感觉，给他的皮鞋上油，仔细熨平他的衣服，然后小心地放在椅子上，以免弄皱了。有时他的衣服都没他那么沉默寡言。

我已经结过一次婚，不敢奢望邀请上层名流来教堂参加一场隆重的仪式。这场简单的婚礼只是个手续，匆匆走个过场，让人隐隐感伤。走过玄关时，我在镜子里看到一个疲惫的女人，这是新娘？我摘下发夹，想让头发蓬松点儿。"加油，姑娘！你是幸福的，打起精神来，享受这一刻，哥德尔夫人！"我穿好衣服，然后去把他吻醒。

他说婚礼的事都听我的，我习惯了这种自由："小事你管吧！"我是管家，以后也一直是。库尔特埋头准备美国圣母大学的报告会，教了一年课以后，维也纳大学出乎意料地准许他外聘，他就接受了圣母大学的朋友卡尔·门格尔的邀请，还有普林斯顿高等研究院亚伯拉罕·弗莱克斯纳的邀请，从一月起就计划动身，丝毫不顾及动荡的时局。一恢复工作能力，他就满意了，集中精力钻研几个月后，他只想着离开奥地利。

我们匆忙决定结婚，我的家人，还有极少几个知道我们关系的密友都很吃惊。我们不用担心"大宴宾客"会增加负担，只需登记，然后和我父母、我两个妹妹、他哥哥鲁道夫一起简单吃个饭就行。他父亲的堂兄卡尔·哥德尔和一位靠得住的朋友赫尔曼·洛青担任证婚人。有些人缺席比大闹一场更羞辱人：他妈妈回绝了邀请。至于他最亲密的同事，大部分都已离开欧洲。

我们坐电车到市政厅与等在那里的宾客会合，午饭定在旁边一家小酒馆，离大学和他一待就是几小时的咖啡馆不远，这样的"小事"合他的意，从单身学生到已婚男子，他还没有离开同一范围，不影响日常。不过他熟悉的世界已经改变，墙上挂满纳粹的旗帜，皮靴踏遍学府，赶走了他的大部分同伴。我现在看出，那时我们努力想抓住一个已经消失的维也纳，我俩都需要一点儿时间才能醒悟。

我们踏上市政厅的台阶，身后跟着稀稀拉拉的队伍。我父母和妹妹们穿得太喜庆，看着鲁道夫一板一眼的中产派头有点儿尴尬，一言不发。

我既没请安娜，也没请丽艾莎。其实，我倒想让红发安娜帮我看看这件有年头的蓝丝绒小礼服还行不行，她还能和我一起挑礼帽，选出这顶简单的，灰色镶丝带边，这是我在拮据窘况中唯一给自己的额外开支。我向妹妹借了枚胸针，本来也可以和丽艾莎要来那件披肩，它曾带给我好运，直到像回忆一样爬满虱子。我的人生分成两段，朋友也分成两拨，但在这大环境下，我恐怕看不到他们共处一室。不请丽艾莎背叛了我的青春，不请安娜背叛了我对她的感激，但要把犹太人安娜和丽艾莎放在一起简直不可想象，甚至危险，我和库尔特也希望就此抹去难以启齿的过去。他终于同意把姓给我，同时也把最糟糕的传给我：只要是人的问题而不是数学问题，他就无法抉择。安娜没生气，她理解，我给她带了一块结婚蛋糕，还给她儿子带了些杏仁糖，而丽艾莎早就不和我说话了，我，"哥德尔夫人"，从此属于上流社会。

1938 年 9 月 20 日，十年地下情之后，用了几分钟，我，阿黛尔·图斯奈尔达·波尔克特，约瑟夫·波尔克特和希尔德加德·波尔克特之女，无业，嫁与库尔特·弗里德里希·哥德尔，鲁道夫·哥德尔和玛丽安娜·哥德尔（娘家姓汉德舒）之子。我脱下白手套在登记册上签名，他拿过笔向我微微一笑，拥抱我，不看他哥哥，我理了理他衣服上的花。我很幸福，虽是小胜，也是幸福。不管局势如何，也不用在意老旧的礼服或那些呼之欲出的问题：他还有两周就要动身，为什么现在结婚？为什么这么着急？他妈妈人在布尔诺，但空旷的仪式大厅里满满都是她无声的责难。玛丽安娜·哥德尔同意我们结婚了，但并不祝福，不过她也有很好的借口：冲突事件让她来不了，但就算时局宽松她也不会来。时局宽松的话，库尔特也不会娶我。

二十年后，在普林斯顿一座教堂前开满鲜花的广场上，我看着某个光彩照人的陌生女子结婚而泣不成声，不是嫉妒她那乳白色的婚纱，也不是羡慕她身边簇拥着家人和身着紫缎伴娘服的好友，我为那时那地的希望抱憾。和这个素未谋面的新娘一样，我结婚时也遵循传统：新娘要穿戴旧的、新的、借来的、蓝色的，还要在鞋里放一枚六便士银币。① 蓝色外衣之下，我的身体里确实有"新的东西"，一点点的他加一点点的我。他在登记册上签名时并不知道这件事，也不知道我不会跟他去美国，我怎么能不管不顾，冒着流产的风险踏上火车接轮船的旅程？我已经三十九岁，这孩子很可能是我最后的机会。他妈妈可能会觉得，流产虽遗憾，但对"拐跑"他儿子的女人也是应有的惩罚。库尔特也总避而不谈生孩子，当爸爸并不在他的计划中，他总对我说："小事你管吧。"我任他疯狂发电报，四处凑钱买第二张票，他的自私盲目没有尽头，他觉得无法一个人面对新学年，要我和他一起去美国，而只有娶了我才能办夫妻签证。我不会有什么美好的幻想，他不顾历史进程，不怕把母亲独自留在捷克斯洛伐克，不为我们的拮据担忧，他要搞研究，除此之外都不重要。纷乱世事、一个女人的苦衷与无穷的数学相比算什么？库尔特总是置身事外，"此时此地"是时空中一个令人不快的位置，只能由我来关注，保证我们活下去。

他也想过移民，但没认真考虑。奥斯卡·莫根施特恩和卡尔·门格尔已在美国住了几个月，给他写信说打算继续待下去，要他考虑一下流亡。我琢磨起来，他娶了我，普林斯顿高等研究院的邀请就是放下一切远走高飞的机会。

---

① 原文是 Something old, something new. Something borrowed, something blue and a silver sixpence in her shoe，引自一首传统童谣，描述了新娘在婚礼上应该穿什么才能带来好运。——译者注

我列了两个单子，这里有：我的家人、困在一片混乱中的捷克斯洛伐克的他妈妈、他已然有成的学术生涯、仍然信任他的大学、我们唯一的经济支持——他哥哥，当然还有一触即发的紧张局势，但我们其实并没有切身忧虑；那里有：他的朋友、薪酬、未知。我们能拿到夫妻签证吗？到那边靠他微薄的薪水怎么过活？我连那遥远世界的语言都不会说，孤身一人照顾他时好时坏的身体，我的未来会怎样？婚礼前几周，我开始偷偷晨吐，于是天平倾斜了，我要一个人留在维也纳。

我曾是他的情人、密友、护士，在格林津，我体会了一人为两人活的孤独无依。他的偏执不只是把一勺糖量一百遍，甚至还支配着他的每一个动作。我只得承认，魔障没有留在普克斯多夫的那个房间，而是从此与我们共生。他的自私不是体弱多病的结果，而是性格的一部分，他曾为自己之外的人想过吗？我隐瞒了怀孕的事，让我等了十年，有些事我当然可以咽进肚子里。

我求父亲婚礼那天不要提政治，但酒过三巡他还是没忍住，用餐刀敲敲酒杯要大家注意听，我紧紧攥住餐巾，他摇摇晃晃地郑重说道：

"敬新郎新娘，敬我们的捷克友人，祝欧洲终有长久的和平！"

我看到我们的捷克"友人"鲁道夫皱起眉，尖刻的反驳到嘴边又咽下。

鲁道夫认为德国入侵迫在眉睫，我们结婚一周后，《慕尼黑协定》会证明他是对的。库尔特不懂紧张时事，也站起来要致辞。

"敬阿黛尔，我亲爱的妻子！祝我们的美国新婚之旅愉快！"

我给他最灿烂的笑容，在他看来，普林斯顿高等研究院会立刻解决第二张票，尽管我们才结婚几天。我对此很怀疑，任他无忧无虑，因为他只想要和平。

我忍着恶心把汤灌下去，心不在焉地摸肚子，却看到母亲审视的眼神，她发现我不舒服，但没说出来。库尔特以为我是因为激动才没胃口，还一反常态地安静，凭他的眼力见儿，哪怕是希特勒光着身子在桌上跳舞他也不会发现。

我们匆匆吃完这顿简餐，从市政厅酒家出来，在蒙蒙细雨中走着。走过卖煎香肠的小木屋时，我父亲不管不顾地小声抱怨：

"花这么点儿钱，还不如在这摊子上吃，或者在格林津的小馆子里办。"

母亲扯了一下他的胳膊，让他别说了。

公园周围的建筑，包括议会，都挂着纳粹旗帜。3 月 12 日，纳粹部队进入奥地利，我的祖国变成了"东部边陲"（Ostmark），维也纳也成了德国的。吞并带来的暴乱一过，街上出奇地安静。

我父亲不愿相信德国要打仗，就像不相信德奥会合并，但 1937 年的冬末打破了我们的幻想。3 月 11 日晚，我们听着总理在广播上宣布辞职，兴奋到发疯的人群冲上街头打砸抢，我躲在格林津，一整夜都在祈祷父母的小店不要被砸，不过人群虽疯，却一点儿也不瞎，只砸犹太人的店。黎明刚过，皮靴就跨过边境，出了乱子是最好的借口：要维持秩序，奥地利人已经管不了自己。法英都未反对，德国人在一片欢呼和鲜花中进入奥地利，差点儿让人以为是我们求着他们来救，从来没有侵略者受到如此欢迎。

除了我父亲这样的天真幻想家，大家都清楚，战争会在整个欧洲爆发。1938 年 3 月 12 日，奥地利人欢迎德国人就像欢迎远房阔佬亲戚，虽然有些忐忑，但来者双手拿满礼物，给最穷的人分配生活物资，承诺将社会保障体系拓展到全奥地利，发放失业津贴，给小学生放假。战后，我们如梦方醒，好像一场宿醉后的头痛欲裂，只好粉饰羞愧。纳粹宣布要进行新一轮全民公投，工人阶级和中产阶级都很高兴，迫不及待地跳到那心狠手辣但钱包鼓鼓的远房叔叔怀里。

他母亲曾提醒我们当心，她最有远见的犹太朋友都走了。她提醒也是白费工夫，我视而不见，而我爱的男人充耳不闻，我一恐慌，就会把他拖入焦虑的深渊，排除万难才是我的天命。少数人喊"狼来了"，而我属于沉默的大多数。如果历史的洪流并没有波及自己舒适的生活或希望，那要如何逆流而上？

我不能说没看见——我看见了被砸的橱窗、跪在路边的一家、被暴打的老人、当街被抓的人。我和其他人一样，在漩涡中摇摆，为了不淹死，只能先顾自己。

我问过安娜，不跟丈夫一起去美国是不是错了，她只是耸耸肩。

"我懂啥，你男人怎么说？"

"大家都去了，你也考虑考虑。"

"拿什么钱去？去了怎么养儿子？美国，那是有钱人去的！"

"你的弗洛伊德博士也去了。"

"活儿少点儿也好。"

"他妈妈说纳粹会杀光犹太人。"

"你害怕什么，你又不是犹太人。别为我担心，他们不会跑来普克斯多夫找我！瓦格纳–尧雷格一直很护着我，我儿子也在好人那里，绝不会把他供出去。"

1938年4月10日，奥地利全民公投的选票上画着两个圈，大的代表"同意"，小的代表"反对"，不仅如此，选票写完还要直接交到纳粹官员手上，检查选了哪个。在这场公投中，本就赢定的"德意志第三帝国"获得了绝大多数选票，99.75%的奥地利人投了"同意"。我也投了"同意"，然后回到格林津的家中闭门不出，晚上一宣布结果就引起巨大暴动。库尔特悄无声息地在书房工作，我揉揉他的肩膀，他从沉思中回过神来，问我：

"阿黛尔，你弄到咖啡了吗？昨天的是臭的。"

21.
见证者

前台女接待一耳压着话筒，一耳夹着铅笔，用手示意安娜等一下。安娜趁这时间签了登记表，惊奇地发现居然有人来探望：伊丽莎白·格林卡，哥德尔的住家护士。她咬着残余的指甲：贸然出现还是礼貌回避？安娜倒是很想见见这位女士，毕竟她是哥德尔夫妇最后几年共同生活的见证者。

"不好意思，罗思小姐，哥德尔夫人今天不接受探视。"

"但我看到有人来探视。"

"她也在大厅等着呢。"

"哥德尔夫人出什么事了吗？"

女接待端稳差点儿洒出来的咖啡，摆出一副很职业的表情。

"您不是家人，恕不奉告。"

"哥德尔夫人没有家人了。"

女接待尴尬地笑了一下，急需尼古丁的手指不停摆弄已经秃了的铅笔。

"她昨晚情况不好，今天早上看护医生有些悲观。"

安娜的心狂跳不止。

"她还清醒吗？"

"她很虚弱，最好不要让她受任何刺激。"

"我给您留个电话吧，有什么新情况通知我一下好吗？"

"我让他们注意，我们都很喜欢您，很少见年轻人关心我们的老太太。"

安娜梦游般走开，她知道阿黛尔身体不好，但依然觉得她有用不完的活力。她无法接受这样戛然而止，最后她们闹得不愉快，她伤了老太太的心，她觉得阿黛尔犯病是自己的错。

她无法立刻迈开双腿走上回去的路，就在人造革椅子上坐下。离她不远，一位六十多岁的女人在织毛衣。这个烫着大波浪卷发的探视者满脸笑意地看着她，面庞清癯，厚眼皮下的褐色眼睛明显散发出善意。安娜不知道这个女人是只对她这样，还是对所有人都这样。

织毛衣的女人停下手中的活儿，把它收进碎布包，走到安娜旁边坐下，坚定地伸出一只手。

"我叫伊丽莎白·格林卡。"

"安娜·罗思。很高兴认识您，尽管现在这情况……"

"没事，别担心，哥德尔夫人之前也这样过。"

她歪着头毫无顾忌地把安娜从上到下打量了一番，安娜挺直了背。

"我能直接叫你安娜吗？阿黛尔经常和我说起你，她说得对，你很漂亮，但自己不知道。"

"一听就是她夸人的话。"

伊丽莎白用长满老茧的手握住安娜的手。

"你对她很好。"

安娜内疚得颤抖了一下，她和老太太的关系说不清哪些是利益，哪些是感情，哥德尔夫人也许向老护士抱怨过上一次的吵架。

"一开始我是有目的而来的。"

"但后来你也来了。"

"您有她的新消息吗？"

"昨晚上她发病了，不严重，这也不是第一次。她丈夫死后她就破罐子破摔，结束了，她也不想再活着。"

"您认识他们很久了？"

"1973年我就给他们当全职护士，他们家园丁是我朋友，介绍一下就……"

现实冲开安娜紧锁的心门，眼泪止不住地涌出来，湿润了她的双眼。对她而言，为非亲非故的老太太哭泣倒比鼓起勇气与亲祖母诀别容易。伊丽莎白从包里掏出一块干净手帕递给她。

"阿黛尔最讨厌人哭哭啼啼，想想她要是看见你这样会怎么说。"

安娜用手帕擦干眼泪，勉强笑了一下。

"终点快到了，但不是今天。"

安娜相信伊丽莎白的直白，她不会残忍到为了安慰而撒谎。

"我很喜欢她，希望她走得轻松点儿，在睡梦中，没有痛苦，也对得起她这辈子！哪怕以前她对我并不总是和和气气的，也有恼人的时候，你也注意到了吧？"

安娜听伊丽莎白说得好像老太太已经过世了一样，不禁心头一颤，但还是忍不住要往正事上扯，同时谴责自己没有同情心。

"您和哥德尔先生说过话吗？"

"那人话可不多！但人很好，除了发疯的时候……"

格林卡夫人用眼角余光看看安娜，她只是有些小顾虑，其实也需要倾诉。

"这也不是国家机密。哥德尔先生很特殊，阿黛尔从不能放松警惕。他们找到我的时候，她已经照顾不了他，她胖了不少，犯过心脏病，留下了后遗症，还有严重的高血压和关节炎，关节肿得连站都站不起来，更不用说做饭、养花。她觉得自己没用了，很抑郁。她得坐轮椅，他又照顾不了她，他连自己都照顾不了！她太想着丈夫，结果耽误了自己的治疗。又能怎么办？对她而言，他在一切之上，甚至包括她自己的健康。"

"他在妻子住院期间去世了，是吧？"

"是的，在她住院之后不久。可怜啊，她也没选择，是我们逼她的。她都快没命了还是不肯放下他，而她不在，他就不吃东西！我两头跑，其实心里知道已经太迟了。谁去他都不开门，我去也不开，我就把吃的给他放台阶上，大部分时候他连碰都不碰。"

"她不在，他就把自己饿死？"

"如果不是她的照顾，他早就死了，这么多年，她一直拼尽全力护着他。"

安娜叠起手帕。

"下次还给您。"

她希望这"下次"不会是阿黛尔的葬礼。

"虽然他让阿黛尔受了不少罪，但我从没见过如此不离不弃的一对。她能忍他到最后也真让我惊讶，要是换作我，估计也就坚持几个月。她没人要照顾，也就没了继续下去的理由，失魂落魄，连支票都不会开了！"

"我还以为都是她处理的。"

"哥德尔先生有时会瞎想，到最后觉得她背着他乱花钱，好像阿黛尔有时间想那些似的，她日夜都在照顾他啊！再说哪有钱可花呢？多叫人伤心！在那房子里住了三十年，和她男人在一起快五十年，然后某天早上……一个人被送去医院。"

"您帮她清理了林登道的房子吗？"

"我们花了五天才把地下室整理完，一堆一堆的纸！她时不时就停下来，看照片，读纸条，大部分是乱涂乱画，我们都收在了盒子里，除了几封信。"

安娜忍住没问出"这些材料在哪里"，伊丽莎白知道她在找。

"她一直哭，真可怜，嘴里念着德语，我听不明白。还揪头发，我以为她又要犯病了。"

"那些信是谁写的？"

"她婆家，那些人不喜欢她，不用多聪明也猜得到写了什么。"

"那她是怎么处理的？"

"烧了呗！要解恨还能怎么办？"

22.

1939
阿黛尔的雨伞

"在我们生活的世界中，
99% 的美好事物在萌芽阶段就被摧毁了……
某些力量要直接掩盖真善美。"
——库尔特·哥德尔

维也纳下着雨，我在大学大堂踱来踱去，小心不要在湿滑的大理石地面上滑倒。我故意避开内院，几个无所事事的青年在那里呼来喝去，把地跺得噔噔响。以前，冷冰冰的中庭只回荡着充满智慧的低语。历代大师的石像静静看着那些褐衬衫寻衅滋事，谁敢与他们目光相对，谁就要倒霉。

库尔特终于出现在楼梯最上面，我向他微微做了个手势，他没回应，看来这个晚上不会好过。他眉头紧锁，前额上皱起一道竖纹，这副愁容我才刚刚习惯，自从他被迫从美国回来，这道皱纹就说出他的苦恼，他也会老。库尔特默默穿上潮湿的大衣。

"定了，我的任教资格被暂停，不能再授课。上次去普林斯顿没申请批准，所以他们把我叫了回来。"

"胡说，和他们说得清清楚楚！"

"现在要听柏林的，大学也要接受改革，他们要取消编外讲师职位，我得向部里提交一份正式的'新制授课人'申请。"

"什么乱七八糟的'新制'，去他的！"

"别这么粗俗好吗？注意点儿。"

"库尔特！你知道这意味着什么。"

他两眼放空，扣子都扣错了，我赶紧帮他弄好，他任我摆布。

"得想个办法，不然回不了普林斯顿。"

"不光不准走，兵役也不能再拖。"

"别总这样慌里慌张，我还是大学的优秀教员，享有权利，不过……"

"今天早上你还那么自信。"

"我跟着哈恩念的博士，新当局排斥一切与犹太人、自由派疑有往来的人。"

"欺人太甚！你从不关心政治。"

"如果我按他们的要求回大学，他们就能套住我，我得求着他们才能走，我的研究要被审查，由他们批准，这绝对不行。"

"但他们不批准你就走不了，这就是个陷阱！"

"彰显权力而已。"

估计我大声的几句话引起了注意，因为我看见一群褐衬衫向我们走来。

"别待在这里了，有危险。"

"你太夸张了！我在我自己的大学里。"

我们刚走到门口就被领头的狂热分子拦住。

库尔特紧紧抓住我的胳膊，抓得我生疼，我从没见过他直接面对挑衅。

"先生，我不允许你这样。"

我无奈地抬头望天，他活在哪个世界啊？对这种挑衅，反击根本没用，甚至可以说傻。

领头那个戴袖章的一下子打掉我丈夫的帽子。他还不到 20 岁，皮肤像婴儿一样，应该还是妈妈的乖宝宝。

"我倒要看看，先生。"

我心中一紧，觉得这群人围得越来越近。

"现在没讲台上那么傲啊？"

"我不记得在课上看到过你。"

小伙子叫来同伴，说着重复了一百遍的不快经过。

"真是个蠢货！好像我会去听犹太人讲课一样。"

我过去交往的男性肯定二话不说，冲上去就是几拳，不管对方人多人少，但库尔特只是瞪着眼睛，像要被憋死了一样。

"他不是犹太人，你们别烦他！"

"怎么着？不仅说不出话还没种啊？"

那人捏了一下我的腰。

我推开他，抓起丈夫毫无动作的手。

"走吧！现在！"

一道褐色的人墙堵在我们面前。

"别那么快就走嘛，美女！把你的小男人留下，我们有几句话要跟他说。"

我对付夜场的醉鬼那么多年，才不会被这几个小流氓吓到，无论他们的衬衫是什么颜色。有时候只要凶一点儿，小狗崽子就会回窝里去。

"滚！我才不怕你们！你们连给他擦鞋都不配！"

库尔特想挡住扇向我的耳光，却被打掉了眼镜，在地上摸索着想捡起来，周围一片嘲笑声。我感觉他们要揍他，急红了眼，想也不想就用雨伞向他们扫去，打到几个惊愕万分的脑袋。我一边扶起库尔特一边拾起眼镜，趁这几个找碴儿的人没缓过神，迅速跑下台阶，也不管他们有没有追上来。瓢泼大雨中，我拉着库尔特一路飞奔到朗特曼咖啡馆，找了张离窗户最远的桌子，总算停下来，上气不接下气。

周围的一切都如水晶般清晰：烘焙咖啡的味道混合着湿气，杯碟叮当碰撞，哗啦啦的雨声，厨房里传来店员的笑声。浑身湿透的库尔特像丢了魂儿似的，紧张地摆弄裂开的镜片，我知道这可不是什么好事。

我的战斗还没结束，刚让他毫发无伤地从一场斗殴中脱身，现在还要抹去他心里的阴影。这件事肯定会让他想起他的朋友，莫里茨·施利克就是在那个台阶上遇害的。拿一把雨伞迎战"第三帝国"的整个军队我也不怕，但我怕看到他失魂落魄。

我从没指望他保护我，表现男子气概不是他要想的事情，他击败的只有自己脑力的界限，在那之前，他连学术上的争论都不参与。这次，危险提醒他现在已是"新制"，荒谬当道。他没准备好面对彻头彻尾的愚蠢，那时已不是默默搞研究的时代，而是吠声四起的时代，那不是他的时代。我只要把这事当逸事讲就行，我是老妈子，不是女英雄。我们经常重提这件事，他赞赏我的勇敢，知道这会显得自己懦弱，让自己永远变成没种的男人。我从来都没搞清楚他是被看作软弱也无所谓，还是轻描淡写掩盖羞愧。我也不是勇敢，只是听从生存本能。

"他们把我当成犹太人，我不明白为什么。"

"没什么可明白的，这些小流氓就是找碴儿，对谁都一样，你只不过在错误的时间出现在错误的地点。"

"大学警示我，他们想让我害怕。"

"我不许你这样瞎想！没人密谋害你！这些纳粹对所有知识分子都一样，没别的。"

他发抖，我抓住他的手按在桌子上。

"我不能回到大学里，他们在等着我。"

"没有任教资格，回去也没用。"

"我要怎么办，阿黛尔？"

我好想听到他问："我们怎么办？"或者我问他，听他的。

侍者端来我们点的东西，我一口干了干邑，示意赶紧再来一杯，库尔特没碰他点的酒。我决定将他一军。

"我们需要钱！很急！"

"母亲自身难保，哥哥已竭尽所能，国际汇款一解冻，我们就能拿到普林斯顿高等研究院转来的钱。"

"我说的是我们！现在！你要去找工作，拉拉关系！你有老朋友在干工业，我都准备回去端啤酒了，你也要行动起来！"

"去当工程师？你疯了！"

"这不是矫情的时候，我们要找到出路，你得工作！"

他一口喝下自己那杯酒，脸皱得好像要被掐死了一样。以前想到要离开母校温暖的怀抱，他总是轻蔑一笑，但事到临头，只令他觉得窒息。

"不然你只能接受大学的要求。"

"我不会屈服于纳粹的意志。"

"这是暂时的，尽快给维布伦、弗莱克斯纳写信！让他们出面，帮着办夫妻签证。"

"我和冯·诺伊曼说过了，我的奥地利身份已经无效，美国的德国移民名额又满了，他们什么人也不收。"

"你不是随便什么人。"

我干了第二杯干邑，要完成的事太宏大。

"我们要离开维也纳。"

"你以前说永远不想离开维也纳。"

"我们没什么可牵挂的。"

"母亲多年前就提醒我有危险，她有先见之明，和当局闹出那么多麻烦也不是没有原因。"

"但她没走。"

我能读出他的想法：如果去年我们听她的话，现在就不会走投无路。就算他从没认真考虑过移民，出国也是他在我们的家务事中可用的武器。去年冬天，我还没告诉他怀孕就流产了，因为结婚两周后他就一个人去了普林斯顿，6月才回来。现在告诉他，只会招来当初不该的指责。乐观的安娜曾建议我不要不告诉他就让他走，她觉得当爸爸也许能给他带来新的活力。我还是宁愿不要试，不说出来最终也不过让我多点儿孤独和遗憾。

我已经几个月没见到安娜，她现在应该叫安娜萨拉，因为从1938年8月17日起，帝国所有犹太女人都要给官方文件上的名字加上"萨拉"。她躲在乡下，他儿子的保姆那里，瓦格纳-尧雷格最后也没有很护着她。

"把这杯喝了，我叫个车回去，可别在电车站再迎面撞见那些蠢货。"

政策让库尔特进退维谷，不屈服于"新制"就不能走，但屈服了就躲不掉兵役，服了兵役就拿不到签证。他的同胞卡夫卡应该会喜欢这恶劣的玩笑，可纳粹已经在他布拉格的坟墓上跳舞。库尔特希望假装有心脏病来免兵役，但这还是救不了他，1939 年夏末，他被宣布可以从事行政工作。他不能以"精神疾病"为借口逃避征兵，甚至不能提曾经接受过治疗，美国移民人满为患，有这种病史就拿不到签证。现在我知道，如果当初库尔特被确诊有"精神疾病"，他的命运会更糟，那时从精神病院出来等于进了集中营。

他无法想象自己参加德国国防军后会被迫做什么事情。为迫在眉睫的战争找一个逻辑？变成坐办公室的杀人犯？他会崩溃。除了研究，他什么都不想关心，但世界不愿意，逼他直面令人悲伤的历史。

23.

失眠

从半夜起，安娜就看着闹钟一秒一秒地走。凌晨 5 点 30 分，她起身坐到床边，抓脑袋抓到疼，干枯的头发都纠缠在一起。猫挠床框，她也无心驱赶，起床把昨晚看电视时剩下的半瓶红酒、一杯酸奶、一袋饼干收拾干净。"没人要的老姑娘"，她反复想着老太太骂她的话，好像她需要有人要似的。

她冲了很久的澡，调到能接受的最高水温，然后穿上浴袍又躺回去，身上和头发还湿着，昏昏沉沉却怎么也睡不着。猫在床边静静看着自己，叫人分神，于是她抱起这"偷窥狂"，把它关到厨房里。

安娜看了看闹钟，6 点 5 分，还有足足一小时才需要去面对这一天。她把手伸向床头柜，想在一堆小说里随便拿一本。

她喜欢读书，父母几乎欢欣鼓舞，觉得这小丫头说不定会有点儿出息，当然，永远不可能有亚当斯的儿子那么厉害，但她至少不会从警局打电话让父母去接人。利奥大概是他们想要的儿子。大家对她不过有些小期许，她也只取得了一些小成绩，甚至不能以懒惰为借口，因为她很用功，渴望每个"优"带来的浅浅一笑，但她永远都不够好，别人更愿意哀叹差生的无可救药。十四岁的安娜已经会说好几种语言，但妈妈说她的德语太土，总纠正她，爸爸认为她的法语和意大利语也就够在餐厅点个餐。青少年时期的安娜把愤怒埋进黑色的小本子，贴上日期标签，整齐地摆在房间的书架上。她在里面毫不客气地一一描写身边的人。一天，妈妈"无意间"读到其中一本，自此安娜就习惯用加贝尔斯贝格速记法来写日记，这是祖母当游戏教她的，她连写作业都用那些圈圈画画。毕业典礼上，爸爸一直看表，妈妈衣着华丽到令人无法直视，打量着一个个男生：这么多满脸青春痘的小子，总有一个会对女儿感兴趣吧，结婚也许是个好办法，据说聪明有时隔代遗传。

以她的成绩，安娜应该只能上个州立大学，进不了普林斯顿大学，但罗思夫妇豁得出脸面，几通电话之后，女儿也进了他们的母校。她之前还闹着要自己选，但听了劝，明白这机会可不会有第二次。大三时，安娜终于在那里"捡到宝"——威廉，她的文学辅导老师。第二学期，他们见了父母，第三学期就订了婚，安娜的父亲很喜欢与这个志趣相异的小伙儿相处。小两口就算以后学术成就有限——现在谁还这么胸无大志，研究19世纪英国文学？——至少知道尊重家族传统。威廉可靠、守时、敬爱父母，外表老成，内心成熟。对安娜而言，他最大的优点，也是与前几任男友的不同，就是用心且藏书丰富。蕾切尔对女儿的选择没做任何评论，对威廉总是礼貌有余，热情不足。安娜看到妈妈对未婚夫的态度，应该会松一口气，这只是再次证明了她的冷漠。

安娜花了许多年才接受这个明摆着的事实，以为妈妈是失望，其实是释然。她永远不会成为母亲那样的才女，母亲耻于生一个普普通通的女儿，父亲还有别的博士生要鞭策，早就接受了女儿的平庸。

她对在感恩节见到利奥没什么期待，只是大家都会有点儿尴尬。她把橙色瓶子里的药全倒在手心，今早不去上班，就说去看哥德尔夫人。她摆弄了一会药片，先摆成五角星又摆成正方形，吞下两片，其余放回瓶子里。她完全能想象到阿黛尔会说什么——"讨好"。她又躺到床上，盯着失眠时看过一万遍的天花板，看得反胃。总有一天，她会动手整理一片狼藉的房子，就算永远没人会踏进这里一步。

24.
1940
逃离

"明天太阳将升起，是一种假设。"
——路德维希·维特根斯坦,《逻辑哲学论》

奥地利电讯第 2155 号

柏林，1940 年 1 月 5 日

阿黛尔·哥德尔夫人 收

维也纳天堂路 43 号

德护照已发，正申美签，艾德洛特今日定，速乘火车至柏林，务必。需保暖衣物，只带一行李。8。库尔特。

1940 年 1 月 15 日

柏林

亲爱的家人：

傍晚我们启程去莫斯科，从那里经由西伯利亚大铁路到符拉迪沃斯托克，再想办法坐船到日本横滨，顺利的话再坐邮轮到美国旧金山。

上周，我们的美国签证奇迹般下来了，明文禁止乘坐横渡大西洋的客轮。我们拿德国护照，只能经过苏联和日本，反正坐船横渡大西洋也很危险。证件有效期很短，我们要尽快动身。昨天，我们打了一堆疫苗，都是听起来很吓人的病：鼠疫、伤寒、天花……库尔特都要疯了，他平时连针头都不敢看！

　　我走时房里乱七八糟，没时间收拾，你们能帮我看着吗？别让那些讨厌的老鼠进了储藏室。我们回来前，伊丽莎白可以随便住，她不住的话，你们能时不时开窗通通风吗？库尔特讨厌闷气的味道。莉斯尔的咳嗽好了吗？要坚持敷药，哪怕蜇得疼。

　　亲爱的妈妈，照顾好自己，这个冬天会很长，但紫罗兰一开花我就回来，我们会一起笑着聊所有这些事情。库尔特向你们问好，我爱你们。

你们的阿黛尔

　　我一辈子从没这么害怕，满心焦虑，感觉五脏六腑都拧到了一起，还得掩饰自己的恐慌，免得他紧张。他倒是很平静，这不是什么好兆头。在柏林，还有几天就要出发，签证还没着落，他居然还做了一场关于连续统假设的报告。在这噩梦般的境况中，他怎么还能继续思考数学问题？从维也纳到柏林，从符拉迪沃斯托克到横滨，到处都是穿制服的人，而他眼都不眨就觉得战争不会持续。

　　太多疑问咬噬着我，他们为什么放我们走？应该是疏忽，我们会在边境被拦下。拿德国护照怎么从苏联到太平洋？我们要赶紧走，趁着还有苏德互不侵犯条约，还能从东边走。我实在弄不懂怎么会签这么一个不合情理的条约，它和我们在维也纳听到的、读到的完全不一样！

　　我只好埋头眼前的事：只能带一个行李，最该装什么？用这么点儿东西怎么开始一段新生活？

1940 年 1 月 18 日
比格索沃

　　亲爱的家人：

　　这可能是你们在很长一段时间内收到的最后一封信。我们快到苏联边境了，去莫斯科的火车有些晚点，这里都是外来的人，有许多逃往苏联的犹太人，站台上堆满行李，还有哇哇大哭的孩子和惊恐的人群。天已经非常冷，我真感谢你，妈妈，把毛皮大衣给了我，我一定好好用！我想趁今天临时买些东西，大家想的一样，结果这城里连一床被子、一双袜子都不剩，我只得以离谱的价格买了些毛线，漫漫长路也好有事可做。

我们认识了一家匈牙利人，姓穆勒，和我们一样要去美国。他们带的行李很少。我很怀疑他们的证件不是真的。那家的爸爸是医生，自然引起了库尔特的兴趣，直到他告诉我们看哪一科：精神分析科。不过他们还是找到了一些共同话题，穆勒知道我丈夫的研究。你们知道吗？弗洛伊德去年9月在伦敦去世了。穆勒家有三个孩子，两男一女，小女孩特别可爱。孩子们吵翻天，让库尔特觉得很疲惫，我倒很喜欢照顾小苏珊娜，她特别漂亮，很像莉斯尔小时候！孩子们都和妈妈一样有一头浅金发，这对他们也好，不显眼。库尔特把最后一家还有货的药店买空了，他包里的药够整个火车的人吃。车上的伙食还算可以吧。

库尔特向你们问好，我要拥抱你们所有人一千遍，好想你们。

你们的阿黛尔

这一刻挺住，下一刻继续，不要慌，在自己身上找到无所不能的另一个人，把胆小的女孩牢牢锁住，哪怕有一天这个女孩肯定会大声叫喊，大到不得不给她开门，那时候就再也无法安抚她。

我迷失在一片陌生的土地，身边是一个什么都不管的男人，没办法，我只能升起帆，希望跑得比这凛冽的风更快，比恐惧本身更快。

在这狂乱的人群中，我帮过人，劝过人，需要或想要时也骂过服务员，假装忘记我们是被人追捕的猎物。追我们的恶兽和追穆勒一家的不同，在我的噩梦中，它不穿纳粹军服，潜伏在库尔特内心深处，等待时机，被这前途未卜的旅行带来的忧惧滋养着。我挺起胸，命令肚子老实点儿，写满篇谎话、假得离奇的信，收买查票员，让他找点儿勉强喝得下去的茶，费尽力气再弄几床被子，为了不让手发抖，织了几小时毛衣。

1940 年 1 月 20 日
莫斯科

亲爱的家人：

我们要经停莫斯科几小时，天寒地冻，不让出站买东西，几个小贩在站台上兜售食品饮料，比金子还贵，都是些劣质伏特加。我把这封信交给车上认识的一个俄罗斯音乐家，他知道"夜蛾"！希望他够诚实，别把邮资给吞了。旅途虽不适，但气氛还不错，人们演奏音乐，给自己找点儿事做，有些车厢就像真的赌场一样。库尔特还不错，噪声和烟味不那么困扰他时就工作一会儿。

我太想你们，仿佛能在站台上看见你们，很快我们就会在另一个站台重逢。

你们的阿黛尔，带着全部的爱

这些话我一边写一边自己都不信，侧身问库尔特："你要加一两句吗?"他说不用："别为他们担心那么多!"他连自己的家人都不担心，更关心晚饭吃什么。

我走到车厢连接处抽烟，喷香的土耳其烟让我恶心，但我喜欢看金黄的烟头在指间转动。路程很长，独处难得，缺少亲昵让我很难受。

为了让等待不那么漫长，一群乐手对着漠然的人群奏着一首晨曲。我打量路人，仿佛看到了熟悉的身影：急匆匆踩着小碎步的妈妈、永远心不在焉的莉斯尔、正在教训她的伊丽莎白，还有爸爸，总是嘴角叼着烟，脖子上挂着他的徕卡照相机，通过镜头看世界，注重细节，却从来认不清大局。我再也见不到他们，战争会从我这里夺走他和伊丽莎白。父亲在我脑海中的最后画面是一个满面通红、满头是汗的老人，他努力搬着行李，刚好赶上将我们永远分离的列车。一个老头，在站台上靠着柱子喘气，在他身边，三个和我很像的女人泪湿了手帕,我的眼睛干干的。

独自在这陌生的人群中,我终于哭了出来,都怪这讨厌的意第绪音乐,像针一样扎着我的心。

1940 年 1 月 25 日

克拉斯诺亚尔斯克和伊尔库茨克之间的某处

亲爱的家人:

我在西伯利亚的正中写这封信,希望到符拉迪沃斯托克能寄出。我的手指冻僵了,笔都拿不稳。这趟旅程无穷无尽,好像一场漫长的失眠。一辈子从没这么冷过,有人说外面有零下五十度,我以前都不知道气温能这么低。洗漱间冻住了,我们只能用热水炉的水和我的古龙水洗漱,古龙水很快就用完了。我做梦都想泡个热水澡,喝碗蔬菜汤,再盖上鸭绒被好好休息一下。白天黑夜一个样,昏暗无光,好像太阳也躲着这片无尽的平原。

我们整日打瞌睡,随车厢摇来晃去,像动物一样抱团取暖,无事可做。我的毛线打完了,送给穆勒家的孩子几双袜子。苏珊娜病了,老是咳嗽,也不吃东西,我给她搓脚暖身子,她就像一只很小很小的鸟。再没人奏乐,每个人都很沉默,不是冻傻了,就是喝伏特加喝糊涂了,就连穆勒家的两个小男孩也不再闹。菜只有脏兮兮的俄式甜菜汤,我根本不想知道里面有什么。库尔特什么也不吃。我本以为西伯利亚大铁路豪华得很!火车的补给很乱,还经常停车,照这个速度,我们永远也赶不上船。

火车上流言四起,说美国可能也会参战。库尔特认为参战对美国没有任何好处,但穆勒担心日本的进攻会迫使美国放弃中立,也就断了我们从太平洋过去的路。我没平时那么乐观,可能因为缺糖吧,要是现在能来一杯维也纳咖啡再配一块萨赫蛋糕,我什么都愿意!昨晚,我发现自己居然在祈祷。我为你们祈祷,一直想念你们。

你们的阿黛尔

我都不知道怎么洗内衣，浑身是垢，只是因为冷才闻不到自己多臭。库尔特用手帕蘸点儿古龙水捂住鼻子勉强忍受，盖几层被子，还把所有衣物一件件堆在身上。我看他总盯着我的毛皮大衣，但我犹豫了好几个小时，还是把它送给了穆勒家的小女孩，她冻得嘴唇都紫了，看着真叫人心疼。她爸妈一开始推辞，最后还是接受了。我们给她裹上大衣，她立刻就好了点儿。我听见她妈妈一边摇着她一边唱意第绪儿歌，她爸爸吓得脸色煞白，让她妈妈别唱了，于是我低声唱起一首德语摇篮曲："晚上好，晚安，盖上玫瑰，撒上丁香，快钻进被窝。"[①] 我还以为自己忘了呢，只要忆起妈妈怎么对我唱，歌词和旋律就自动出现在脑中。库尔特也让我别唱，在这火车上，德国人和犹太人处境一样危险，我就只哼曲子，再没人说什么。

库尔特也不抱怨，一直盯着外面的景色，时不时从一堆毛衣里掏出手擦去玻璃上的雾气。外面没什么可看的，天色十分阴沉，他看着自己的倒影，好像这倒影能给他答案。我在雾气上画了一个横着的8，他笑了，然后擦掉。我为掩饰尴尬，又给小苏珊娜画了俄罗斯套娃，一个套一个，她笑了，我第一次听见她笑。

我误以为他不说话是因为冷漠的嫉妒，不喜欢我照顾别人。在柏林，物理学家汉斯·蒂林让他转告爱因斯坦，纳粹德国很快就能掌握核裂变，这机密没让他不安，他不相信，至少那时还没相信，也知道不只是自己带着这消息，同样的消息从整个欧洲越过大洋汇集到普林斯顿。

我思考这旅程有没有尽头，他却思考无穷。他在夜里问倒影，而某些人——他的同僚正与时间赛跑，他们不仅要造出这见鬼的炸弹，还要赶在别人之前。

---

① 德文：Guten Abend, gute Nacht, mit Rosen bedacht, mit Näglein besteckt, schlüpf unter die Deck.

——译者注

1940 年 2 月 2 日

日本横滨

亲爱的家人：

我们在横滨备感放松：终于有新鲜空气！有水！有暖气！我们到得太晚，没赶上之前登记的"塔夫脱号"，只能等半个多月乘另一艘船："克利夫兰总统号"。如果不是境况堪忧，我会非常开心：对我这个最远只到过阿夫伦兹的人来说，日本太有意思！这个国家并不像我之前想的那么落后，什么设施都有。街上车水马龙，有锃亮的汽车、四下穿梭的自行车、马车，还有穷苦人拉着供人租用的人力车，不比维也纳的环城大道差。我看行人能看几小时，穿着时髦大衣的男人和鞋子奇怪、帽子更奇怪的工人擦肩而过，女人大部分都穿传统服装。我试试能不能给你们带一件这华美的丝绸衣服，不过我得省着花，能用的现金很有限，库尔特找国际汇款处拿汇票好几天了，还是不成功。我得重新置办行装，带的东西太少，可惜进口产品实在太贵。

亚洲人并不像我之前以为的黄得像柠檬，他们其实很白，眼睛细长，单眼皮，做工的还被晒得黝黑。路上有些"风尘女"，脸涂成一片白，牙染成一团黑，我很想跟她们说话，无奈语言不通。昨天，我想和两个女人说她们的和服漂亮极了，结果她们用袖子捂嘴笑着跑开了。

日本人很有礼貌，但很疏远，不太喜欢外国人。我们住在一个很舒适的酒店，有充足的热水，我不是在泡热气腾腾的澡就是上街溜达了，不过不能走远，到处都是穿制服的人，会告诉你"大鼻子"（我们这些西方人）不能随意走动。横滨是个很大的港口，在这里几乎找不到肉，人们就吃米，还有腌鱼，那味道难闻极了，充满大街小巷，连衣服上都是。我在流动小摊上吃到一种特别好吃的油炸食品，叫天妇罗，这些软炸蔬菜轻盈如云朵，我吃了满满一肚子。库尔特不想冒险尝试，他信不过当地的卫生，其实经过滚烫的热油一炸，什么细菌都死了……他只喝茶、吃米饭，这样的饮食也合适，他的胃已经受了火车餐的严峻考验。他很少出酒店房间，就在里面工作。

我们身体很好，都不知道穿过如此严寒怎么会没得肺炎。我们在符拉迪沃斯托克告别了穆勒一家，希望他们能顺利漂洋过海。符拉迪沃斯托克城里有许多带枪的人，乱得可怕。我经常想起小苏珊娜，她一看到穿制服的人就害怕，哪怕是火车服务员。我们到符拉迪沃斯托克时，她烧得很厉害，她父母决定等几天再上路，先买些药来。他们在宾夕法尼亚有亲戚，希望在美国都安顿下来后能有他们的消息。库尔特拥抱你们，我要用我的吻淹没你们，好想你们。

撒由那拉（日语的"再见"）！

你们的阿黛尔

小苏珊娜肯定到不了宾夕法尼亚，这些信也肯定毫无用处，写它们只为唤醒被漫长路途耗尽的乐观。我把我爱的所有人都抛在身后，准备好为此煎熬，却发现改换生活也很痛苦，不再有品尝最爱菜肴、开窗看见熟悉景色时的欣慰，只剩战战兢兢的库尔特。我把生命全都建立在一个人身上，到现在也不清楚这到底是爱的证明还是彻头彻尾的愚蠢。仅凭一根已被啃噬的骨头如何让两人生存？

奥地利电讯第 40278 号

美国旧金山，1940 年 3 月 5 日

鲁道夫·哥德尔医生 收

维也纳莱尔歇恩费尔德大街 81 号

昨已抵旧金山，平安无恙，告母亲及波尔克特一家。一千个吻。阿黛尔及库尔特。

1940 年 3 月 6 日

旧金山

我亲爱的家人：

我们终于到了旧金山，虽然消瘦了，但很安心……横渡太平洋的旅程很顺利，经过苏联的黑夜，大海的蓝和经停地夏威夷的绿在我们看来就像天堂一般，我已经在期待下次回到那里待更长时间！我整天都感觉地在晃，就像还在船上一样。天很凉，一个乘客曾向我夸耀加利福尼亚阳光灿烂，但旧金山的雾可不逊于十月的维也纳！库尔特开始咳嗽，还抱怨胸口疼。在这趟旅途中，他瘦了很多，烦琐的移民手续一办完，我就把他强行拖进一家餐馆，我们简直吃了一整头牛！这里的肉非常好。我们几乎没时间去城里看看，今晚就要坐火车去纽约，急着赶到！说安心是假的，因为我一直惦记你们，我们安全了，却不知道你们会怎样。我做梦都想听到你们的消息，看到维也纳。一到纽约，我就发电报告诉你们我们的地址，希望发往欧洲的电报还没中断。

从世界的另一边给你们一千个吻。

你们的阿黛尔

快靠岸了，我们才看到美国的海岸线显露出来，一层薄雾笼罩着城市。所有乘客都挤到甲板上，有人笑着喊："陆地！"还有人寻找着自由女神像，库尔特耐心向他解释我们到的是美国西海岸，离纽约还有三千英里[①]，那人不愿听，只顾着欣喜。然后我们就被夹在一片推推搡搡中，叫喊声、放下的浮船坞、急不可待的行李搬运工，有些幸运儿投入敞开的怀抱。我们下船，不指望在码头稀稀拉拉的人群中认出熟人的眼神，只是紧紧拽着彼此。

因为怕被偷，我把签证、疫苗本和所有证明都藏在内裤里，从柏林开始，睡觉都不离身，但最后过边检时还是担心了一下。官员例行公事地问库尔特有没有接受过精神疾病的治疗，他看着那人眼也不眨地平静回答："没

---

① 长度单位，1 英里 ≈1.61 千米。——译者注

有。"看来他能撒谎。然后我们明确表示不想成为美国公民，他这是对我撒谎，其实他已不愿再踏上欧洲的土地，已为那段人生小心地画上最后一笔：证明完毕。

我们走上米申街，依然心惊胆战，不敢笑也不敢互相看，生怕最后一刻被叫回去。然后，初升的太阳照亮旧金山，我纠结在一起的五脏六腑终于松开，我突然奇饿无比，看到第一家好像是欧洲菜的餐厅，我们就冲了进去。

25.

山茶花

头天晚上，伊丽莎白·格林卡给高等研究院留了个话：阿黛尔出了重症监护室，医生让大家放心，老太太的情况没有恶化。安娜如热锅上的蚂蚁在家转了三天，搞定自己交代自己的事后就去了养老院。

门半掩着，收音机传出微弱的爵士乐，她敲敲门，惊讶地听到爽朗的嗓音喊出那声一如往常的"**请进**"。

"我来看看您，不会累着您吧？"

"死不了，哥德尔老太结实着呢！比你好多了，你看你一脸惨白。"

安娜没有回嘴，早上洗漱时都不愿看镜子。

"来点波旁酒？提提神。别担心，我不喝，我就输液，不知道他们在里面放了什么，不过我建议你也试试。真的不要？那吃块蛋糕吧，伊丽莎白留给我的，够喂饱一个团。"

安娜摆摆手，饿是饿，但不想吃，她不把"饿"和"想吃"联系在一起已经好几周了。

"伊丽莎白很喜欢你，她可是为数不多我还信得过的人，尽管有点儿唠叨。吃块蛋糕吧！你走着走着裙子都会掉下来，不过也不可惜！"

安娜听命，拿起蛋糕吃了一口，太甜。

"你害怕来了看到一张空床，工作完不成。"

安娜挣扎着把那口蛋糕以最快的速度咽下去。

"您很清楚不是这样的。"

"对不起，条件反射。**我的天**！我居然说对不起！被你传染了。声音调高点儿！切特·贝克，真是天使般的嗓子！我太喜欢，看他成了那样，据说是

115

因为吸毒。"

"怀旧也有毒。"

"胡说！只有美好回忆是谁也偷不走的财富，不过他们什么东西也不让我带来，除了收音机，而且还要调小声音！为了不吵醒这些半死不活的人。"

老太太伴着《我可爱的情人》（*My Funny Valentine*）轻声哼唱，她那么开心，让人怀疑点滴里是不是加了药。

"现在只能听旋律，听不清词，耳朵不管我，自动把词和曲分开，只留曲子不留词。"

"您倒很爱说话。"

"我大半辈子都在沉默中度过，现在要补回来。"

阿黛尔的目光突然落在安娜包里伸出的片片绿叶上。

"山茶花！我最喜欢的花！你这档案员知道的真多啊！"

"从林登道的房子那儿摘的，花园没人照看，但还是很漂亮。我想给您带点儿家里的新气象，您应该很想家。"

"我已经至少四十年没有在家的感觉了，从离开维也纳开始，一直在流亡。"

输液管太短，老太太够不到花："靠近点儿，趁那巫婆还没来收走。"她闻闻娇嫩的花朵，凹陷的脸亮了起来。安娜看到这微笑，觉得再费力气也值得。按门铃没人应，她只好私闯民宅。不过她也想不出还有什么礼物能弥补过错。阿黛尔搓了搓一朵花，送到鼻子底下，叹道：

"没什么香味，但我也没想到它能撑到这么冷的时候。"

安娜摘下一片花瓣，隐约的香气敌不过满嘴的肉桂味，她把花瓣放进兜里，留着做书签。

"今年冬天来得晚。"

"聊天气，太老套了！说起来，我不和库尔特聊这个，就像躲瘟神一样，他简直娶了气压计，太热、不够热、风太大，世界上最伟大的逻辑学家？讨厌鬼还差不多！"

"您怎么能这样说丈夫？"

"今早他们给我打了讲真话的药，那男人毁了我一辈子！"

阿黛尔开心地把脸埋进花中。安娜原以为是来临终送别，没想到老太太会这样大放厥词。有那么一瞬间，她想告诉阿黛尔她也遇到过这种烦人至极的讨厌鬼。利奥六岁已能心算除法，而她连乘法口诀都记不住。他十二岁已经敢评论数学家父亲的工作，父亲开始后悔启发了他永不知足的好奇心。利奥脾气暴躁又四处留情，不听任何管束，正如他最喜欢的递归，只顾自己。他从儿时起就让父母伤透脑筋，父母也让他烦不胜烦，就像他喜欢说的"双射"。亚当斯夫妇费尽力气想管住早慧的孩子，但青春期的叛逆一爆发，利奥就变得像外星人一样，他们把他送去寄宿学校治治脾气。让家人无比安慰的是，利奥混乱的成长过程最后并没有让他们的期望落空，他还是进了著名学府麻省理工学院，不用父亲帮忙，除了遗传他一点儿数学基因。

安娜握住阿黛尔的手表示安慰，阿黛尔反过来迅速握住安娜的手。

"我跟你说，小姑娘，要像躲瘟神一样躲着搞数学的！他们会像榨柠檬一样榨干你，带你远离所爱的一切，连和你生个娃作补偿都不愿意。"

26.

1942 年夏
布卢希尔旅馆，无穷酒店

"天才说难，便是不可能。"
——埃德加·爱伦·坡，《书边批识》

"人性不管多么有穷，都固有一大部分是无穷。"
——格奥尔格·康托尔，数学家

　　海鸥的悲鸣把我从梦中叫醒，睡觉时肯定不安分，被子、枕头掉了一地。一缕阳光透过拉着的窗帘照进无声的房间，库尔特坐在小写字台前，没穿外套，我走过去揉揉他的肩膀。

　　"我能把窗帘拉开吗?"

　　"能不开就别开了吧，我头疼。"

　　我摸黑整理房间，他的风衣像平时那样小心地放在椅背上，还湿着。

　　"你晚上出去了?"

　　"去走了走。"

　　"走完还是睡不着?"

　　"我脑子里有事。"

　　我抹了把脸，默默穿好衣服。他出神地看着书桌上方的一幅版画，是轻盈起舞的水母。

　　"没事的话我下去一下。"

"阿黛尔，我有困难。"

一起生活了十四年，我从没听过他说这样的话。我搂住他，想为他分忧："我能做什么吗？"

"你去吃早饭吧。"

在他的朋友奥斯瓦尔德·维布伦的建议下，我们订了一家很漂亮的旅馆，白色屋顶隐在一片松林中。前一年我们在缅因州的一个同事家住过一段时间，库尔特很喜欢那海边凉爽纯净的空气，盛开的紫丁香让他想起捷克的玛丽亚温泉市。这次，自从我们到了布卢希尔^①，他就不出旅馆房间，只是有时在夜里消失，一个人沿着海岸久久散步。

餐厅里，来度假的人对我视而不见，我怯怯地用英语说了句"早上好"，那时我的德语口音还很重，别人几乎听不懂。我选了张偏僻的桌子，靠近窗户。老板娘弗雷德里克夫人和一对老夫妇嘀咕着什么，应该在说我们，三个人忍不住偷瞄了我几眼。她假装忙碌地在围裙上擦着手说："哥德尔夫人！今早怎么样？很少看您来吃早饭，您丈夫从来都不吃饭吗？"

"请慢点儿说。"

她向其他客人摇了摇头。

"您丈夫呢？"

"还在睡。"

"听说他都晚上出去。"

"他要工作。"

"他做什么的？"

"他研究数学。"

"我能去打扫房间吗？"

她一字一顿假惺惺地说着，我真想用她的围裙塞住她的大嘴。

---

① 布卢希尔（Blue Hill）是缅因州的一座海滨小城，在美国东北海岸，离普林斯顿约五百英里，以海滨浴场闻名。——译者注

"我自己扫吧。"

"清洁服务包括在房价里。"

她耸耸肩走开。她对我们的第一印象就是怀疑，更随我们的古怪一天天加深。我们刚到，她检查护照时就警觉起来。

"你们是德国人？"

"我们是奥地利难民。"

她一脸疑虑。自从美国参战，我们不管有没有签证都是纳粹嫌疑人。库尔特对她也不信任，第一天吃早饭时，她愤懑地看着他，擦擦餐具重新摆好，为了报复，把咖啡倒在他杯子外边，快到中午又跑到我们房间乱翻，之后库尔特就不让她来打扫，也不下去吃饭。别人在我们背后议论纷纷：外国佬，敌人。我们应该装得再正常一点儿。

我好想维也纳！很快就是格林津的葡萄收获季了，能喝到当年新酒，完全不同于美国人疯狂喜爱的那种饮料，那个难喝死了，和咳嗽糖浆一个味儿。我不知道战争是否把那些小酒馆也毁了，一点儿家人的消息也没有。维也纳大学通过德国领事馆向普林斯顿高等研究院提出正式要求：库尔特·哥德尔不得延长其在美停留期。于是，他就要一个能顾及他心脏病的带薪职位以拖延时间。另外，美军要他去体检，高等研究院院长弗兰克·艾德洛特只好拟了一封充满外交辞令的信说："库尔特·哥德尔是天才，不幸的是精神状况欠佳。"我们赢得了一些时间，但凭他作为访问讲师的微薄薪水如何坚持下去？有这"精神状况欠佳"的记录，他还能有什么前途？我们不受欢迎，有传言说美国政府要把所有日本人都关起来，哪怕已经是美国公民。什么时候会轮到日耳曼人①？宣战前我们就已经躲着走，不敢经过纽约的领馆甚至德国人开的旅行社，害怕被绑走。整个日耳曼群体都胆战心惊，既有对逃亡的后怕，又担心自己在这个国家的未来，这里正与他们的老家打仗。我得学英文，那

---

① 1942年，美国时任总统富兰克林·罗斯福批准流放几万日本裔、意大利裔、德国裔美国人。从1940年起，外国人登记法令（"The Alien Registration Act"）要求所有居于美国的14岁以上外国人必须登记并采录指纹。

样就不用再依赖这个令人焦虑的小圈子，但我学不进去，库尔特说我不努力。我一直抓着"暂时"这个词不放。

在那段漫长的旅途中，我曾那么害怕，到眼下还怕。1940 年 9 月，一艘载着几百名英国儿童去新大陆的轮船被潜艇击沉；纳粹占领巴黎，进攻苏联；日本轰炸整个太平洋地区。所有出路都被堵住。我们是异乡人，困在一个广袤的国家，这里什么都大，包括那无垠的空旷。

对库尔特而言，未来是一块刚刚擦净的黑板。他先后在普林斯顿大学和耶鲁大学的讲学大受欢迎。他看起来很兴奋，尽管"兴奋"这个词从很久前就不再属于他的词典。他列了一个愿望清单，我甚至可以给他的清单列个清单：要开始读的东西、要写完的文章、甚至要散的步。他有计划、想法、未来。

我要了一份早餐带回房间，弗雷德里克夫人不情愿地弄好，还放了份报纸，大字标题十分醒目："纳粹潜入加拿大！圣劳伦斯河中发现德国潜艇！"

回到房间，库尔特还在写字台前。他一口喝完咖啡，推开烤面包片。我在房里踱来踱去找事做，不想打毛线，更不想在这昏暗中看书。库尔特很烦我走来走去，摘下眼镜擦了擦，熬夜熬得眼睛通红。

"我们去看海吧，你就像头困兽，让我无法集中注意力。"

我都已经手挽篮子在门口急不可耐，他还是不慌不忙地把文件锁进箱子，烦人的老板娘能从里面看出加密信息。

我们轻手轻脚地下楼，前台传出没完没了的美国爱国歌曲《我们要警惕》（ *We must be vigilant* ），老板娘每次看到我们经过都要调高收音机音量。

等我们日后回到普林斯顿，就会发现箱子钥匙不见了，库尔特会立刻给这个"正直"的弗雷德里克夫人写信，指责她偷了钥匙，我们得给她留下多好的印象啊！

我们顺着海边窄窄的帕克角路走，透过松林看到壮观的布卢希尔港点缀着星星点点的岛屿，然后又走上一条小径，来到一处小湾，我们是在之前某次散步时发现这里的。我把毛毯铺在石头上，库尔特喜欢舒适。

"太潮了，不能待在这儿。"

"我们在海边！你在城里一直抱怨暖气太干，味儿不好。"

他不情愿地坐下。

"今天可以在外面吃午饭，我想尝尝他们的蛤蜊汤。"

岸边泊着三条船，桅杆随波浪当当作响，海鸥贴着浪花互相追逐，远处不知什么动物笨拙地爬上一块礁石，阳光温暖我的肩膀，我大口呼吸，陶醉于这宁静的美景，离战争如此遥远。

"这景色真是怎么都看不腻。"

"你不会游泳，应该学学。"

空气很温和，但他还是裹紧大衣。

"你看到没？海天之间蓝得不可思议。"

他几乎连帽檐都没抬。

"你都不看！你面对大海想什么？"

"我在欣赏波浪的干涉场，复杂得令我着迷。"

"怎么那么忧愁？借这美景清理下脑子吧。"

"数学才是真正的美①。"

他生硬的语调破坏了这温柔一刻。

"你现在在研究什么？你都不和我说了。"

只是他听不出嘲讽，不然我还能加一句："你早就什么事都不和我说了。"我握住他冰冷又攥紧的手。

"我在想无穷是否存在。"

他松开我的手，傲然立在大海前，一个小浪打湿了他的鞋尖，他皱着脸退了回来。

"看到大海会有一种无穷的感觉，但这种无穷无法度量，或者说无法理解。"

---

① "（数学）被完整地赋予我们，它恒久不变，不像那银河。我们只清楚地看到这个整体的一部分，但这一部分也展现出一种美，暗示了和谐。"——库尔特·哥德尔

"那就用小勺子舀，看能舀多少勺！"

"借你的说法，我们做出了小勺子来定义无穷，但如何确定这些数学工具不只是我们用思维搭的脚手架？"

"在人发明数学前无穷就存在啊！"

"我们发明了数学，还是发现了数学？"

"一个事物只在有词表达它时才存在？"

"这对你的小脑瓜是个巨大的问题。"

我在心口画了一个横着的 8。

"我现在思考的无穷属于集合论，有不同的无穷。"

"太奇怪了吧！无穷就是无穷，没有比它更大的。"

"有些无穷大于其他无穷。"

他从沙滩上捡了三块鹅卵石，排列整齐。

"这是一个集合，通俗地说就是一堆，不管石头还是糖果，都可被看成元素。"

我直起身表示愿闻其详，他可极少想教别人。

"我可把它们数出来，一、二、三，所以我有一个含三个元素的集合，然后可以组成子集：白和灰、白和黑、黑和灰、仅白色、仅灰色、仅黑色、三个一起、一个也没有。一共有八种可能，八个子集。一个集合，其子集集合总比它本身有更多元素。"

"目前为止还听得懂。"

"如果你活几百年，就能数出沙滩上一共有多少鹅卵石。理论上说，如果你不会死就可以一直数下去，但总有更大的数。"

"总有更大的数。"

我反复念着这句话，它有一种特别的滋味。

"就算你能数到无穷，也总有更大的无穷等着你。一个无穷集合，其子集集合大于这个无穷集合本身，正如这三块石头的可能组合大于三。"

"这个构造小游戏真是奇怪！"

"为了能让你听懂接下来的话，我得向你解释一下基数和序数。基数表示集合中元素的数量，比如三块；序数表示元素的顺序：第一块、第二块、第三块。无穷集合有无穷多个元素，基数无穷大，我们用希伯来字母'阿列夫'表示这个'无穷基数'，也叫'势'。"

他用手在沙子上画了一个神秘符号：$\aleph$，然后用手帕擦净手指，我递给他一截枯树枝，他接过去，微微一笑表示感谢。

"三块鹅卵石体现了自然数，这是大家都知道的数，像平时数数那样，1，2，3，等等，我们把这个集合叫作自然数集 N[①]。"

他写了一个 N，又在外面画一个圈，把三块鹅卵石放进去。

"怎么？还有别的集合？"

我真喜欢他的笑容，太少见了。

"有啊，比如整数集 $\mathbb{Z}$，以 0 为基准，比 0 小的数加负号，−1 比 0 小，1 比 0 大。你还记得在火车上有人说气温是 −50 度吗？准确说应该是零下 50 摄氏度。"

他在第一个圈之外画了一个更大的圈，又画了一个更大的圈，分别写上花体大写字母 $\mathbb{Z}$ 和 $\mathbb{Q}$。

"$\mathbb{Q}$ 是有理数集，包括 1/3 或 4/5 之类的分数。"

"N，$\mathbb{Z}$，$\mathbb{Q}$……我脑子都要糊涂了。"

"按常识，你可能认为自然数集 N 小于整数集 $\mathbb{Z}$，集合 {1, 2, 3} 小于集合 {1, 2, 3, −1, −2, −3}；同样，你也可能认为整数集 $\mathbb{Z}$ 小于有理数集 $\mathbb{Q}$，集合 {1, 2, 3, −1, −2, −3} 小于集合 {1, 2, 3, −1, −2, −3, 1/2, 1/3, 2/3, −1/2, −1/3}，这些集合一个套一个，你可能觉得自然数是最少的那一堆，有理数是最多的那一堆。"

"就像大锅套小锅！所以它们是不同的无穷？"

"错！它们等势，我就不给你证明了，格奥尔格·康托尔用双射函数和对角论证法分别证明了这一点。"

---

① 原文如此。今天，自然数集包括 0 和所有正整数。——译者注

"什么势不势的，听起来像天书一样。"

一只好奇的海鸥落在不远处的礁石上，怒气冲冲地盯着我，就像鸟儿发现有人靠近时那样。

"你根本不听我讲！"

"听着呢！反正最后所有无穷都一样大呗，还是回到同一个无穷。"

"不对，还有别的无穷集合，比如实数集 $\mathbb{R}$。实数包括有理数和 π 那样的无理数。之所以称为无理数，是因为它无法写成分数的形式。实数集 $\mathbb{R}$ 的基数，也就是有理数集加上无理数集的基数要更大，康托尔也已经证明了。"

他在之前的圈外又用虚线画了一个巨大的圈，海鸥点点头飞走了。

"自然数集，比如 {1, 2, 3} 这样的集合的势'阿列夫零'叫作'可数无穷'，不过这样的用语不正确。"

"说无穷可数，太自负了吧？"

"我努力向你解释难题，你还一直开玩笑，这才叫自负。"

我拍了一下心口表示认错。

"如果你从开始一直跟上了我的思路，就能明白自然数集子集的集合大于自然数集本身，你排出的鹅卵石堆多于鹅卵石本身。康托尔[1] 说，这个子集集合可与实数集 $\mathbb{R}$ 形成双射[2]，一一对应，成双成对，就像舞会上有数量正好的男女舞者，我没法儿再打比方了。"

海湾的沙滩上布满神秘的符号，我环顾四周，多疑的散步者可能会把我们当成间谍。

"总之，从自然数集的无穷到实数集的无穷，没有……可能没有中间级的无穷。如果有一个界限，它应该在自然数集 $\mathbb{N}$ 与实数集 $\mathbb{R}$ 之间，在最小的那堆和包含所有的那堆之间，但包含所有的那堆无法用鹅卵石表示，因为它不可数。忘掉中间的整数集 $\mathbb{Z}$ 和有理数集 $\mathbb{Q}$ 吧，就像我刚和你说的，它们与自

---

① 格奥尔格·康托尔（1845—1918），德国数学家，集合论创立者。

② 当且仅当函数到达域中的元素与出发域中的元素一一对应时，此函数（或两集合间的"关系"）是双射的。

然数集 N 等势。从'可数''离散'到'连续'只有一步，这就是连续统假设。"

"假设？你那位康托尔没有证出来？"

"还没人证出来，这个假设是戴维·希尔伯特为巩固数学的基础提出的第一个问题。"

"那个著名的希尔伯特计划？你用不完备定理解决了第二问题的那个？你这么按部就班的人，怎么不从第一问题开始？"

后来我才知道，这个康托尔死时已疯，也一辈子受抑郁症困扰，发作过多回。库尔特怎么选了同一条不归路？

"康托尔的工作建立在一条有争议的公理上——'选择公理'。"

"某天你还告诉我公理就是固定不变的真理！"

他抬起眉毛。

"你记性真好，让我吃惊。你说的有一定道理，但这条公理属于一组非常特殊的数学工具，我没力气再跟你解释其奥妙，你只要知道使用其中某些公理会把我们引向无法解决的逻辑矛盾，所以它们能否作为公理也值得怀疑。"

"你最讨厌矛盾。"

"我希望能确定连续统假设的可判定性，如何用无争议的公理证明其为真或为假？"

"你自己都证明了，不是所有的数学真理都可证明！"

"这正是对我的定理的不正确表述。问题不在这里，如果这些公理为假，那我们就要否定从它们推出来的其他定理。"

"这很严重吗？亲爱的哥德尔博士？"

"大教堂不能建在薄弱的基础上。我们需要知道，我们也会知道[1]。"

我用手划过沙子，有些沙粒钻进我的指甲，我会带着一点点无穷回到旅馆。

"这连续统什么的根本就是一锅粥！你能画个简单的图让我明白吗？"

---

[1] 戴维·希尔伯特语。

"如果世界能用图来解释，那我们就不需要数学。"

"也不需要数学家！亲爱的！"

"这永远不会发生。"

"你会怎么和一个孩子解释？"

我真正想问的是："你会怎么和我们的孩子解释？"库尔特会有耐心把自己的宇宙解释给一个天真的、相似的小库尔特吗？他会愿意把早就懒得说的东西再组织一遍吗？

"在这片沙滩上，沙子可代表一个可数无穷，你可以一粒一粒地数。现在再看海浪，沙子从哪里开始，大海在哪里结束？如果靠近仔细看，你会发现大浪之下还有小浪，小浪之下还有更小的浪，沙与浪之间没有分明的界限。也许我们会在 N 的势和 R 的势之间、自然数的无穷和实数的无穷之间发现类似的边界。"

"为什么要为它废寝忘食？"

"我已经和你解释过，这是根本问题，几乎形而上的问题，希尔伯特把它放在其数学计划的第一位。"

"希尔伯特认为它重要，这也没告诉我它为什么重要！"

"我有一种直觉，连续统假设是伪命题。我们还缺少一些公理，来给无穷下一个正确的定义。"

"用勺量海有什么用？"

"我要证明系统自洽，没有缺陷，我要知道探索的这个无穷是真实的存在还是人为的决定。我想证明我们在进步，宇宙越来越明朗。我要揭示是否上帝创造了自然数，其余的数都是人为的①。"

他把说明用的鹅卵石扔进海里，愤愤不平的姿态像个小男孩。

"证明会告诉我是否存在一种秩序、一个神圣的模式，是否我穷尽一生真的是在弄懂它的语言，而不是独自在沙漠中杂耍。"

---

① 出自德国数学家及逻辑学家利奥波德·克罗内克（1823—1891），他在无穷的分级方面与康托尔意见相左。

他的大声惊起一片海鸥，我搭住他的肩膀想安抚他，他把我推开。

我收起毯子，叠成方块，等着他说走。

"我们回旅馆吧，我有点儿冷。"

我们一言不发地走回去，在旅馆门外几米，我想打破这令人不适的沉默。

"是不是因为孤单？如果我们在维也纳……"

"我需要的都在普林斯顿。"

"我们还会回去吗?"

"我看不出回去有什么意义。"

我问出了那个我不敢听见答案的问题。不过，直到今天我依然相信，他把一部分自己留在了维也纳。他放弃了思想碰撞出的一片沃土、一种氛围：音乐家、哲学家、作家在那些咖啡馆相聚而谈。在普林斯顿，他身边都是最伟大的数学家，他却孤立自己，在自己的封闭系统中打转。看着他神情凝重，我自己也开始寻找无穷无尽奔忙的意义。我们意兴阑珊地回到普林斯顿，我因为这灰暗的苟活，他因为只完成了部分证明，按他的标准，它不够优雅，不能发表。在布卢希尔的这家旅馆，他说："我有困难。"他开始了从未有过的清单：失败与挫折。他意在保护自己不受他人打扰，却不知道如何面对力有未逮的失落。1942 年的这个夏天，他失望，我失望，我们都失望。两个人、三种可能，相伴的生活教你数出所有的失落。

27.

心病

安娜在走廊里等着护士护理完阿黛尔。为了不那么无聊，她闭上眼睛猜测每个脚步声是谁发出的：鞋跟哒哒踏地的声音，肯定是管理人员；橡胶底与地面摩擦的声音，应该是勤杂工；拖鞋轻悄悄的声音，肯定是住客。

进屋前，她把衬衫塞到粗呢裙里，这裙子大咧咧地挂在胯上，都要掉下来了，就和她的大部分衣服一样。哥德尔夫人钻在被窝里，似乎有点儿悲伤，与上周热情奔放的她判若两人，安娜希望这代表身体健康。老太太围着花里胡哨的纱巾，穿着大花睡衣，再加上似乎能看穿人心的眼神，就像野性十足的吉卜赛女郎。原来的头巾哪儿去了？应该是被人拿去洗了，除非她故意忘在抽屉里。

安娜的腿都在发抖，只得放下包坐下，担心哥德尔夫人到晕头转向，甚至不记得她是怎么来养老院的。

"黑眼圈挺好看啊，来这等死的地方疗养对你没用，我觉得你越来越瘦，我叫护士来给你量量血压。"

安娜起身起得太猛，只觉一阵眩晕，眼前一黑，似乎听到一个很遥远的声音，然后就什么都不知道了。

"好嘛!"

她醒过来，发现自己躺在哥德尔夫人的床上，脚抬高，额上冷敷着一块纱布，周围有一股薰衣草香水味。老太太依然裹着那件不离身的破洞睡袍，坐在旁边拍拍她的手："是不是感觉在云里？"安娜想坐起来，阿黛尔不由分说地按住她，要她躺着。格拉迪丝带着一群八十多岁的老太太在门口偷偷张望，阿黛尔转头恶狠狠地对她们说：

"都别聚在这儿！她需要安静，**出去**！"

她们悻悻散开，留下各种甜食聊表慰问。阿黛尔把一块蛋糕塞进安娜嘴里。

"时不时逼自己吃顿正经饭吧，别老吃自动贩卖机里的垃圾，我要在家就给你炸牛排。"

安娜感到一阵恶心，强迫自己嚼着蛋糕。

"今天你是焦点，再加上里根当选，够他们聊至少两星期。"

安娜艰难地咽下那一口，阿黛尔递给她一杯水。

"你不会要给我们来个小抑郁吧？孩子，如果我会看人的某方面，那肯定是心理状态，所以别装了！是不是因为这个你才对我丈夫的一生特别感兴趣？尽管说，别不好意思，你都已经躺着了，就像看心理医生一样。"

"您学过？有文凭？"

"我可是在发源地学的，这是维也纳特色。"

"一两句说不清楚。"

"我知道，我有切身体会，所有语言都有漂亮的词来指忧愁，saudade、spleen、blues[1]，仿佛一首国际歌。"

老太太用一根颤抖的手指拨弄那些被遗弃的糖，安娜忍住一阵恶心。

"我一辈子都在追这恶兽，它从不会消失很久。焦虑对库尔特是一种动力。这场战斗不公平，注定失败，但我还是战斗了。现在有药，谁还不吃个治心脏病、肝病的药，为什么不能吃治心病的药？你再吃块蛋糕！你不会要哭吧？我受不了看别人掉眼泪。"

安娜吃起蛋糕，努力不看掐着蛋糕的黄指甲。

"我自己也没逃过抑郁。"

"我以为你永远不为所动。"

---

[1] 第一个为葡萄牙文，后两个为英文，都是忧愁的意思。——译者注

"让自己别郁闷没那么难，要不被库尔特的忧郁影响则是时时刻刻的斗争！我有时起床后都无力面对那一天甚至接下来的一小时，然后……他的一个微笑，桌布上的一缕阳光，有机会穿一条新裙子，就让我又回到人间。每一个痛苦的时刻都被对快乐的希望抹去，就像一条虚线的点点空空……哎呀！我都开始吟诗了！有你在，让我变得软弱了。"

"数学家比我们更脆弱？"

阿黛尔吃了一点点蛋糕，又把盘子推开，不让自己贪嘴。

"他们站得那么高，在常人看来摔得也就更惨。人们喜欢听天才疯子的故事，这让他们安心，聪明总有代价，得到一些就要付出一些，立起总会倒下。"

"生命是一个常量，得到总要失去。"

"那就是单纯的愧疚，我不相信什么天道轮回、因果报应，什么都没有预先写好，一切有待完成。"

"我不像您那么乐观。"

"普林斯顿有这么个人——约翰·纳什 ①，也是个数学天才，他已经不教课了，但还可以进出各个大楼，人们管他叫'图书馆幽灵'。我遇见过几回，他穿着皱巴巴的衣服晃荡。他在 20 世纪 50 年代初出茅庐，轰动一时，然后突然有一天就崩溃了，生命中的一大部分时间花在医院和电击上。最近听说他恢复研究了，他战胜了他的恶魔。"

"您希望丈夫也能得救？"

阿黛尔犹豫了一下，安娜后悔这样追问。

"库尔特从没得过精神分裂症，和纳什不一样，他被医生诊断为妄想症。数学既害了他，也从抑郁中救了他，思考让他完整，专心让他忘了身体，数学既是燃料又是毒药，离了活不了，有了也活不了。停止研究会加速他生命的终结。"

---

① 小约翰·福布斯·纳什，生于 1928 年，数学家、经济学家，1994 年因他于 1950 年答辩通过的关于非合作博弈的论文获诺贝尔经济学奖。非合作博弈问题由冯·诺伊曼和莫根施特恩于 1944 年在《博弈论与经济行为》中提出。纳什患有一种妄想型精神分裂症，他的故事因电影《美丽心灵》而广为人知。

安娜觉得头发都乱糟糟地缠在了一起，抬起麻木的手臂想抓抓脑袋。阿黛尔在床头柜里翻了一会儿，拿出一把梳子挥舞着。

"别担心不干净，我从来不用。"

梳齿坚定地划过头皮的感觉真好，安娜开始放松下来。她完全不记得妈妈给她梳过头，但想起了亚当斯家的保姆欧内斯廷耐心地给她扎过辫子，不禁内疚起来，自己已经那么久没问过欧内斯廷的消息，尽管她就住在离自己两步远的地方。

"你的头发真漂亮，像老姑娘似地盘成髻多可惜！其实你挺好看，只是不会打扮。"

安娜的身体僵硬起来。

"我不在乎漂不漂亮，也从来不缺少追求者，我担心的是一辈子就干这个不干别的。"

"放弃女人的吸引力？神呐，为什么？"

"您呢？您又放弃了什么？"

梳子扯住头发，弄得安娜龇牙咧嘴。

"我的天！得下狠劲儿！我感觉你脑子乱转着找紧急出口。"

阿黛尔努力对付一个顽固的结，安娜受罪也只能忍着。阿黛尔是另一代人，不懂安娜。安娜拒绝女人就得打扮的陈规，从来都不像极少几个朋友那样喜欢逛街或在聚会前兴奋无比。她在这样的关系中看到了旧石器时代的男女分工：男人以前负责打猎，所以现在追着"猎物"跑；女人以前负责采集，所以现在从衣架上拿衣服。她的理论曾逗得利奥大笑。

就算她无意间吸引了一些男人，她也非常清楚自己的这种能力，可不要冒险招惹更多。

"我是一个很无聊的人。"

"如果你是，我就不会和你浪费时间。还有什么？别想了。"

"我以前喜欢写点儿东西。"

梳子不知不觉慢下来。

"写不成什么，有一天我妈妈读到我的日记，都笑了。"

"家庭总有无限的方法来摧毁人。"

"谢谢医生，没有您，我真是永远都想不到啊。"

阿黛尔抚摸她的脸颊，安娜心中一阵情绪汹涌，远远超越怜悯。

"我丈夫教给我，生活也向我证实，一个体系不可能理解自己，自我分析非常困难，只有通过别人的眼睛才能看到自己。"

"让别人评判？这不像您。"

"有时，间接的光反而更强。我可能不是让你豁然开朗的那个人，但我已经开始了解你，你很有同情心，善于观察，喜欢文字。"

"光靠这些成不了大器。"

"我说的是乐趣，找到你的快乐在哪里，安娜！"

"您的快乐又在哪里？"

老太太把梳子扔到床上。

"虐人啊，今天就到这儿吧，我胳膊太疼了！"

28.

1944

原子蛋奶酥

"E. 费米和 L. 西拉德最近的一些研究手稿交予我看，
让我认为铀元素很快会成为一种重要的新能源，
由此造成的情况在某些方面似乎需要特别警惕，
如有必要，当局应迅速采取行动……这种新现象也可用于制造炸弹。"
——1939 年 8 月 2 日爱因斯坦写给罗斯福总统的信

　　"他还在那儿。"
　　"库尔特，他们不一会儿就到，把灯打开！我要摆餐具。"
　　"你自己来看！"
　　我气恼地走近窗边，他一直躲在那里。
　　"小心点儿，他会看到你。"
　　我仔细审视安静的街道，亚历山大街在阴暗潮湿的 11 月显得死气沉沉。
我看到一个孤单的身影迈着懒散的步子——一个沉思的散步者。
　　"我今早在去研究院的路上看到过这个人，我认得他的帽子。"
　　"普林斯顿是个小地方，经常遇到同一些人很正常。"
　　"他跟踪我！"
　　"关上这些窗户！天已经开始变冷，你的客人们会发抖。"
　　他裹紧我精心编织的厚毛衣。
　　"屋里有一股奇怪的味道。"

"别再提了！通风一整天，烧鼠尾草熏房间，家务做到头了，我没别的法子。"

"我能闻到之前房客的味道。"

"你太敏感了，找些事忙一忙，别让手闲着，把盘子摆好，关上窗！"

我回到厨房忙活，虽然炉子热乎乎，但我还是冷得发抖，每天都生活在窗户大开的房里，不停洗着衣服。库尔特对所有味道，包括体味，都有一种病态的敏感。自从我们在普林斯顿住下，这种敏感都成了魔障。上床前我得非常仔细地洗漱，汗水、太浓的香水，甚至我早晨的口气都让他恶心。我来月经时，他躲我就像躲瘟神一样。当然，他不提，他怎么可能开口说这事？我倒要每天听他说体温、说大便干还是稀，他对我内部的运转不感兴趣。每天早上我都把要洗的衣服拣出来，一件件闻他的衣物，不为在其中发现其他女人的痕迹，而想在他不在时闻闻他的气味，但他不出汗，身上几乎没有味，衣服也不会脏。

我回到客厅，他还在注视街道。

"我的天啊，库尔特！把桌子摆一下！"

"别大呼小叫，不用着急，又不是宴会。"

我在他背后吐吐舌头，把餐具摆上桌，然后定定地看着桌子：没有银器，也没有精美瓷器，二婚老女人没资格要贵重嫁妆。

他站在窗前一动不动。

"他们干什么呢？你和他们说清楚是十八点了吗？"

"他们要先送罗素①去火车站。"

"我就想知道什么时候把蛋奶酥放进炉子。"

"你简单弄弄，不必这么麻烦。"

"这可是爱因斯坦来家里吃饭啊！怎么可能简单弄弄？"

"他不讲究。"

---

① 伯特兰·阿瑟·威廉·罗素（1872—1970），数学家、逻辑学家、认识论学家、政治家、伦理学家，被认为是20世纪最重要的哲学家之一。

"那倒好，看到这寒酸的破房子他也不会失望了。"

"别抱怨，离班车站就两步路。他们还有几分钟就到。"

"你就喜欢住终点站旁边。那'dinky'真是车如其名[1]，又脏又破！不过反正我们也从来不去纽约。"

"你可以自己去。"

"拿什么钱去？现在什么都涨价，天天要算计着过日子。"

他捂住肚子，我把埋怨咽了回去，这次晚餐要成功。

"你在担心？"

"同时请爱因斯坦和泡利也许并不是个明智的主意，他们经常吵来吵去，相对论和量子物理合不来，和你一时半会儿说不清楚。"

"我挺喜欢泡利这人，很丑但很有魅力！"

"别被外表骗了，他的智力惊人，有人戏称他是'上帝之鞭'，思想如利刃！"

"那他不是也娶了个舞女？尽管和阿尔伯特一样离婚了，而且泡利是维也纳人。"

"对爱因斯坦先生别太随意，没人直呼其名。"

能请这样的人来家里做客，我真是太高兴了！在爱因斯坦先生面前，我不用担心英语说得不好，他自己的口音那么重，我都怀疑他是故意的。那时我和他还不太熟，但他很好相处，不把对话者分成三六九等，不管世界伟人还是大学的清洁女工，他都一样真诚倾听，或是带着开心的无所谓的态度。我们到普林斯顿时，库尔特就和他变得很亲近，不止一个路人回头看这奇怪的组合，不光因为爱因斯坦家喻户晓。他们一个是巴斯特·基顿[2]，一个是格劳乔·马克斯[3]；一个像月亮，一个像太阳；一个沉默寡言，一个魅力慑人。我男人总穿得整整齐齐，头发服帖油亮，而阿尔伯特看起来总像刚起床，衣服皱

---

① "dinky"与英语"dingy"（肮脏的）谐音。——译者注

② 美国默片时代演员及导演，以"冷面笑匠"著称。——译者注

③ 美国著名的喜剧演员。——译者注

皱巴巴。他从德奥合并起就没进过理发店的门。他们边走边聊，能聊很久，一会儿爱因斯坦放声大笑，一会儿我丈夫小声惊叹。爱因斯坦对他就像爸爸对儿子，欣赏有加，当然也很开心能找到不为自己半神光环所动的伙伴。在库尔特面前，爱因斯坦就是一位科学家，和别的科学家一样，不是什么大明星。他自己活力十足，却能感受到我丈夫的脆弱，也许在库尔特身上看到了二十岁就罹患精神分裂症的小儿子爱德华。当然，我不属于他的密友圈，但知道库尔特与这样的名人亲近，让我对丈夫在那流亡岁月中的潜力稍稍感到安心。

"他们到了，阿黛尔！我看见爱因斯坦先生的鸡窝头了，天啊，他得多冷！穿得太单薄。"

我扫视街道，认出爱因斯坦已然尽人皆知的身影，尽管他已经六十五岁了，还像小伙子一样走路带风。他穿着薄大衣，应该是拗不过忠心的秘书海伦·杜卡斯，但一如既往没穿袜子。泡利昂着光秃秃的脑门，身着厚大衣，更显四十多岁成功有为。这两位物理学家出了名地胃口好，我准备让他们饱餐一顿，从哥德尔夫人的餐桌下来，没有人不吃得肚圆！

"那你必须关窗，我去把蛋奶酥放进炉子。"

我在梳妆镜前停了会儿，头发长了，我就披着，两边用发夹夹起。我买的第一批大件家具里就有一台缝纫机，我给自己做了件在重要场合穿的连衣裙，用乳白色羊毛制成，腰身用长长一排小珍珠纽扣收紧，泡泡袖可以藏住胳膊上的赘肉。我按住太阳穴往上提了点，除了几根细纹，这张脸一点儿也不显老，在这个岁数还是挺迷人。我调整内衣，给脸上的色斑扑点儿粉，补点儿口红，啪的一声抿抿嘴唇，这声音总让库尔特不快，但这个晚上随他怎么说！能请人来家里做客，我真是太高兴了。在普林斯顿，我离家人那么远，总感觉孤零零，战争没完没了，他们没有一点儿消息。我不该再想这些。妈妈总说："老担心会长皱纹。"这几年皱纹该把她侵蚀成什么样了！我毅然盖上口红。

半小时后，我把塌陷的蛋奶酥摆上桌。

"糟透了！以前从没做砸过。"

沃尔夫冈·泡利摇着难看的脑袋，库尔特扬起嘴角，爱因斯坦先生放声大笑，蜡烛的火焰都颤了一颤。

"这不是你的问题，阿黛尔，其实你为我们提供了一个科学证明！刚才我们还说到'泡利效应'，他只要在实验室就能让实验失败，连你的厨艺都能影响！你不该费事搞法式有机化学，给我点儿实实在在的德国菜！"

"我去做点儿维也纳炸牛排。"

"这就对啦。"

我惭愧地回去做菜，本来那么想露一手，让人刮目相看。

我端着一大盘热气腾腾的菜回来，看见爱因斯坦教授的眼睛因美食而发光。

"看看，泡利，你对奥地利菜没办法！"

阿尔伯特不管泡利怎么答，起身来帮我。

"医生让我注意饮食，心脏已经不堪重负。"

"我也是，要严格遵守饮食要求。"

"哥德尔，你再这也不吃那也不吃就要变成纸片了。"

"我还以为您吃素，爱因斯坦先生。"

"泡利大师，我知道要尊重女主人！我很有教养。"

我在客人们的盘子上堆满菜，然后无奈笑笑，给丈夫一块没裹面包粉的肉。

"我丈夫不欣赏我的厨艺。"

"哥德尔，我也算你兄长，让我高兴高兴，听你夫人一次吧。"

库尔特头也不抬，把肉切成一小块一小块，大部分最后还是没吃。

"阿黛尔要用她的菜害死我。"

那两个人窘迫地看着他，一时语塞。

"大家来点儿蔬菜沙拉吗？"

我先让他们填饱肚子，然后打破沉默，我太需要夸奖和对话，这两样食粮多年不曾有过。

"爱因斯坦先生，能请您来家里做客真是太荣幸了！"

"哎！又一个崇拜者。"

"库尔特不愿向我解释您的研究，他觉得我明白不了。"

丈夫瞪了我一眼。我不觉得和 20 世纪最伟大的天才同桌吃饭有什么大不了，也知道他不吃溜须拍马那一套，所以还是坚持自己的方法：让男人说从事的工作或运动的表现。而面对这一桌人，想也不用想该选工作还是运动。阿尔伯特乐呵呵地看着我，用叉子指指我丈夫。

"哥德尔，你这不公平啊！我好多次满头大汗地向我夫人解释你的研究。"

"请原谅我夫人的失礼，爱因斯坦先生，阿黛尔有时说话不经过大脑，她没有任何科学知识，还总要问，让我心累。"

"她问得挺好！而且阿黛尔学相对论原理应该比我学做饭快。"

泡利抬起一边眉毛表示怀疑。

"有些领域不能简化。"

爱因斯坦用一块小牛肉堵住了反对意见。

"你要我形象地讲讲狭义相对论？习惯了！三十年来，我琢磨出一个非常清楚的回答。"

他郑重其事地停顿了一下，库尔特和泡利把刀叉举在半空。

"让我和沃尔夫冈待在一起……对我来说就像没完没了，而在你身边，阿黛尔，这顿饭好像才过了一分钟，这就是相对论！"

这次，沃尔夫冈·泡利毫不掩饰地叹了口气，爱因斯坦大大咧咧地拍了他一下。

"老实说，我可以用简单的话向你解释相对论，但你掌握基本概念可能要好几年。"

泡利揉揉被拍的肩膀。

"现在人人都觉得懂相对论，科普太多也对科学有害。"

"放松点儿，亲爱的 Zweistein①！会轮到你的，总有一天，你也会被成群

---

① 泡利的外号，意为"第二个爱因斯坦"。这是一个德文文字游戏，爱因斯坦，即 Einstein 是"一" "石"，Zweistein 是"二""石"。——译者注

的狂热中学生簇拥。准备好迎接荣光了吗？你要怎么向一个中学生解释你的不相容原理[①]？"

"我拒绝解释，就这么简单。"

"如果不能向六岁孩子解释一个概念，你就没完全弄懂这个概念。"

"您还是回归素食吧，爱因斯坦先生，肉吃多了犯糊涂。"

"我没让你深入细节。我发现你们这些量子力学的生猛晚辈无法将你们的概念放到可感知的体验中，无法提供对现实的客观再现。"

"您这是故意误导，爱因斯坦先生！一个理论能不能用简单的话解释，从不是可不可靠的证明。"

"你们那些基本粒子的行为乱得就像在巴尼斯百货商店抢购打折商品的女人，她们倒还更可预见。这乱糟糟的一团复杂又随机，我看不出协调一致。我认为上帝虽难以捉摸，但不开玩笑。"

"上帝存不存在尚待证明。"

"请教请教哥德尔博士吧！他在行。"

库尔特咬紧嘴唇，把吃的推到一边。

"我不妄言，大家会觉得我胡说八道。"

泡利把盘里的菜吃得干干净净，轻轻放下刀叉，我们都等他反驳。

"亲爱的爱因斯坦，我们不该争来争去惹女主人心烦，她肯定会原谅我不回答，不与你们交火，我不够格。"

"得了吧，泡利，你还没厉害到要谦虚的程度！"

桌上的气氛沉重到极点，爱因斯坦用洪亮的笑化解了尴尬。

"我就喜欢激你，沃尔夫冈，总有裨益。放心，我已是过去，你才是未来，没人怀疑。再吃点儿沙拉，特别有助于消化。"

我丈夫脸色煞白，两个物理学家表面上嘻嘻哈哈，其实互不相让，让他很紧张，我赶紧岔开话题。

[①] 沃尔夫冈·恩斯特·泡利（1900—1958）1945 年因量子力学的泡利不相容原理获诺贝尔物理学奖。根据此原理，同一量子系统中两个全同费米子（电子、中微子之类的粒子）不能处于相同的量子态。

"你们的会开得怎么样？怎么没请那位罗素先生，库尔特？"

我挺想见见这位英国伯爵，他可是名声在外。小道消息说他老婆在他们婚姻期间与情人生了两个孩子，罗素和她离了婚，娶了家庭女教师。在美国，他被认为没有师德，他的放纵不羁让他成了"不受欢迎的人"（persona non grata）。库尔特一开始想当逻辑学家就是因为罗素的著作《数学原理》，他十分尊敬这位主张和平而被排斥的人：罗素因公开反对第一次世界大战而丢了英国剑桥大学的职位，还坐过牢。

"相信我，阿黛尔，罗素欣赏不了你做的奥地利菜多么可口，他要来这桌上，就又多一个老古董，我觉得他已被现代逻辑学超越，就像我自己也被你们的年轻同僚紧紧追赶。泡利，给我倒点儿酒！"

"他也这么说您，爱因斯坦教授，他觉得您和哥德尔都是柏拉图派的古生物。用他的话说，您既是'德国人'又是'犹太人'，免不了喜欢形而上学。"

"泡利，物理离了哲学就只是工程，罗素的漂亮话有待推敲，不能令我信服！"

"您儿子不就是工程师吗？"

"如果智力能遗传，我儿子会明白这道理，儿媳就做做雕塑，很令人放松。别转移话题，泡利。我还是坚持我的意见！科学离开哲学就失去了灵魂。我们的杰出先人也是人文主义者，他们不搞现在的二元对立那一套，他们是物理学家、数学家，同样也是哲学家。"

"求你们别又争认识论的事，阿黛尔会要我解释，我没那个力气！"

"'实际存在的'和'可被定义的'当然密切相关，但我觉得'实际存在的'远远超过我们'今天能定义的'。"

"那就不要因为我们今天还不能定义全部而质疑量子世界中的实际存在。"

"我说的是哲学，别总护着你的原子！哥德尔，你怎么看？"

"沿着罗素的方向前进依然可行，我就打算做这样的工作，既作为逻辑学家也作为哲学家。我认为哲学能够公理化，这门学科到今天最多也就达到了古巴比伦数学的程度。"

"看得出来你喜欢莱布尼茨[1]，但就算是你，这会不会太野心勃勃了？"

"要做成这样的事，一辈子太短，我觉得我会早逝。"

爱因斯坦先生扔给他一团面包。

"别装啦，你会长命百岁，事业有成，只要你听可爱夫人的话，吃饭！"

泡利两眼放空，剔着牙。

"哥德尔，那你也有你的'大白鲸'，就像我们杰出的爱因斯坦。统一场论和公理化哲学？够你们研究到退休！成了赶紧给我发电报，我给你们献花。"

"你把我当老古董，等着吧！我还老骥伏枥呢。"

"这统一场论是什么？"

"哥德尔，你夫人真是求知若渴！"

"不必费力和她解释，爱因斯坦先生，她什么也明白不了。"

"别这么死板！我很愿意做做这种练习。"

他揪了一点儿面包，在我面前揉成一团。

"亲爱的夫人，物理世界要服从四大类力：电磁力、引起放射性的弱相互作用、把物质聚合在一起的强相互作用，还有……"

他把面包扔向泡利。

"……引力。所有物体都相互吸引，当然，我不是说这位年轻朋友对我有什么肉体上的吸引力，就算有，我也感觉不到。这力虽微小，却是物理学家鞋子里的大石子，我们无法将它归入一个与其他三种力协调的模型，但在生命的每时每刻都证明它的存在。我掉下来，你掉下来，我们都经常从高处掉下来，但星星奇迹般地没有砸到我们头上。总之，你们觉得我在逗泡利玩，其实我俩说得都有道理，只不过不是同时有道理。我们提出对世界的两种正确描述，他描述的是无穷小，我描述的是无穷大，我们希望能在鲜花和喝彩中把我们的说法综合成一个漂亮的统一理论。我为之不遗余力，沃尔夫冈喜欢鲜花。"

---

[1] 戈特弗里德·威廉·莱布尼茨（1646—1716），德国哲学家、科学家、数学家、外交官、法官，成就巨大，仅举一项：奠定了微积分的基础。

库尔特好像错过了一整段时空似的，又回到之前的话题。

"反正罗素也不喜欢普林斯顿，他是个不折不扣的英国人，觉得普林斯顿大学里的新哥特式建筑都是对牛津大学的拙劣模仿。"

"他也没完全说错！你呢，阿黛尔，你在普林斯顿适应得怎么样？"

"我想死维也纳了，普林斯顿太土，就因为我的口音，人们都不正眼看我。"

"打破偏见比打破原子更难，他们甚至在我朋友冯·劳厄的儿子玩帆船时逮捕了他，怀疑他给敌人的潜艇发信号！他就因为德语口音被举报了。"

"我夫人不肯上英语课。"

"我没时间。"

"要是你没把女佣辞了，你就有时间了。"

我没回嘴，我怀疑那女佣偷东西，只好辞了。说实话，我从来没习惯使唤别人，但当着他们的面，我不好意思说，我知道，穷人才这么觉得。

"你们很不安分啊，不停搬家。"

"库尔特越搬离研究院越近，我们就在火车站旁边，他选这个房子，是因为两边都有窗，可以通风。"

"感觉出来了！哥德尔，我都觉得冷，把窗户关上吧！"

我丈夫不情愿地站起来。

"你一天都干什么？"

"做家务，去电影院看电影，为库尔特准备他不吃的饭，为红十字会织毛衣。"

"你也支援作战。"

"没什么，就是让手忙活着，不要想太多。"

现在轮到泡利摆弄面包，我们的客人很无聊。

"放心，战争快要结束了，盟军 9 月已进入德国，也就是几个月的事。"

"我们只能等，也许也该织点儿毛衣，哥德尔，你说呢？"

"我还是想做我自己的工作，爱因斯坦先生。"

泡利笑了一下，他和我一样，脑袋里出现了逻辑学家拿着毛衣针努力干活的画面，他说："因为你们拿德国护照就舍弃你们这两个大脑，多么愚蠢！"

"怎么了？他们怀疑爱因斯坦先生给纳粹当间谍？"

"亲爱的夫人，美国国防部怀疑我，还好他们宽宏大量，允许我和老朋友伽莫夫一起为海军计算弹道。"

我丈夫吓得直使眼色。

"您慎言，爱因斯坦先生，我们很可能正被监视。"

"那好，让他们监视！我把狭义相对论的原始手稿拿去拍卖，给了他们六百万美元！希特勒恨我。我亲自写信给罗斯福，告诉他务必进行核研究。现在他们来怀疑我？真是笑话！"

"小声点儿！"

"他们能把我怎么样？"

"可能会被敌方特务绑架，您从来没有想过？"

爱因斯坦拍了下大腿，像听了个很好笑的笑话似的。

"你真应该去写间谍小说！像我这么被监视，怎么可能？前列腺出点儿问题都瞒不过胡佛[1]！他们太害怕我公开反对使用这见鬼的炸弹！即使罗斯福连任，我也难以安心。"

"没什么表明核技术会很快被掌握。"

"亲爱的哥德尔，你的天真就像一道美好的阳光。相信我，快了！你最近在普林斯顿不觉得有点儿孤单吗？美国军方把研究院的重要人物都调走了，奥本海默不见踪影，冯·诺伊曼[2]来去匆匆，不需要多聪明也能猜到他们在干什么。没什么比打一仗更能促进技术进步。"

---

[1] 约翰·埃德加·胡佛（1895—1972），自1924年至去世担任美国联邦调查局（FBI）局长。——译者注

[2] 约翰·冯·诺伊曼（1903—1957）为量子力学、集合论、流体动力学、弹道学、经济学、博弈论等诸多数理领域的进步做出了贡献，是现代计算机科学之父。他未获诺贝尔奖。他和罗伯特·奥本海默积极参与"曼哈顿计划"，制造原子弹，1945年7月16日在新墨西哥州的沙漠中第一次试爆，接下来两次"试爆"就是1945年8月6日在广岛、8月9日在长崎。据野史称，第二次世界大战前，冯·诺伊曼曾是数学家戴维·希尔伯特的助手。

"军备优势是和平的关键。"

"我没有你那种乐观，泡利。'威慑'这个概念本身就彻底与军国主义背道而驰。我不信任那些喜欢伴着音乐列队走的人，给他们脑子是一个错误，脊椎对他们来说就完全足够。不让他们玩新玩具？那也别把礼物包好放在圣诞树下！"

"那些研究就是您发起的。"

"我内心也很挣扎！我是坚定的和平主义者，欧洲传来的可怕消息让我不得不三思，如果希特勒拥有这枚炸弹，没人能阻止他使用它。"

泡利用刀尖划着那团已经变灰的面包。

"那疯子把所有有价值的科学家都赶跑了，迫害'犹太'科学，结果搬起石头砸自己的脚。"

"您吓到我夫人了，爱因斯坦先生，这些可怕的事很快会成为过去。"

爱因斯坦擦擦嘴，拍拍肚子，然后把餐巾扔在桌上。

"在现代文明的任何一个时刻，我们都不曾有如此黑暗的未来。以后还会有别的冲突，战争是人类之癌。"

桌上的人都不说话。我眼含泪水，就听见"战争很快会结束"，只要结束了，我就能回家。泡利从面包中切出一个小人放在面前，从桌布上取下一个圆形小蜡块放在它头后：圣爱因斯坦，悲观者的主保圣人。原型冲他笑了笑。

"抱歉，亲爱的阿黛尔，我容易激动。甜点吃什么？"

"萨赫蛋糕。"

"太好了 [①]！能抽烟斗吗？这位老朋友总能让我平和下来。"

我回到厨房，泪水止不住涌出来，他们应该以为我为人类的未来担心，其实我是可怜自己的命运。我就像成人世界中的小孩，无法进入他们的宇宙，因为它不能用一幅简单的画或几个排起来的石子解释。我说不出，只好哭，为自己的孤独而哭。因为英语不好，我总感觉云里雾里。曾几何时，我也有过希望，与同胞们并肩就能让这个阴暗模糊的世界亮起来，可我依然迷失。他

---

① 　原文为犹太短语：Mazel tov。——译者注

们那个科学世界没有入籍一说，只能是天生的。不过我还是努力尝试，读书研究，但一根线扯到头又是另一根线，这块布对一个小舞女来说太密、太大，我永远都不会是这里的人，永远都是这么多天才中的流亡者。到了这岁数，男人更着迷于我的厨艺而不是我的腿，我应该释然，但我没准备好放弃，远远没有。

我丈夫小口喝着热水，爱因斯坦教授问他话，几星蛋糕渣喷向他：

"你朋友莫根施特恩怎么样？我以为他今晚会来。"

"他全心准备出书①，和冯·诺伊曼合著，但冯·诺伊曼现在无暇顾及。"

"他忙着玩中子呢。"

"冯·诺伊曼对什么东西不感兴趣？这人是魔鬼，永不停歇，喝酒和计算一样快！"

"他是匈牙利人，爱因斯坦先生。"

我很无聊，已经听他们哇啦哇啦地说过这位冯·诺伊曼怎么不寻常，都说他整天嘻嘻哈哈。一天，爱因斯坦要去纽约，冯·诺伊曼要送他去火车站，结果一路上不停讲笑话，爱因斯坦笑到捧腹，上车才发现坐错方向，都是他害的。库尔特说冯·诺伊曼为学生树立了一个不好的榜样，有些学生会以为也能像他一样在舞厅玩个通宵，喝个痛快，然后第二天一大早还能精神百倍地回来继续上课。冯·诺伊曼可不是人类，最让库尔特震惊的是他居然那么能吃。库尔特都不用见到他，想到他无比活跃的样子就觉得累。我们住斯托克顿街时的邻居布朗夫人给他的书《博弈论》画插图，我在她家遇到过他，我照顾她的孩子，冯·诺伊曼"照顾"她。他的胃口无穷无尽。库尔特告诉我，他们在书中证明可以用"军象棋"（Kriegspiel②）等适当的策略型游戏描述社会或经济现象，让他十分惋惜的是这些脑力又都用在了军事上。不过冯·诺伊曼家在普林斯顿有栋很漂亮的房子，他给美国海军当顾问，军队给钱可不少。

我又给自己倒了一小杯伏特加，怀念"夜蛾"里那些疯狂的匈牙利朋友，

---

① 《博弈论与经济行为》，1944年出版，博弈论至今仍被认为是20世纪最伟大的社会经济学理论之一。

② 德文：字面意思为"战争游戏"。——译者注

烟斗缭绕的香气让我愈发想念过去，我在丈夫反对的目光下点了支烟，最近为打发孤单无聊的日子又开始抽烟了。库尔特回到家就会说烟味太大，哪怕通风了一整天，以前他就一直讨厌我衣服上的夜店味道。

"冯·诺伊曼做了这么多，不拿一两个诺贝尔奖才怪！"

"证明定理就是搞物理的话，那冯·诺伊曼是一个伟大的物理学家。"

"别嫉妒，泡利，会轮到你！"

"像您这样被光环笼罩，不看重名誉当然容易。"

"我也等了好久[①]，都成年度笑话了！为了不颁给我，能把诺贝尔奖颁给谁？某评委毫不掩饰反犹倾向。"

"您这么受欢迎，值十个诺贝尔奖。"

"受欢迎的唯一好处也就是能说上话，能试着传达一些想法。"

我收拾起桌上的面包屑，大家聊得意兴阑珊。我怨库尔特没让我多风光一下，对他说："你怎么没得个诺贝尔奖？我也想像冯·诺伊曼那样有一栋漂亮房子。他说你可是亚里士多德之后最伟大的逻辑学家！"

"没有诺贝尔数学奖，传说诺贝尔的妻子和一个数学家相好，给他戴绿帽子。"

"都是谣言！其实，诺贝尔奖只授予对人类最有益的工作。"

"那数学没益处吗，爱因斯坦先生？"

"我也想知道，阿黛尔。数学家有其他奖。"

"哥德尔岁数太大，拿不了菲尔兹奖。"

"我不追逐名利。"

"你还是追吧！就凭你在高等研究院那点儿可怜的薪水，我们也就勉强度日！你那么聪明，却连一点儿舒适都换不来！"

库尔特狠狠瞪我，两位同事放声大笑。

"库尔特，夫人不满意，你逻辑再强有什么用？"

泡利在小本子上潦草地写下一个简短的公式，在库尔特眼前晃，半玩笑半

---

① 爱因斯坦于 1921 年获诺贝尔物理学奖，理由是他对光电效应的解释，而不是狭义相对论和广义相对论。在之前的十二年中，他有十年被提名。

挖苦地说："不如试试这个早就提出的猜想吧，谁在千禧年前证明出来，就能从哥廷根大学拿到十万马克。"

库尔特被茶呛到，说："费马猜想？泡利，你疯了吧！我可不是什么都行，光开始前的研习准备就得花三年，我可没时间浪费在很可能失败的事情上[1]。"

爱因斯坦先生把小本子拿过来给我看这个如此值钱的问题，我很失望，式子才三项。

爱因斯坦说："阿黛尔，你不是圈里人，你看，法国数学家费马故意戏弄大家，提出这讨厌的猜想[2]，又在手稿中写道，页边太窄写不下证明，也就是说，'我证出来了，就不给你们看'。三百多年来，搞数学的人想这个问题想得头都秃了也远远没有解决！除非你丈夫愿意研究研究。哥德尔，那你就出名了！连续统假设不会给你带来名利，你要与时俱进，要从'广告效果'着想！让无穷自己待着吧。"

泡利向爱因斯坦笑了一下，庆幸他换了个嘲笑对象。

"我夫人不该掺和这些问题。"

我可不想放过这个将他一军的机会。

"你怎么不试试？害怕失败？"

"哎！哥德尔夫人开始说'不完备'！"

"这和'不完备'一点儿关系也没有！我不害怕面对数学的界限，只是知道自己能力有限。你对你说的一无所知，阿黛尔。"

"家庭还是要和睦！我就逗逗你，哥德尔。我们这个世界唯一纯粹的就是幽默。"

"教授，您也知道，这东西我丈夫可一点儿也没有。"

库尔特气得浑身僵硬，话也不说，起身就走。爱因斯坦有点儿难堪，在长长的沉默后想缓和下气氛。

---

[1] 戴维·希尔伯特语。

[2] 费马大定理，原称为费马猜想，可表述为：对于任意大于 2 的整数 n，$x^n+y^n=z^n$ 没有正整数解。经过 350 多年的研究和许多不完整的证明，此定理终于被英国数学家安德鲁·怀尔斯完整证明，于 1995 年正式发表，其证明复杂得可怕，肯定无法写在页边空白处。

"泡利，你听说了吗？班伯格死了，弗莱克斯纳也快卸任了，时代要变了！"

"高等研究院已变成美国军方的培养箱，下一任院长大概是美国的忠实奴仆。"

"我支持奥本海默当院长，他是个有人文情怀的人。"

"他也是个思想'左派'的人吧？"

"别搞什么'左派''右派'，泡利！我想让高等研究院也向其他领域开放。"

"您觉得新领导会让我丈夫走人吗？他一直是普通成员，朝不保夕。"

"只要西格尔还在委员会，库尔特的处境就不会有进展。"

"他们担心他的精神问题？库尔特从不害人，您也知道。"

"他现在怎么样？"

"不停抱怨，说有溃疡，但又不肯去看医生。"

爱因斯坦拍拍我的手。

"清晰、明确、肯定，要获得这些，都要做出巨大的牺牲……看不到大局。日子肯定不容易，但你也在这大局中，相信我！"

我看了看丈夫有没有在走廊里偷听。要是我把他的病情说出去，他肯定觉得被亲近的人背叛——其实早已尽人皆知。我相信爱因斯坦先生，他不会看不起我家库尔特。

"他又开始有幻觉，总觉得被人跟踪。"

"可能真被跟踪，我也一直被监视，我的信都要受审查。"

"不是那意思，他看见一些影子，像幽灵一样。"

"普林斯顿现在的气氛有些沉重，战争刚刚结束，也许你很快就能听到家人的好消息，世界也会重新认识库尔特·哥德尔的真正价值，一切都会好的。"

"我可没那么天真，我都经历过，但在美国，我既没家人也没朋友支持。"

"他有很多朋友，别怀疑，莫根施特恩对他就像对兄弟一样。你丈夫可不是寻常人，我会尽一切努力让你们过得好一些，要有信心！抱歉，来你家做客还把晚饭气氛搞得这么僵，沃尔夫冈了解我，他知道我没有恶意。"

"您只是一不小心就戳到别人的痛处。"

库尔特回来，我给他一个大大的微笑让他安心，说："要不我们出去喝一杯？"

那两个人起身谢绝，库尔特话也不说又溜掉，留我一个人送客。他们连连向我道谢，然后相伴离开，一起消食让他们暂时和解。我又打开窗户，散散烟味、菜味，收拾桌子，倒烟灰缸，一巴掌把面包小人拍瘪。"很多朋友"——奥斯卡·莫根施特恩太有礼有节，不会显露不屑，往好了说，库尔特和我结婚在他看来也是个谜。这些先生很愿意吃我做的菜，却不愿意听我诉苦。我丈夫有很多朋友，那是当然，可我呢？我没蘸水就用手指掐灭蜡烛，我喜欢这一点点痛。水池里堆满碗碟，我奋力洗，不管发出多大声响。房门砰的一声关上，好像是对我挑衅的回答。干完活儿，我点上一支烟。在纽约的某个地方，肯定有个和我同样岁数的女子一边抽着同样的烟，一边等指甲油干，想着穿什么衣服去 El Morocco①跳舞，在两双鞋之间犹豫不决。城里的灯火一盏盏熄灭，普林斯顿睡得很早，我毫无困意。

---

① 纽约一家著名夜店的名字。——译者注

29.

倾诉

安娜很早就启程从普林斯顿去养老院，决心要说说正事儿。正开着车，忽然腹中一紧，一种熟悉的感觉袭来。她打起退堂鼓，看看后视镜里的自己，抹掉多余的腮红，刻意多涂本是为了显得气色好点儿，但在这阴沉的日子里看起来就像殡仪馆里化过妆的尸体。为什么每次去探视都感觉像受审一样？每次去都像出海一天，结束后筋疲力尽，大脑一片空白，直到在下一个不眠之夜开始胡思乱想。

前一天晚上，她看着几个月没穿过的篮球鞋，觉得自己应该多运动，再也忍不了这小老太太一样的身体。猫悲伤地看了她一眼，又回沙发上睡觉。她关上柜子，也躺到沙发上。如果宇宙万物真有等级，那生而为猫肯定是最高一级。

"请进！"安娜还没敲门，哥德尔夫人就听出了她的脚步声。老太太把手伸在外面拍着被子，完全不管凉飕飕的穿堂风，百叶窗都被吹得晃荡。

"我们上次说到哪里？"

"让我先把外套脱了。"

"脱了好，太难看。"

安娜关上窗。椅子被推到离床很远的地方，她没有搬近一些，直接坐下，面无表情，腰杆笔直。

老太太说："伊丽莎白和格拉迪丝对你的情况很感兴趣，我们总算统一了一回，你需要一个男朋友！"

安娜忍住笑，骂自己怎么这么快就不淡定。

"1980 年了，阿黛尔，世界变了。"

"生活中有另一个人才不会一切以自我为中心，找个男朋友再合适不过。"

"我不需要任何人。"

"别装清高，大家都是女人。"

安娜手按着膝盖，努力不显露任何情绪，知道阿黛尔受不了沉默。

"您觉得我假正经？"

"你在感情上是很假正经。我反正豁出去了。你多久没交过男朋友了？"

"想让我讲讲我的感情经历，给您的生活添点儿料？您还是别指望我了。"

"那你还能和谁说？和心理医生说？他会在你身上找出'恋父仇母'那一套，还是经验最管用，你至少可以以我为鉴。我可再没时间看人装正经。"

安娜拼命抑制住扔下老太太愤然离去的冲动。

"现在开始要挟我了。"

"管用就行，跟我说说！我也给了你不少料。"

安娜缠着一绺头发，想着哪些私事可以讲给阿黛尔听听，一开始见面不就为这个吗？一生换一生，可到现在她该讲的其实都没怎么讲。

23 岁，安娜突然试着打破既定轨道，抛下威廉去了欧洲。家人朋友都很震惊，以为这次逃离是一个迟来的反应，是因为无法弥补敬爱的祖母去世带来的伤痛，只有蕾切尔在其中看出一丝叛逆，继承自她的脾气。她不能接受女儿心理有问题，那代表教育有缺陷。安娜从未表现出抑郁的迹象，当然，她一直不太爱说话，但在那个环境中，低调会被当成高雅的标志。

双方家庭只好取消了婚宴，琢磨她究竟是个什么样的人。谁都没想到她是因为嫉妒而离开，她自己到现在也不愿承认。她订婚那天，利奥很晚才到，带着一个"别人家的孩子"，全是优点，没有缺点：医学生，业余当模特，准备专攻神经外科。安娜甚至无法指责她的称赞有任何一点点居高临下的意思，她就是待人和气又友善。利奥向绝美女伴介绍安娜时，说她是"童年好友"。安娜喝得烂醉，最后威廉挽着她的头发让她吐，免得弄脏晚礼服。清早，最后几位宾客也终于离开，安娜两句话就甩了威廉，快刀斩乱麻，"手术刀"她也玩得很好。

"我不是没希望的烂泥，阿黛尔，我还订过婚呢，但没成，威廉是个好人。"

"和你一样?"

安娜笑了，"好人"，她可不是好人。

"我订婚那天晚上就和这个威廉分手了，第二天解冻了祖母留下的钱，坐第一班飞机去了欧洲。"

阿黛尔侧向她，听她低声倾诉。

"我三年就把钱花光了，那是逝者的钱，叔叔、祖父留下的钱，不该用来在郊区买房子。"

"靠近点儿，我耳朵不如从前。"

安娜把椅子搬到床边，脱了鞋，摩擦着两只脚，阿黛尔把毯子递给她，她盖着蜷成一团。

"回来时我身无分文，没有毕业，没地方可去。母亲不再和我说话，父亲暂时收留了我，然后求老朋友亚当斯帮我找了份工作。他正度蜜月呢，急着让我走人。"

"之后没别的男朋友?"

"我总是很快厌倦，我需要仰慕对方。"

"也许你太走脑子。"

"您仰慕您丈夫吗?"

"哎! 又回到正题!"

"我的生活平淡无味，该您说了，阿黛尔。"

哥德尔夫人沉默了一会儿，然后从床头柜上拿起一个银色相框，用袖子擦了擦。安娜拿过这结婚照，仔细看着，不敢说已经见过。

"我仰慕他，就像我们会为无法企及的事着迷，但我爱上的不是他的智力。"

"这么多年远离家人，您一定因为他的病吃了不少苦。"

阿黛尔猛地夺回照片："你从没真正爱过。"安娜想起在哪里读到，回忆不是过去，而是过去在大脑中留下的痕迹。哥德尔夫妇的故事没那么简单，他们的关系也没那么绝对。阿黛尔也许以为自己单方面爱得炽热，其实是单方面牺牲，但何不给她这最后的安慰？老太太两眼放空，看上去疲惫不堪，用颤抖的两根手指画了一个横着的 8，另一只手上，太小的婚戒已嵌进肉里。

"您休息吧，我走了。"

"说到爱情，小姑娘，你什么时候带我去电影院看部美好的爱情电影？"

"养老院永远不会让我们去。"

"'一战''二战'我都活过来了，白大褂有什么好怕的！你想想办法，就当是治疗。别再一看要打就逃，我们不管到哪里总拖着包袱。圣诞节再和你细说。"

30.

1946
边走边聊之去程

"我每天去办公室，
只为有幸与库尔特·哥德尔一起走回来。"
——阿尔伯特·爱因斯坦

手表指到九点整，库尔特按响默瑟街 112 号的门铃。这地址普林斯顿的出租车司机无人不知，其实只是一栋新维多利亚式的小楼，与其主人蜚誉全球的身份相比实在普通。我耐心地等在隔开小花园与街道的黄杨树丛后。一头乱发出现在一层窗户里。几分钟后，阿尔伯特·爱因斯坦出来了，穿一件旧毛衣，裤子也很难看，皮凉鞋一如既往，袜子都不成双。秘书在门口拉住他。

"教授，您的公文包！哪天您要把脑袋都忘了！"

"海伦，没有你我可怎么办？"

"我已经把您的急件分成了两类，装在两个袋子里，一个是'晚了'，另一个是'太晚了'，但您还是回一下。还有，别故意错过和记者的午餐！"

"天啊！你应该帮我挡着这些难缠的家伙！"

"这个不能挡，《纽约时报》的，约好了下午一点。"

"哥德尔，你也一起吧？"

"不了，阿黛尔已经让我吃太多，吃得越少，我感觉越好。"

"凡事都得有个度！杜卡斯，让厨房加副餐具。"

爱因斯坦转身看见我。

155

"阿黛尔！今天有何荣幸让你少见地大驾光临？"

"我和你们一起去研究院，找院方办些事，这些讨厌的公务员快把我逼疯了。"

"你去欧洲的事总算有眉目了？"

库尔特打开栅栏门，迫不及待要上路："如果我夫人再坚持不懈地辱骂他们，我怀疑还有没有出发的那一天。"

"你从来不管这些麻烦事，不明白多气人。"

爱因斯坦在兜里掏着什么，这动作我很熟悉，他在找烟斗。他说："官僚主义让一切行动死亡。"

"但阿黛尔的吼叫能让死人复活！"

"你也学幽默了，哥德尔？"

"他今天起床心情好。"

"情绪稳定就好，现在你已经是常任委员，可更加安心地考虑将来。"

"要是阿黛尔能让我安心工作就好了。"

"别抱怨！如果我最后能走成，你就一个人享太平了！"

德国投降后，我一想到能重回欧洲就十分振奋。1945 年 6 月，我们收到哥德尔家人的消息，许久之后又收到我家人的消息。玛丽安娜在布尔诺，鲁道夫在维也纳，他们都躲过了轰炸。库尔特的教父雷德利希死在毒气室里。我得知父亲死了，妹妹也死了，我把悲痛和久远的回忆一起埋在心底，盖上我那火辣辣的幸存者负疚感。这么多年杳无音信，我已做好最坏的打算，现在最坏的来了。我母亲孤身一人，生活艰难，在极少几封信中说到有多困苦，而那些信也被审查者涂得一块块黑。我努力想回去一趟帮帮她，但经过之前生死不明的忐忑，现在这些悲惨消息带来的不安又啃噬着我。我刚切了阑尾，恢复得不太好，身体状况堪忧，瘦了，牙掉了，头发也一把把脱落。我把怒气都撒在那些美国公务员身上，他们想着法儿为难我。库尔特沉浸在日复一日的生活中，丝毫不受影响。

他最近被任命为研究院的常任委员，让我们松了一口气，院里每年给他

6000 美元[①]的薪水，生病或无法工作也有 1500 美元的保障金。我们总算抓住一根救命稻草，但也就勉强小康而已，1946 年，牛奶 70 美分一加仑[②]，邮票 3 美分一张。给他保障金首先说明院方担心他不能长期工作。不再当"教授"对他非常合适。

我对库尔特说："莫根施特恩觉得你继续教课比较好，我不在，你就谁也不见。"

"我会照顾他，阿黛尔，别担心。"

"我岁数够大，能自己照顾自己！"

我和阿尔伯特心照不宣地对视了一下，他向我笑笑，表示安慰。

"走吧！有个邮件不能再拖，还有那讨厌的记者就是不想让我睡午觉，也许晚饭前我还能找点儿时间研究物理！"

我们大步踏上默瑟街。初秋的天气尚余一丝温热，两旁的房子掩映在树木中，沿街散步十分惬意。每天早上他俩都在同样的时间走这同一条路，刚开始是同事之间的惺惺相惜，四年后变成日常不可缺少的友谊。库尔特起床很晚，量体温，记在小本子上，吃一堆药丸，喝几口淡咖啡，整理干净衣服，涂好鞋油，最后穿上衣服，准时准点到爱因斯坦先生家门口。回来时他们也一起，有时午饭时回来，但通常是在研究院神圣不可侵犯的下午茶时间之后。我尊重这做法，这能缓和我丈夫的脆弱。

棕红的落叶给步道披上一件华丽的大衣，踩在上面沙沙作响。普林斯顿是一个秋天的城市，适合散步消食。他俩都不说话，我妨碍了他们的天马行空，厚道的阿尔伯特努力让我也参与对话。

"阿黛尔，缓过来了吗？改天再带你们去划船？"

"爱因斯坦先生，恕我直言……永远不要！上次快把我吓死了！"

"你不是胆子挺大的吗？"

"那也不想死啊，我不会游泳。"

---

① 1946 年，美国的平均年薪为 3000 美元左右。

② 美制容积单位，1 加仑 ≈3.8 升。——编者注

"我也不会，在平静的湖里划划船，又不是在合恩角①！"

上周日，我们应允和他一起去划船，之前就听说过爱因斯坦翻船的许多故事，我丈夫不情愿，但又不敢拒绝。我们在船上坐下，风平浪静的湖面让人安下心来，他俩很快沉浸在热烈的讨论中。我在平静的湖水上放松身心，让九月的艳阳把脸晒得热乎乎，半睡半醒之间突然看见一个影子：一艘船快速向我们冲来。阿尔伯特好像没看到，我大叫："注意！②"他在最后一刻转了向，库尔特吓得脸色苍白，紧紧抓着船沿，阿尔伯特却笑得像个孩子。

"那天晚上我溃疡就犯了，发作得厉害。说到这个，阿黛尔，记得回去时买些镁乳③，快喝完了。"

"又没了？你简直拿它泡澡！"

"哥德尔，你应该去看医生，不要这样乱吃药。"

"大部分医生都不称职，情况在我控制之中。"

爱因斯坦先生拍拍他的肩："休息一下吧！和阿黛尔一起去度个假！她也很需要。"

"我有事要做。"

"事永远做不完，身体在呐喊，头脑却不想听见。"

"您不会明白，您那么强大，打不倒。"

"我也经历过！那时我刚和第一任妻子米列娃分居，不到一年写了十篇文章、一本书，瘦了二十五公斤，过着地狱般的日子。我以为得了溃疡，甚至癌症！其实只是劳累过度。休息一下，找个好医生……再有个好厨子，生活才像样！"

收腰外套、羽毛毡帽、白手套，一个窈窕淑女走到我们旁边，认出了爱因斯坦，莞尔一笑。两个男人转身看她，对她的婀娜步态很是赞赏。我用包打了库尔特一下，爱因斯坦先生笑起来："生活像个生活，老婆也像个老婆。"

---

① 智利火地群岛最南端的海角，风高浪急，海水冰冷，被称为"海上坟场"。——译者注
② 德文：Achtung！——译者注
③ 主要成分为氢氧化镁混悬液的药物，一般用于缓解胃部不适。——译者注

阿尔伯特从不聊第一任妻子米列娃。第二任妻子埃尔莎是他的表姐。1936年，他们刚搬到默瑟街一年，埃尔莎就突发心脏病去世了。从此，爱因斯坦就生活在一群女人中：妹妹马娅、继女马戈、秘书海伦·杜卡斯，她们都努力保障他活得舒适。爱因斯坦喜欢女人的陪伴，而且毫不掩饰，正如他经常毫不掩饰对女性的轻蔑，让人难受。传言说他母亲不喜欢米列娃，所以他们持续了很长时间的地下情。这是我们的共同点，唯一的共同点。他第一任妻子是科学家，第一次世界大战前不久，两人的婚姻就走向破裂，最终离婚收场。米列娃留在瑞士，抚养他们的两个儿子，小儿子爱德华患有精神分裂症，需要强力的心理治疗。有人说他们之前还有一个女儿，在历史的纷乱中不知所终。阿尔伯特的一生和普通人一样，充满了悲剧、不足为外人道的秘密，与破灭的梦想。

"不能从别墅那里抄近路吗？为什么要走过整条默瑟街？不绕远吗？"

"亲爱的阿黛尔，我不走习惯的路线肯定会迷路！我一点儿方向感都没有，开船时经常迷失方向，你都不知道有多少次我得等人来把我拖回去。"

"那更不能跟您去划船。"

"您肯定能找一个崇拜者帮忙，爱因斯坦先生。"

"我听过一个趣事，有人开车只顾看您，结果撞到树上。"

"只有两个东西无穷，阿黛尔，那就是宇宙和人类的愚蠢，而且我不确定宇宙无穷！"

我亲爱的丈夫对人就没那么热情，崇拜者就几个，还总给人家泼冷水，有时却又觉得受排斥。爱因斯坦觉得出名是灾难，游客来看他的住所就像看动物园，请求一大堆，把他淹没，让他几乎找不到时间做研究。他有几分讨好地总结说名声会让他变愚蠢，这在他看来是很普遍的现象。

"人们喜欢您，爱因斯坦先生。"

"我倒很想知道为什么！有一天我收到一个小女孩的信，她想知道我是真的存在还是像圣诞老人那样！他们就差把我做成标本放在米老鼠旁边展览。"

"您是疯狂世界中的白发智者。"

"你搞错了，我的朋友，我代表人人都能理解科学的美好想象，装在丝带盒子里的相对论，做成手工套装的原子弹。"

"您真是太黑色幽默。"

"这是犹太人的幽默，亲爱的哥德尔，只有嘲讽能与荒谬抗衡。说到嘲讽，我有个很好笑的笑话：三个原子物理学家在核实验室受到辐射，必死无疑，我们可以满足他们最后一个愿望，结果法国人要和玛丽莲·梦露共进晚餐，英国人要见女王，而犹太人……要找别的医生再看看。"

我们礼貌地笑笑，阿尔伯特就喜欢讲这些尖酸刻薄的笑话。

"犬儒不适合您，爱因斯坦先生，我还是愿意把您当成智慧的化身。"

"恐怕后世只会觉得我是发明原子弹的那个混蛋①。原谅我说脏话，阿黛尔。"

"没事儿，我要是说脏话，纽约的出租车司机都脸红。"

爱因斯坦摸着耳垂，出乎我意料的是，我丈夫拍拍他的肩膀表示："没人归咎于您，不是您造成了广岛的事。"

"我表示怀疑，我写出了 $E = mc^2$ 这个等式，却没想到四十年后，轰的一声，成千上万的人因此死去，而且死于一场已经赢了的战争中。技术进步就像一把斧子，被我们放到了疯子手里。"

"斧子的运动轨迹要遵循万有引力，那也没人责怪牛顿发现了万有引力。"

"我这么说你别生气啊，哥德尔，有时我都怀疑我们是不是生活在同一个世界。你觉得我像《木偶奇遇记》里那个老头？"

"我没那么天真，不过我得承认我很喜欢动画片。"

"你真是个行走的悖论，怎么能眉也不皱就从莱布尼茨转到华特·迪士尼？"

"我看不出有什么矛盾，一个看多了，看看另一个就能得到休息。"

"我们看了至少五遍《白雪公主》。"

---

① 据说，当洛斯阿拉莫斯实验室进行第一次核试验时，罗伯特·奥本海默高声讲出《摩诃婆罗多》中的一句话："现在，我是死亡，诸世界的毁灭者。"试验负责人肯尼思·班布里奇反驳说："从现在起，我们都是混蛋。"

"那你丈夫是哪个小矮人？害羞鬼？万事通？"

"肯定是爱生气啊！"

"那你就是白雪公主？阿黛尔？"

"我太老，当不了公主。"

我丈夫怒气冲冲地瞪了我一眼，我不能拿我们的感情开玩笑，尽管阿尔伯特从来都清楚他的文弱。在我们的故事中，是我把他从长久的沉睡中唤醒，是我救他于内心的许多恶龙和家族的几个巫婆之中。

"你们尽可以笑我，我觉得只有童话讲出了世界该有的样子，让它有了意义。"

"我亲爱的哥德尔，不可理解的正是世界居然可以理解。"

爱因斯坦低下头，礼貌地避开两个犹豫着要上来搭话的路人。

"袜子又不成双，马戈该说我了。又是一个谜，那些讨厌的袜子跑哪里去了？"

"这个谜库尔特从没解开！"

"应该是消失在时空奇点里了，和我们的希望、青春一起。"

"今天很厉害啊，哥德尔！这是幽默还是写诗？早饭吃什么了？"

"也许该换个问法，为什么剩下的那只袜子没有消失？"

"的确！你说得太对了，阿黛尔。无法解答的问题是提得不好。哪只袜子会消失是否定好？我这就问问泡利，这是量子理论新进展，他要给我弄个矩阵出来解释我可一点儿也不吃惊。哥德尔，你觉得呢？你的文章以此为主题很不错，令人兴奋，相对性洗衣桶！"

"我已经想好文章写什么主题了。"

我问："关于什么的，库尔特？你没和我说过。"

"出版商保罗·阿瑟·席尔普邀我参加一本书的编写，关于爱因斯坦，为他七十岁贺寿。"

"那我不在时你也有的忙了。"

阿尔伯特没听我们说，还想着他的袜子。

"我之前已解决这个问题，不穿袜子就行，但马娅怕我着凉。我出汗太多，晚上一拧袜子能灌好几瓶，'真是个出汗的天才'。"

"您妹妹身体怎样？"

"还是卧病在床，上次中风后恢复得不怎么好，看她这样日渐虚弱真让我痛心，自私点儿说，也让我面对自己终有一死这件事。回去路上去看看她吧，阿黛尔，她需要陪伴。"

他停下向熟人问好，我们离大学越来越近，熟人也越来越多。普林斯顿大学正进行两百周年校庆，各种庆祝活动和到访者打破了平常的宁静。1946 年秋，我们已在普林斯顿住了五六年，在这不觉时间流逝的闭塞地方就像永远那么久。我习惯了这乡下生活，但并不喜欢，和战前喧嚣的维也纳相比是那么小家子气。普林斯顿就是一个以大学为中心的大农村，像一座小岛，被森林和湖泊包围，村里散落成片的绿地，还好新哥特风格的建筑让它有一丝欧洲气息。在这个与时代隔绝的茧中，高等研究院是个神奇之处，聚集着因战争流亡的天才，犹太人、社会主义者、和平主义者、文艺人或四者兼有，精英们逃离欧洲，高等研究院才得以招募到许多新成员。我丈夫就是其中之一，虽然那四种身份他哪个也不是，只是个位置尴尬的科学家，其他人可都拿命赌了一把。高等研究院的楼现已不在大学里面，但依然像个国中国，这里就像科学界的奥林匹斯山，如果奥林匹斯诸神也能像这些科学家那样与时代脱节的话。在夫人们眼中，普林斯顿不多不少就是个驻军地，她们也心照不宣地按丈夫的名望排辈。冯·诺伊曼和奥本海默住豪宅大院；神一样的爱因斯坦向来不守常规，选了一栋朴实的房子；库尔特是特例，将军等级，小兵待遇，我们只能守着一间小小的公寓。这些光鲜亮丽的人经常到彼此家里做客，吃晚饭，唱歌跳舞。德语区 [①] 的知识界想在远离残败欧洲的地方重新创造出一种丰富多产的文化生活，我没有那种怀念。

爱因斯坦教授勉强从一群好奇的人中脱身："这些庆祝活动赶紧结束吧！普林斯顿人太多，安静地散会儿步都不行，我成了选美皇后，要参加各种颁

---

① Mitteleuropa，字面意思为中欧，一般指泛德语地区。——译者注

奖典礼，更别提研讨会！"

"我从来不参加研讨会，就算很了解主题也很难跟上。"

"好好享受你的自由吧，哥德尔！我没法儿再躲在后排靠着暖气打个盹儿，他们都期待着听我说出至理名言。"

"你在我的研讨会上打盹了？"

"当然没有，尽管你的研讨会挺……没意思，我努力跟上了，相信我！"

"库尔特最棒，比别人强多了！"

我禁不住夸耀起来，其实他讲了什么我一点儿也没听懂，这样的人远不止我一个。

"没人怀疑。"

"我可不傻，我的研讨会失败了。"

"你这是毫无缘故的自责，只能说大家比较慎重，要弄懂你可不容易！伟大的头脑总会被平庸的头脑激烈反对。"

"他们非要安排人来听，特勤部门已渗透整个大学，我们以后都得任美国军方摆布。"

"哥德尔，美国政府对你那些数学问题能有什么兴趣？讲点儿道理吧！如果你从洛斯阿拉莫斯出来，我倒能理解你的焦虑。"

"您想象不到我被监视到什么程度。有些奇怪的事，罗斯福的死就特别可疑。"

阿尔伯特加快脚步，我们转过街角，走入马克斯韦尔道，过了小树林就远远看见高等研究院，红砖楼耸立在一大片草坪的尽头。我在这楼里参加过舞会，却从没参加过他们私底下每天必做的仪式。夫人们都知道老钟楼敲十六下时去哪里找她们的科学家丈夫：喝下午茶的地方。

我在台阶下与两人作别，他们的办公室在三楼。

"一会儿见！好好工作！"

如果阿尔伯特不在，我会亲下我那"大学生"的脸颊，拍一下他屁股，这是规矩。

31.

冒险

闹钟响起——《早安美国》，安娜好不容易睡着一次还忘了关闹钟。睡得出了一身汗，她转到干的那边关掉闹钟，依稀记得做了个噩梦。她在床边坐起，头痛得要爆炸，梦的最后一点儿痕迹也被抹去。前一天晚上，她又把带阿黛尔出去的各种利弊权衡了一遍，一瓶白葡萄酒就这么见底了。

安娜从小时候起就能想到一件事所有可能的发展，包括走不通的路，这不代表悲观，错误道路也是整体的一部分，但有这种天赋就不能无忧无虑地轻松过日子。她没找到用得上这种分析能力的职业，活在故纸堆中至少能减轻负担，不用给各种可能一一贴上标签，那实在乏味。

她想着明天就带老太太去电影院，不管医生准不准，这实在有些莽撞。她在多伊尔斯敦找了一家电影院，就在养老院附近，午饭后放映《音乐之声》。电影大概三个小时，路上要花十分钟，保险起见就算二十分钟吧，阿黛尔能赶回养老院吃晚饭。

最难的是神不知鬼不觉地溜出去。她会在午睡时间把老太太带到园子里散一个长长的步，自己的车停在园子后面，藤蔓掩盖下的一个小门旁。她让格拉迪丝引开服务人员，高龄芭比对共谋很兴奋。剩下的就是如何把老太太扶到车上以及影院的座位里，这很令人头疼，不过阿黛尔解决了，格拉迪丝偷了一根拐杖给她，她让安娜看到用三条"腿"勉强能走。她们还把钢琴师杰克也拖了进来，来回他都会帮她们到车那里。但如果哥德尔夫人在她手里出了事，她要如何向警察、医生、研究院院长解释这疯狂的举动？别人会指责她加快了老太太的死去。

安娜从床头柜上拿起一本书，字在眼前跳舞，这个早上就连《看得见风景的房间》都不管用，她的思绪不由自主地飘向意大利佛罗伦萨的阿尔诺河，还有詹尼。

和威廉唐突分手后，她就游荡在法国、德国、意大利，很惊讶地发现自己喜欢这种游客的生活，没人管，也没有回程票。对过往的唯一让步就是常常给利奥以前的保姆欧内斯廷写信，每搬到一个新地址都要告诉她，但利奥从没给她写过信。她在佛罗伦萨花大价钱买了一本古旧的贝德克尔旅游指南，《看得见风景的房间》中的女士们从不离手，她是那么喜爱她们。斑驳的金红封面、泛黄的内页更让她觉得自己是在时间中而不是在空间中旅行。这下她终于觉得自己做了一件出人意料的事。

一天，她想去乌菲兹美术馆看看，但排队的人太多，无奈作罢。一个男人觉得她气恼的样子很可爱，便说可以带她进去，不用排队。意大利这个国家真是很适合安娜，她也很清楚，他说能带她去看不对公众开放的藏品，从此他们就没有分开。詹尼是佛罗伦萨世家之后，精通十五世纪绘画，对佛罗伦萨了如指掌。和他一起，每次散步都是惊喜，每餐饭都是过节，相处起来也那么愉悦。一切水到渠成，他没有逼迫她，也没有入侵她的生活。詹尼不犬儒，朋友众多，也不爱内省，就是一个追求安逸享乐的人，和他在一起生活简单而不乏味。为了让自己心安，安娜接了些翻译活儿，然后就把负疚感深埋心底，麻木地过着舒适的生活，讨论学问，周末去海边玩。

和他在一起，她几乎忘了自己逃离的那个年轻女子：聪慧却不机灵，不美不丑。生活波澜不惊，没有大喜大悲，她从未满足于这一盆温水。

今天，她必须承认迷失在过一天算一天的反叛中，什么都没有完成，什么都没有解决，宛如自己生命的游客，只不过将一切烧掉、忘掉，比接受自己的平庸容易。也许她一直乞求人生大起大落，她挑衅命运，可命运就是没有给她任何教训。某天，巨大的不幸将令她怀念这平凡而温和的无聊。

32.

1946
边走边聊之回程

"物理要用简单的话解释之前无人知晓的事。
诗歌不正好相反？"
——保罗·狄拉克

高等研究院安静的大楼里传来一阵响动：椅子摩擦地面的声音、突然的开门声、走廊里噔噔噔的脚步声。科学家们放下粉笔、电话去吃午饭，就和所有人一样。我一上午都耗在秘书处，但又不敢不要他们帮忙处理烦琐的手续，因为我英文太差。这些麻烦事一过去，我就要找张买得起的船票，去德国或法国，再坐火车去维也纳，报纸每天都在说欧洲一片破败。回去还算简单，回来更难：我们依然拿着德国护照。

我知道丈夫很反对我去研究院，我等他说请进才进他的办公室。他站在黑板前，专心致志，听不到肚子咕咕叫。

我说："没和爱因斯坦先生一起？那我俩一起吃午饭。"

他如梦初醒地跳起来，我真是一猜就中，我也希望他忙不迭要和爱因斯坦先生吃饭，有爱因斯坦先生在，他不敢不吃。

"要不我和你们一起走回去？"

"不合适，阿黛尔，他会觉得我不自立。"

"他太喜欢你，才不会这么想。穿上衣服走吧，都迟到了。"

我们去找阿尔伯特，他正在福尔德楼的台阶上边抽烟斗边看报纸。他说：

"我还在想你怕是不会出现了，幸好夫人管着你。"

"我保证他跑不了！"

一个瘦瘦的男人从楼里出来，刻意不想引人注意。他和爱因斯坦一样出了名地厌恶所有繁文缛节。

"招呼都不打一下，狄拉克^①？"

他驼着背，过来和爱因斯坦握手，向我们点头致意后立刻溜了。爱因斯坦吸着烟斗看他远去："保罗这人有种病态的害羞，薛定谔得绑着他去领诺贝尔奖。"

"狄拉克的文章是真正的美学享受，没人在数学上如此优雅。"

"哥德尔，你不会要掺和量子物理吧？"

"如果有时间，就算只为反驳您，也得看一眼。"

"我俩都很不喜欢混沌，不会掺和。"

"一切都有潜在逻辑，包括混沌。"

"用数学什么都能证明！最重要的是内容，不是数学。"

"您觉得我是个江湖骗子？"

"天啊，怎么会，别那么偏执！"

听到他说"偏执"，我不禁颤抖，库尔特没反应，忙着扣大衣纽扣。

"我们得快点儿，先生们，你们要迟到了。"

走到那一大片草坪中间，库尔特终于扣好扣子，接起之前的话头。

"数学定理无可置疑，物理定理永远无法如此绝对，恕我直言，爱因斯坦先生，您所有的规律只不过根据现有证据极有可能成立而已。"

爱因斯坦的肚子很失礼地咕噜了一声。

"肚子都抗议了，我太饿，没法儿听你再论述一遍数学的高级。哥德尔医生已做出诊断，我得的是急性不完备！唯一的治疗方法是……填饱肚子！"

---

① 保罗·阿德里安·莫里斯·狄拉克（1902—1984），量子力学尤其是数学方面的奠基人之一，提出宇宙中存在反物质。1933 年，他与埃尔温·薛定谔因"发现了原子理论的新形式"而共同获得诺贝尔物理学奖。

"不要拿我的定理开玩笑，您不是那种嘻嘻哈哈的人。"

阿尔伯特反手拍了下报纸。

"简化、混淆、搞笑、扭曲，这是出名的开始！人们每天都说我讲过什么什么，那些蠢话我绝不敢说出口，哪怕是喝醉的晚上也不会。"

我用手肘碰了下库尔特，阿尔伯特在鞋底上敲了敲他的烟斗头。

"出了名的科学家，研究的东西没人真懂，却人人都要脸不红心不跳地说上几句，以前是电磁学，今天是原子，小孩连乘法都不会呢，就能结结巴巴地说'$E = mc^2$'，连杂货店卖的奶昔都得说原子！明天什么都是量子！茶余饭后边聊好莱坞最新的花边新闻边说反物质。"

我主动拿过阿尔伯特的公文包，他拿着报纸还要点烟斗，实在费劲。

"人们有权试着理解。"

"那当然，阿黛尔，但大众崇拜科学就像希伯来人崇拜金牛犊，精巧世界之奥义逐渐取代神之奥义，我们就是新牧师，穿白大褂用奇怪的口音主持仪式！也会轮到你，我的朋友，总有一天你会成为传奇。"

"我倒挺想看我丈夫给人签名。"

"哥德尔，证明科学有局限的人！将科学拉下神坛的人！"

"我从没说过'科学有局限'这种蠢话！我说的只是公理体系有内在局限。"

"细节不重要，你对所有卖弄学问之人来说简直是上天的礼物，他们把不确定性原理和不完备定理放在一起，得出科学不万能的结论，多方便！我们刚被立为偶像就又被打倒。"

"这是个好借口，不和外人多说，仅限你们这群天选之人，我还以为您会一视同仁，爱因斯坦先生。"

"你批评得对，阿黛尔，任何人都不应被神化，但大众思想混乱不清也让我担心，未被好好理解的科学术语就是新的弥撒拉丁文，只要用看似科学的语言说出来，不管什么荒谬理论都像真的一样，用假证据操控大众如此容易。"

他气愤地揉皱报纸："时代已变黑暗，这个杜鲁门连罗斯福的一半都不及。"

"我看不出我的定理如何能流行起来，所用的逻辑语言对外行来说太艰深。"

"方法很简单，省略，再加点儿不懂装懂。宇宙是否包含不可判定的命题？是！因此宇宙不能自我构建，所以上帝存在。"

"库尔特·哥德尔能否自己想到一切？不能！他还要妻子提醒吃午饭，所以库尔特·哥德尔不是上帝。"

我丈夫堵住耳朵："不想再听你们说话！都是胡说八道！"

在马克斯韦尔道的路口，一辆崭新的天蓝色福特在我们身边慢下来，开车的是个四十多岁的女子，面庞甜美，向爱因斯坦先生打招呼，问要不要载他一程。

"我更喜欢走路，莉莉，你也知道。让我给你介绍一下，这是阿黛尔·哥德尔和库尔特·哥德尔。"

她向我们展现灿烂而友好的笑容。

"艾丽斯·卡勒-勒维，熟人都叫我莉莉。哥德尔夫人，您也是维也纳人对吧？如果能赏光来我家吃晚饭就太好了，我和埃里克商量商量，回头见！"

伴着一阵轮胎擦地的声音，车就开走了，我被她坦荡直爽的魅力征服，阿尔伯特惋惜地看着车远去。

"马戈和她是很好的朋友，她是埃里克·冯·卡勒的老婆。你知道冯·卡勒吗，哥德尔？"

"哲学家、历史学家，我在研究院碰到过。"

"阿黛尔，你和她一定很聊得来。我们两家往来已久，他们在伊芙琳广场的家是文人的绿洲，就算在普林斯顿也不寻常，他们和赫尔曼·布洛赫[①]很亲近。"

"冯·卡勒？都是上等人，我在那种环境不自在。"

"我确实从没见你参加德语界的聚会，这可是普林斯顿为数不多的乐事之

---

① 赫尔曼·布洛赫（1886—1951），奥地利小说家、散文家，德奥合并后不久移民美国。

一，上周托马斯·曼[1]还做了非常优美的朗读，不过莉莉一点儿都不附庸风雅，从她喜欢我的幽默便知！"

我还是没把内心的顾虑告诉爱因斯坦先生，他的光环让他能无视阶层，我不一样，这不光是钱的问题，文化隔阂无法逾越。后来我了解到，莉莉是奥地利一个艺术收藏家的女儿，这位收藏家为了让家人远走高飞，被纳粹榨得一干二净，自己却没能及时移居国外。埃里克也差点儿没躲过盖世太保，房子和财产都没了，还被剥夺了德国国籍。他的书也在希特勒的黑名单上，和阿尔伯特及好友茨威格的书一样，茨威格没挺住[2]。

我就算读书少，也听别人说过托马斯·曼和他的《魔山》，为什么要用一本几千页讲精神病院的小说折磨自己？我亲身经历过。我不指望库尔特熏陶我，他的艺术品位和我一样粗陋，他不喜欢歌德，觉得莎士比亚难懂，喜欢轻音乐和小书，瓦格纳让他紧张，巴赫让他焦虑，至于莫扎特的音乐，他也只喜欢那些脍炙人口的民歌变奏曲。他选择娱乐和选择食物的标准一样：平淡无味。没人能说他不够勤勉，但对爱因斯坦等说他故作低俗的人，他问："为什么好音乐一定要大起大落，好文学一定要长篇大论？"这就是天才的好处，我品位简单就被当成没文化。我丈夫对社交没热情虽然让我交不到朋友，但也避免了我出丑。

"我一直没能读完《魔山》，太无聊！我喜欢简短的东西，作品越长越没实质内容。"

"哥德尔，我越认识你越不懂你。"

"我对任何形式的刺激都极度敏感，精力有限，只能留给研究，研究之外，我避免感官劳累。我讨厌喜剧，悲剧又让我疲惫。"

"你就像一把绷得太紧的小提琴，声音很好听，但弦随时会断，放松放松吧！"

---

[1] 托马斯·曼（1875—1955），1929年获诺贝尔文学奖，被纳粹政府剥夺德国国籍，1939年迁居普林斯顿。

[2] 奥地利作家斯蒂芬·茨威格逃亡到巴西，1942年2月22日与女伴一起自杀。他是爱因斯坦的好友，关于弗洛伊德的文章就献给爱因斯坦。

"如果我更像您，您就不会这么欣赏我。"

"确实，和你一起散步是我一天中最高兴的事，现在除了你没人敢反驳我，真让人厌倦。"

我看见丈夫得意扬扬，阿尔伯特知道怎么和他相处，喜欢直接和他争，又暗暗夸他几句抚慰他的不安，但这时阿尔伯特很真诚，散步是极少几件他们都很喜欢的事之一，对他们来说是一种思维体操。有一天我笑他们饭后溜达，丈夫就给我上了一堂长长的历史课，他的祖师爷亚里士多德创建逍遥学派，古典时代的大师和学生边走边辩论，没什么比这更能拯救陷入绝路的问题。库尔特希望用这种方法走出思维定式，好像我没一直鼓励他多见人似的！我就算没上过什么学也明白这道理：我们活在他人眼中，但我从来没搞懂永远走同一条路怎么能摆脱习惯势力①，看来我不是哲学家。

"库尔特讨厌不占理，和您一起，他可好好受教了。"

"针锋相对也好，东拉西扯也好，都是宝贵的刺激，思维要动起来，变起来，就像生命，一停滞就会固化而死。"

"库尔特就喜欢按部就班，从来不会天马行空。"

"他散步都以逻辑学家的方式，走完一条路再走另一条，尼采就要勇攀高峰，挑战极限。"

"尼采的哲学叫人筋疲力尽！康德每天早上绕房子走一圈，不管我夫人怎么说，我还是更喜欢康德的方法，就认准默瑟街。"

一辆锃亮的凯迪拉克汽车向我们冲来，我本能地把那两个沉浸在漫步中的人拉到一边，离行车道远点儿。阿尔伯特看着那亮闪闪的怪物说："美国人对汽车的喜爱真让我不解，我连驾照都没有！"

"我喜欢美国人的实在，这里什么都容易点儿。"

"这是你的观点，哥德尔，在我看来，美国是一个直接从野蛮到没落的国家，从不知道什么是文明。我在加利福尼亚住过，相信我，在那里没车就完

---

① 逻辑学术语，指人们在长期传统生活中养成的特殊方式的行为倾向和社会态度的定向趋势。

——译者注

蛋了，去哪里都特别远，我在饭后散个步倒成了异类。边走边想不是美国的习惯，是欧洲的习惯，哲学会不会因此消失于这片大陆？"

"我好想念欧洲！"

"你想念的是一个已经不存在的世界，阿黛尔，恐怕这趟旅行要让你失望。"

库尔特挽住我的手臂，我看更多是警告而不是亲昵。

"我们的生活从此就在这里，我们会申请美国籍。"

"哪怕维也纳给你一个和你能力相称的职位？"

"不会有这问题。"

"阿黛尔，你怎么想？"

"他去哪儿我就去哪儿。"

"你是我们之中最有智慧的人。"

我把公文包还给阿尔伯特，他已经不记得交给过我。我对他说："这话说给移民局官员听听！走了，我还要去城里办事，再买罐镁乳，下午我去看看马娅。"

他们已经没在听我说话，棕色脑袋和白色脑袋侧向彼此，沉浸在相知相惜的对话中，那里没我的位置，我已掺和太多。这段友谊对我丈夫很珍贵，甚至救了他，我不该再打扰。走上自己的路，我也有事要忙，有一趟旅行要准备。

33.

电影院

终于到了行动的时刻，阿黛尔头戴皮草帽，抹好腮红等"同伙"。她求安娜帮她穿上一件巨大的孔雀蓝大衣，百米开外一眼就能望见，太显眼，但安娜不忍拒绝，这肯定是她之前的衣服。哥德尔夫人把被褥堆好，假装有人睡觉，还让头巾露在被子外面，不为更像，只为对轻狂青春的怀念。格拉迪丝在走廊里走来走去，一看就知道要干坏事，阿黛尔说了她几句，她又故作镇定，反而更可疑。

杰克准时到藤蔓下的小门，把老太太扶上车，安娜把轮椅藏在灌木丛后。到电影院只有十五英里的车程，但安娜觉得永远也走不完似的。阿黛尔不管安娜多紧张，一直对她笑，安娜很不习惯她心情这么好，脑中想着这次冒险的各种节外生枝，内心焦灼得好似烙铁条在烫，太阳穴也疼得厉害，这一切就为忍受三小时的朱莉·安德鲁斯！安娜从没喜欢过这个"傻大姐"，到现在玛丽·波平还会让她做噩梦。

这是一家很小的社区影院，刚刚重新装修过，但保留了黑色斜体大写字母的霓虹招牌，如果不是紧挨一家亮得刺眼的快餐店，安娜还以为回到了20世纪50年代。她本想不告诉阿黛尔看什么电影，给她一个惊喜，但被阿黛尔发现了，老太太毫不掩饰失望，《音乐之声》1965年刚上映她就看过："美国人美化我们的历史，就像他们做凉拌卷心菜放糖一样，让我恶心。"

安娜把阿黛尔安顿在窄窄的座椅上，终于舒了一口气，被各种细节困扰的头脑才意识到最大的问题、唯一没想到的问题：这部歌舞片的背景是德奥合并。她备受煎熬，一直吃爆米花，阿黛尔进门时要了一大桶。老太太把爆米花桶放到她腿上："不累吧?"安娜心想：我讨厌在电影院讲话的人！不过她没说出来，忍住火气环顾放映厅，害怕不巧碰到养老院的人出来找乐子。她放下心来：座位几乎都空着，只有一对偷偷摸摸的情侣和一排叽叽喳喳的小女生。

她默默忍受没完没了的片头：蒂罗尔山景鸟瞰，大片的森林加钟楼，朱莉·安德鲁斯穿围裙，留圣女贞德式发型，发出的高音能刺穿耳膜。阿黛尔愉快地敲着扶手。安娜问自己这次能坚持多久，她从没能把这部电影看完，总在幕间休息前就睡着。她转身看后面，那对情侣搂搂抱抱，小女生们七嘴八舌，完全不管屏幕上那些衣着拘谨的奥地利修女。她又开始不停地吃爆米花，帮自己忍过去。她已经知道故事：疯疯癫癫的实习修女玛丽亚被修道院派去给冯·特拉普上尉当家庭教师，管七个调皮捣蛋的孩子。安娜感觉手被握住，会心一笑，阿黛尔应该会是个很好的妈妈，生一群小数学家；而安娜不打算要孩子，尤其不要生女儿，除非造化弄人。她能教女儿什么？安娜没见过外婆，但光传说就已足够：这位斯图加特的中上层女子从没在中午之前起床过，但不用起来也能威震全家。安娜想象她的祖祖辈辈就像俄罗斯套娃，家族中的女人们一代代把神经质传下来，旧石器时代应该就有一个浑身长毛的蕾切尔指责满身跳蚤的丈夫打来的猎物不够。

克里斯托弗·普卢默饰演冯·特拉普上尉，就算上着厚厚的妆还是很帅。老派影星中，安娜更喜欢有点儿痞气的乔治·桑德斯。银幕上一段精巧的双人舞让她想起儿时的舞蹈课，不由自主地挺起胸。她不是跳芭蕾舞的料，老师弗朗索瓦丝夫人都表示这样僵硬的学生再折磨也没用，但蕾切尔依然坚持，安娜练了多年，最终软磨硬泡才让妈妈同意换成游泳，在水里，没人在你头上放字典。

不知疲倦的玛丽亚小姐蹦蹦跳跳地跑过萨尔茨堡亮闪闪的大街小巷，教孩子们唱"哆来咪发嗦啦西哆"。安娜不得不承认，虽然歌词很做作，但旋律很动人。为了打发无聊，她开始研究景别构成，竟觉得也有一种美，自己已经软化到这种地步了？哥德尔夫人旁若无人地哼唱，就算对选这片子很高兴也永远不会承认。安娜毫无怨言地忍了一个多小时的幸福艳彩，直到上尉深沉地唱起"雪绒花、雪绒花",傻乎乎的样子让她不禁发出一声嗤笑。阿黛尔都受不了:"真不怕腻味!还有这些发型也太难看了!那时候我们可不穿成这样!"

玛丽亚小姐和冯·特拉普先生在银幕上跳华尔兹,情意绵绵,你侬我侬,安娜昏睡过去。

当她一下惊醒时,冯·特拉普一家已在翻山越岭徒步去瑞士,她又错过了德奥合并那一段。阿黛尔边笑边看着她,伤痛的过去被表现成儿女情长,但似乎丝毫没影响她的心情。"有什么能比在电影院睡觉更棒?"安娜尽力回到现实,第二部分考验开始:把阿黛尔送回养老院。

她们走出电影院时,惊讶地发现天已经黑了。哥德尔夫人一定要看完片尾字幕,安娜不停地看表,希望杰克沉得住气,不要因为她们迟迟不出来就去叫人。女生们嚷嚷着散去,用嬉笑掩盖被陈年老歌感动的尴尬。那对情侣共抽一支烟,阿黛尔在安娜惶恐的目光中向他们要了一根,深吸一口说:"求你别告诉我爸妈。"

安娜尽力忍住也吸一口的冲动,看完电影来支烟是她最喜欢的事之一。哥德尔夫人盯着《闪灵》的海报出神,安娜心中一紧,这样的提心吊胆可不要再受第二遍。

"那是恐怖片。"

"木乃伊也有权害怕!如果库尔特愿意离开黑板两秒,我就能见见这个库布里克。"

安娜不再看表。

"那时他在写一个关于人工智能的剧本,还是时间旅行什么的,我记不清了。库尔特不给他回信,他住伦敦又不肯来!这两个人,我只能说无缘相见。"

"科幻电影片头字幕写库尔特·哥德尔!我有个朋友会特别喜欢,他很迷《2001 太空漫游》,但我从没能看完。"

阿黛尔用拐杖压灭烟头:"好多电影的片尾字幕你肯定都没看完。你说的是哪个朋友?"

34.

1947 年 12 月 5 日
请上天帮我！

"我在这里郑重宣誓：
完全放弃我对以前所属任何外国亲王、君主、
国家或主权之公民资格及忠诚，
我将支持及护卫美利坚合众国宪法和法律，
对抗国内和国外所有的敌人……请上天帮我。"
——美国入籍宣誓词节选

"他们怎么回事？我们要迟到了！"

"到特伦顿用不了半小时，你比博士答辩时还紧张。"

"今天很重要，不能留下坏印象。"

莫根施特恩开着浅黄色的车过来，按喇叭向我们示意，车在门口停下，阿尔伯特的一头乱发出现在车窗后。

"真优雅，阿黛尔！很看重你的新国家嘛。"

我原地转了一圈让他们欣赏：绒线大衣、麂皮手套、黑色小礼帽。

"您应该打条领带，爱因斯坦先生。"

"哥德尔，无论那个胡佛怎么想，我从 1940 年起就是美国公民，想穿什么就穿什么，我已经赢得这样的权利。我本想穿浴袍去，被奥斯卡一票否决了。"

库尔特想到那个情景，脸吓得惨白，以阿尔伯特不羁的性格，他真能做

得出来。莫根施特恩叫我们上车，高高瘦瘦的他穿着粗呢外衣，与爱因斯坦的邋遢一点儿也不协调。我们坐到后座，感觉像几个学生一起出去玩，只有库尔特一直身体紧绷。他请两个最好的朋友来为入籍做见证。我们千辛万苦来到美国七年后申请加入美国籍。我丈夫骨子里一直是个好学生，为这考试复习了好几个月，奥斯卡告诉他不用这样，但没用，他刻苦钻研美国的历史、宪法、政治，连最小的细节也不放过，每天晚饭时还要给我做小测验，不是怀疑我学不会，而是觉得我不想学。我甚至还要记住印第安部落的名字。多亏他这种苛求完美的精神，什么问题都不会难倒他。

"哥德尔，都学会了?"

爱因斯坦享受让这个晚辈焦虑，这么多年一直都喜欢故意刺激他。奥斯卡每次都要收拾烂摊子，所以力图让哥德尔保持在最佳状态。

"教授，您知道他很认真，估计能给宪法博士指点一二，但这不是这次面试的目的，这考试只是手续，不是研讨会，你也同意吧?"

"他们问什么，我就答什么。"

"对，只回答。"

"但如果被问到，我会说实话，爱因斯坦先生，我在宪法中找到一个漏洞!"

看那两人紧张到脖子都僵硬了，我笑了起来。

"不要，不要，不要，哥德尔!"

"我觉得很有关系!美国宪法限制程序但不限制实质，于是这些限制可被用来推翻宪法本身。"

阿尔伯特很恼火，转身向后座，冲我丈夫固执的脸一通说："我的天啊!这里没人要质疑你清晰的逻辑，但你要知道，在美国法官面前批评美国宪法，那他就没那么想让你成为美国人!"

"别激动，爱因斯坦先生，心脏重要。"

阿尔伯特敲仪表盘木板发泄怒火，控制自己不抽烟，因为有敏感的库尔特在。在常识这种公认的逻辑方面，库尔特是个糟糕的学生，而且拒不认错，无论说的是什么。我认了，要融入一群羊就得做只羊，哪怕几分钟。他就不肯一声不吭地认输，让自己的智慧服从法律，虽然他的智慧也用不到为大家服务上。与阿尔伯特不同的是，他的反抗只停留于理论。

"您说的可能有道理，就形式而言。"

"圆滑一点儿！对你就这点儿要求。行行好，摇上窗户吧。"

"这考试很简单，哥德尔，就问问美国国旗有哪些颜色之类的小细节。"

"你们问他点儿难的！我丈夫胜券在握时就喜欢玩。"

库尔特把窗户摇上去，缩回后座："我等着呢。"

"美国独立日是哪一天？"

"再难点儿，我又不是幼儿园小孩。"

"我知道，7月4日，庆祝美国摆脱英国的压迫。"

"阿黛尔得一分。美国第一任总统是谁？"

库尔特把所有总统按时间顺序挨个说了一遍，从乔治·华盛顿到哈里·杜鲁门，包括每人的上任时间和任期。爱因斯坦打断了他，不然他就要开始讲生平了。

"下一任总统会是谁？"

我丈夫没答，以为遗漏了什么。我回答："约翰·韦恩！"我很高兴能活跃下气氛。

"演员当总统？很敢想啊，阿黛尔！"

"你们看过《菲律宾浴血战》吗？我太喜欢那部电影。"

"认真点儿，您还是问问我夫人美国政府的构成吧，她对立法机构了解不足，说到这个……"

"没关系，哥德尔。美国建国时的十三州是哪些，阿黛尔？"

我大声把之前背的都说了出来，只稍稍犹豫了一下，库尔特好像赢了似的，马上说我基础不牢。这些我只能记住几星期，我不喜欢脑子塞满没用的东西，哪像库尔特，还在襁褓中就如饥似渴地学。阿尔伯特为我解围："阿黛尔，朝圣者为什么逃离欧洲？"

"因为税太重？"

"很可能，不过英国菜就足够让我逃跑。"

"他们是为宗教信仰，您真是什么都不当回事！"

"别这么清教徒，你还不是美国公民呢。"

阿尔伯特问库尔特《独立宣言》的主要内容，他肯定知道，词句早就烂熟于心，还向我解释其美妙。轮到我，阿尔伯特问美国宪法保障哪些基本权利，我知道：言论自由、宗教自由、和平集会的自由。维也纳的黑暗岁月早已让我们忘了这些，到美国后我也从没行使过这些权利，更没行使过最奇特的：持有武器的权利。

"参议员可以当选多少次？"

"只要没变成僵尸，多少次都可以？"

"对，注意措辞，阿黛尔。"

"最后再问一个问题，白宫的地址是什么？"

"华盛顿哥伦比亚特区宾夕法尼亚大道 1600 号。"

"你真是行走的灾难，哥德尔，下次我要送你一个口罩！"

"我知道的不多。"

"没事，今晚你就是美国人了。"

"美国人"，谁能想到有一天我会放弃国籍、语言、回忆，求着官员让我加入另一个国家。我看着普林斯顿干净整洁的街道一闪而过，想起之前七个月在垂死的欧洲走过的那些路。

我四方奔走，为看看我的家人，也为让库尔特的家人安心，并力所能及地接济他们一点儿。我去敲丽艾莎父母家的门，他父亲没认出我，说没生过女儿，不过在我给他几美元后就想起来了。丽艾莎跟着纳粹军队逃离维也纳，和一个德国军官在一起。他那女儿应该死在了某条沟里。我打车去普克斯多夫，不抱什么期望。疗养院没拆，战争带来新一批精神病人。活下来的工作人员只知道安娜去乡下找儿子，之后再也没她的消息，也不知道她住哪儿。我问了红十字会和美国使馆，一无所获，管理一团乱，千万人都在为死去的亲人哭泣，谁会管一个小舞女和一个红发护士流落何方？我在圣伯多禄教堂为她们点了两支蜡烛。对面，"夜蛾"没关门，现在接待百无聊赖的美国大兵，会有别的舞女在他们身上试试运气。丽艾莎选错了人，而安娜从来就没东西可当赌注。

我要把维也纳的房子卖掉，还要为战时征用的布尔诺别墅申请补偿，又是一堆让人头疼的手续。隐忍焦虑那么多年，行动让我感觉活了过来，只是祖国同胞的困境对我而言是一种时时刻刻的苦痛。维也纳被炸成一片废墟，就连历史悠久的城中心也没逃过，歌剧院被烧了。之后不久，没有管束也没有水、电、煤气的垂死之城经历了一波又一波劫难。

爱因斯坦说得对，昨日的世界[1]，我怀念的那个世界，已不复存在，现在美国才是家，但那个春天我离开普林斯顿时却再也不想回去，"我死之后，哪怕洪水滔天"[2]。我受够了库尔特让人难以忍受的规矩，再也不想拖着垫子在深渊里等他坠落，孤独和流亡令我筋疲力尽，我想回家。

觉得自由比真的自由更重要——不要给人选择，但要让人觉得能选择，这必要也足够。很少有人受得了纯粹的自由带来的眩晕，丈夫放我走反而保证了我一定会回来。去程中，在轮船的甲板上，我终于变回自己，远离清规戒律一大堆的家，自由自在的头几天过得就像重返青春，小小一个人在汪洋大海上，我感觉很幸福。

很快我就开始想念库尔特。如果他在，肯定冷得叫唤，我就得去把船上所有不用的被子都找来。他肯定讨厌船上的菜，还会躲着其他乘客，嫌他们话多，我却会觉得他们的平庸让人放松。之后，失眠如期而至。"这个点他应该到家了，吃了吗？"还没到不来梅，我已不属于自己。

车停在美国新泽西州议会大厦前，这栋石砌大楼很有"老欧洲"的感觉，如果不是心提到嗓子眼，我一定会因这悖论笑出来，但库尔特把焦虑传给了

---

① 《昨日的世界》是斯蒂芬·茨威格最后一部作品，具有自传性质。

② "Après nous, le déluge"，是法国国王路易十五的一句名言，意为他不关心自己死后的事情发展。

——译者注

我。我们上到庭审层，已有十多个人在大厅等候，每个人要单独面试。法官过来向阿尔伯特问好，不理会轮到的那个。

"爱因斯坦教授！有何荣幸让您大驾光临？"

"福曼法官！真巧！我陪朋友来面试，这是阿黛尔·哥德尔和库尔特·哥德尔。"

法官几乎没正眼看我们。

"您最近怎么样？许久未见了。"

"现如今时间过得相对快。"

"我们从谁开始？"

我后退一步，没想到能这样旁若无人地插队。

"妇女和儿童优先！我的案子当初就是菲利普·福曼审的，有他在，你放心，阿黛尔。"

我跟着法官进了办公室，尿急难忍。他既不管我颤抖，也不在意我依旧很浓重的口音，几分钟就让我过了，他一定急着想和爱因斯坦先生说话。他问了我一些很简单的问题，也不在乎我怎么回答。我挥着表格回到那几个人身边。法官不顾规矩，请阿尔伯特、奥斯卡陪库尔特一起进去。他一定很无聊，能和爱因斯坦聊上几分钟成了他一天的亮点。

几个人去了很久，我把那张纸揉皱了又抚平，害怕库尔特非要逻辑精确，不顾礼仪。在我周围，来参加面试的人小声用各种语言交谈，我能听出一点儿意大利语、波兰语，还有一种好像是西班牙语。我朝即将成为我的新同胞的人们笑笑。他们逃离了什么？放弃了什么？打扮得光鲜亮丽来这走廊里吹呼呼的穿堂风？

办公室的门终于打开，前三个男人兴高采烈，第四个一副终于放心的样子。我还没问他们怎么这么开心，爱因斯坦先生就拽着我的胳膊往外走："离开这法律的殿堂，去美食的殿堂吧！饿死我了！"

我们正准备坐电梯下去，一个人过来向爱因斯坦要签名。和阿尔伯特一起很少不遇到这种事，他和气地签了名，但也告诉那人恕不能久留。

"被这么多人追着一定很恐怖。"

"人吃人的遗迹，亲爱的奥斯卡，以前垂涎你的血，现在要你的墨。趁他们还没扒掉我的衬衫，我们赶紧逃吧！"

电梯里没外人，我用戴着手套的手为爱因斯坦整了下头发："一直都想整整。"

"阿黛尔·哥德尔，我可以要求以有伤风化罪逮捕你。"

"那我就入籍后第一次违法！"

在回去的路上，气氛比来时轻松，就连库尔特也高兴地笑着。

"那个办公室里到底发生了什么？"

"如我们所料，你丈夫口无遮拦。"

法官先问他原来是哪国人，库尔特怕是陷阱，挤出"奥地利"几个字，但慎重的语调就像在问："说对了吗？"法官又问他奥地利政府什么样，库尔特就把自己的真实想法毫不隐瞒地告诉他：我们的共和国由于宪法有缺陷而变成一个独裁国家。温厚的福曼感叹："太可怕了，这在我们国家永远不会发生。"我那天真的丈夫毫无恶意地反驳："会！我能证明！"他对证明真是有无限的爱，不过得为法官说句话，他无意间问了所有可问的问题中最冒险的那个。库尔特只会坦诚回答，爱因斯坦和莫根施特恩都吓坏了，但福曼很聪明地没有和他争论。爱因斯坦和莫根施特恩以名誉担保哥德尔是对美国有很大价值的人，是守法的好公民。我们在之后的路上一直笑着寻找，除了错误的数学设定，库尔特一辈子至少要逾越一次的还有什么。

到了默瑟街路口，莫根施特恩问爱因斯坦是送他回家还是送他去研究院，阿尔伯特低声说无所谓。我有点儿担心，他少有地闷闷不乐，面带倦容，一路上也几乎没有逗库尔特。

"您感觉还好吧，教授？"

"也许是聊了太多政治。"

"应该是吧，亲爱的奥斯卡，物理反而不够。当一个和平主义者是一场艰难的战役，属于我而不属于你，过去的悲惨教训必须时刻牢记。"

"我更愿意保障未来。"

"我经历了两次世界大战，已无力担心再来一次，不知道第三次世界大战会是什么样，但肯定剩不下多少人去看第四次。"

他下车，敲敲后车窗："倒数第二次考验通过，祝贺你。"

"还有一次？"

"最后那次是进坟墓。"

他走进那栋白色的小房子，都没和我们告别。

"他这话什么意思？"

"开玩笑而已，库尔特！"

"我从没见过他这么郁闷。"

"他为委员会①花了不少精力。我尊重他的和平主义，但潘多拉的盒子已经打开，苏联人可不会有这么多顾虑，拥有更强大的核力量有利于美国。"

"奥斯卡！战争结束了，别再活在恐怖之中。"

"要居安思危。"

"你太悲观。"

"我只是现实，你应该逻辑地分析历史形势的变化，各方力量的制衡已改变。"

"我认为大搞军备、挑衅俄国不好。"

"苏联，哥德尔，是苏联！趁清静好好搞研究，这一切你不用关心，与你几乎不会有关系。"

---

① 1946 年，阿尔伯特·爱因斯坦出任原子能科学家紧急委员会（the Emergency Committee of Atomic Scientists，简称 ECAS）主席，设立这个委员会的目的是让公众意识到核武器的危险。委员会公开反对研发氢弹，八名成员直接或间接参与了第一枚原子弹的设计（"曼哈顿计划"）。

35.

优雅与信仰

"我的天！你从哪儿找来这破衣服？"安娜转了一圈让阿黛尔看。她前一天晚上和阿黛尔去完电影院回来，穿着衣服倒头就睡，醒来腰酸背痛，但很开心又体会到这种身体的劳累，甚至决定下午出去慢跑一会儿。泡个滚烫的热水澡、喝了一杯浓咖啡、冲了两片止痛泡腾片之后，她套上有普林斯顿标志的旧卫衣，上面印的老虎已开始褪色。她搞不清这是谁留在衣橱里的，肯定不是威廉，他在安娜离开后仔细把她的东西打包了三个箱子，送到她父亲那里。

"我还是喜欢你平时那些旧衣服，朴素不代表可以邋遢，你母亲就算不爱打扮也应该教过你。"

安娜摆弄着臃肿卫衣的袖子，之前没和阿黛尔老实交代。

"我母亲总穿得很精致，我没遗传到她的优雅，她经常因为这个说我。"

哥德尔夫人没怪她自相矛盾，也许经过偷溜出去，她愿意不追究安娜之前的小谎言。

"我知道这种女人，她们绝不随便穿穿。"

蕾切尔心中也没有温柔的位置。阿黛尔够敏锐，一听就懂，不用安娜把陈年旧事都翻出来。她开始欣赏老太太的理解但不苟同。

"我也从没高雅过，装不出中产阶级那一套，刀叉怎么用，聊什么话题，这些我都不在乎……"

"您在照片上还挺靓丽。"

"那是老照片迷惑了你，我们那时不富裕，衣服都用零头布料做，扣子也得拆下来重复利用，但一顶漂亮的小礼帽就能增色不少。可惜啊！现在的女人都不戴帽子。"

"优雅无关金钱。"

"但出于自信，而自信来自教育，我受的教育不够让我参加普林斯顿下午茶。"

"外表不是科学界考虑的首要因素。"

"确实，邋遢的大有人在！阿尔伯特的衣服总像穿着睡了一觉似的，但我的库尔特可不是，我要花好几个小时给他熨衬衣，有我管着，他就算在最惨时衣着也无懈可击。'优雅'对他是个很重要的词，在很多方面都是。"

"我参加过一个关于'数学优雅'的研讨会。"

"你真是永远不忘正事！"

阿黛尔挠挠后脑勺，安娜还以为她会摆摆手表示不感兴趣，没想到老太太接起了话头。

"数学优雅，这概念我们这些可怜的凡夫俗子理解不了。"

"我觉得好像和简洁明了有关，奥卡姆剃刀法则[①]，最简单的解释最好。"

"不光是简单，否则就是不尊重世界的复杂。我丈夫感受、寻找一种我无法感知的美，花大力气构建严谨到不可理喻的证明。朋友们有时笑他，同事们劝他。他每次发文章都要拖稿，给注释加注释，害怕别人看不懂或把他当疯子，最后还真成了疯子！"

"那为什么不把他的稿子给我？我们会尊重他的成果。现在您也信任我，知道我不是要耍您。"

"我想想。"

安娜朝她笑笑，现在已经知道怎么和老太太相处。

"有点儿风度，阿黛尔！"

"我对风度有另一种见解。"

"照奥卡姆说，您已经没有那些文件，因为都销毁了。"

---

① 据说由 14 世纪的修士兼哲学家奥卡姆的威廉提出，内容是："最简单的理论是最可能为真的理论。"——译者注

"错！^①就是不想给你。"

老太太伸了个懒腰，把指节弄得咔咔响，让安娜很烦躁，但她没放弃，这样的机会可能不会再出现。

"您就不想给公众留点儿念想？"

哥德尔夫人眼睛一眨不眨地看着安娜，她无须坦白，不必把婆家的刻毒留给后世当谈资，她已经赢得了怨恨的权利。

"我丈夫精神失常尽人皆知，我不怕死后被人指指点点，别烦我了！"

"那个著名的'本体论证明^②'呢？据我调查，这个证明在普林斯顿流传过但没发表，到底怎么回事？"

"哎！还是问到这个！库尔特·哥德尔是否证明了上帝的存在？我还在想过多少天你会问。我快不行了，你就按捺不住了吧。"

"您信教吗？"

"我信神，你呢？"

安娜脑海中浮现莱奥纳德·科恩的那句歌词："好吧，你的信仰很坚定，但你需要证据。^③"她不知如何回答：父母是博学的无神论者，青春时代信奉物质至上；祖母不在意教规但很尊重习俗。安娜喜欢那些庄重又愉快的时刻，尤其是"住棚节"，祖母会在客厅正中用丝巾和床单搭一个五颜六色的苏克棚，让安娜随意装饰，她就在阁楼满满当当的箱子里翻来翻去，很少思考上帝和这一切有没有关系。安娜天真地问起人死后去哪里，蕾切尔就冷冷地说："死后所有原子回归世界的大循环。"安娜追问：反正都是再生，自己为什么要以一棵树或一个落地灯的形式再生，不能以原来的样子再生？蕾切尔赶紧把这傻傻的单纯问题踢给丈夫，而他避重就轻："我不知道，安娜，你觉得呢？"她什么都不觉得，仰视世界，一切已足够晦暗，不劳父母再加一层不确定。她在成长中一直不想这个问题，成人之后自然会相信点儿什么，反正不是所有

---

① 德文：Falsch！——译者注

② "本体论证明"以逻辑定义上帝并推导出上帝必然存在。——译者注

③ Well, your faith was strong but you needed proof. ——译者注

问题都有答案。

"我还在问自己。"

"逻辑证明并不能解除你的怀疑。"

"但我还是好奇。"

"这就是我不愿公开这些文件的原因之一，库尔特·哥德尔的成果不应被当成奇珍异宝，他自己一辈子都被看作奇人、怪人。"

"我万万不想对他不敬，会有很多人对这篇文章感兴趣。哲学家们，包括您丈夫热诚崇拜的莱布尼茨，为证明上帝存在做了许许多多的工作，这是其中杰出的一项。"

阿黛尔从床头柜上拿过《圣经》，微笑着抚摸已经斑驳的封面。安娜想起林登道别墅花园深处的圣母像，对老太太的信仰毫无怀疑。

"我认识那么多20世纪的大智者，有些一直在追寻答案。科学无法解答信仰问题，接近奥义的人在上帝这个概念面前很谦逊。爱因斯坦晚年也信教，而且不需要逻辑证明也能从中找到安慰。"

"所以在您眼中，您丈夫的证明就是兜圈子的文字游戏。"

"既是逻辑游戏，也有关信仰。"

"您之前说看不懂。"

"库尔特害怕这个证明变成伪圣物，我尊重他的意愿。"

"他没销毁，但要求保密了吗？"

"他那状况做不了这样的决定。"

"所以您就帮他决定？我很惊讶。"

"还有谁更合适？我和他过了一辈子。"

"坦率说，这个证明是不是有悖您自己的信念？"

阿黛尔一甩手把《圣经》扔回床头柜上。

"得是上帝才能说上帝。"

"那这本《圣经》有什么用？"

"星期天早上拿出来翻翻。"

"您怨恨知识还是上帝?"

"都一样，同一个东西。"

"我倒想让人证明给我看。"

"你还是听听《雪绒花》吧，把这些问题留给快死的人。"

"您也想兜圈子绕过去。"

阿黛尔用手在安娜气恼的双眼前转起华尔兹。

"没学跳舞，活过又有什么意义? 我们还是聊衣服吧!"

一阵潮湿的狂风吹得百叶窗乱晃，安娜起身关上窗，估计要下雨，而且偏头痛又要发作，还是等到春天再锻炼吧。

"您有阿司匹林吗?"

"你在一家医院，最不缺的就是怀疑和药物。"

36.

1949
小胜女神

> "先做个苹果卷，再坐下来想问题。"
> ——奥地利谚语

我好喜欢这个房子！我们终于在林登道安顿下来，这是好不容易才取得的胜利，我一个人作战，库尔特不想过问，什么都不能打扰他的清静。

一次乏味地散完步回来后，我偶然走上林登道——Linden Lane，"椴树之路"，我喜欢这个名字——见这栋小房子前插着"出售"的牌子，房子白色而现代，与普林斯顿漂亮的新维多利亚式建筑比起来几乎可以说是朴素，虽不起眼，但配上深色屋顶、铁艺装饰也颇惹人喜爱。我端详许久小花园，然后念念不忘地离开。

第二天，一股无法抑制的力量把我带回林登道 129 号，这就是我的家。

我打电话问房产经纪，一万两千五百美元，不包括佣金，实在不是我们能负担的。我把库尔特拖去看房，等销售人员终于不再紧跟我们，我就把所有好处一一向他夸耀：空调很新，窗户很多，有小花园供他放松，单独的一间房可改成办公室，另外街区很安静，位于普林斯顿地势较高的地方，夏天更凉爽。在回去的路上，库尔特一直沉思，说："客厅很大，够五十个人聚会。"

谨慎起见，我决定放一放再说，结果他一点儿反应都没有，我害怕好东西从指缝中溜走，决定好好唠叨一番，打扰他工作是唯一能逼他表态的方法。他的朋友奥斯卡劝他不要买，按奥斯卡假高雅的看法，这房子贵了，离研究院太远，周围环境也不怎么样，他对我的主意总是很怀疑。我悄悄打电话给姬蒂·奥本海默，跟她说中产阶级的安逸有利于脆弱天才的稳定，她向院长老公说了几句，高等研究院会为贷款担保。库尔特夹在中间，最终选择家和万事兴。他让步了，但想到要背这么多债就很焦虑。什么不让他焦虑？还好我主场作战，赢了。

我是不是像莫根施特恩指责的那样妨碍了他搞研究？当然！他没少给他母亲写信，她肯定气得连苹果卷都要吐出来。这房子是我给他当护士的报酬，尽管晚了二十年。

我擦擦手，脱下围裙去开门：

"欢迎来到哥德尔宫！①"

门口，我的好朋友莉莉挥舞着两瓶香槟；旁边，阿尔伯特努力捧着一个巨大的包裹："亲爱的阿黛尔，在这值得纪念的一天聊表心意。你终于不再换地址了。"

"我们在古董商那里花了至少一小时，售货员一直不敢相信爱因斯坦居然会去他那里买东西。"

"哥德尔呢？"

"马上就来，爱因斯坦先生，他在工作。"

"他怎么样？我们最近很少见面，我老是出远门。"

丈夫出现在我身后，工整得就像刚从模子里倒出来，双排扣西装一丝不苟，领带打得精确到毫米。

"我身体很好，1949 年对我们还不错，看我夫人多漂亮！"

"你说这条裙子？旧衣服了，现在我们更得勒紧裤腰带。"

我对丈夫撒了个小谎，这条白底蓝花的裙子是我新买的，庆祝我的胜利。1949 年，我 49 岁，买件 4.99 美元的衣服不为过吧！要不是怕库尔特责备，我就告诉他，他一定喜欢这数字巧合。反正他分不出衣服新旧。

---

① 德文：Willkommen auf Schloss Gödel! ——译者注

我请朋友们随便坐，然后打开包裹，里面是一个非常漂亮的中国风花瓶。

"阿黛尔，从此你可以专心装点家居，做些名媛贵妇最喜欢做的事。"

库尔特陪阿尔伯特去了花园，留下我和莉莉聊些女人的话题。没能领阿尔伯特看看我们的新房，我有些失望，只好拽着莉莉的胳膊拖她四处看，在其他宾客到来前给她介绍。其实要来的只有莫根施特恩夫妇和奥本海默夫妇，库尔特不想请更多人。

莉莉说："差点儿忘了！我丈夫很抱歉不能来，他母亲身体不适，他今天还是想陪陪她。"

"你运气真好，有安托瓦妮特这样的婆婆，我婆婆是个泼妇。"

"我可结了两次婚才找到好婆婆！"莉莉接着又问："和奥斯卡的关系好点儿了吗？"话题换得太生硬，难免让我察觉出一丝局促。我说："凑合呗。"

"他对库尔特很好，这你得承认，有他照应，凡事都容易点儿。"

我点了支烟。

"还抽烟？你丈夫讨厌烟味。"

"能烦烦莫根施特恩先生就好！喝一杯吗？"

"不等我就自己喝上了。"

她友好地拍我一下表示不满。有莉莉这样一个朋友真好，同样流落异乡的好姐妹、给你打气的伙伴，毫无居高临下的感觉。她比我聪明、有文化、有钱、会交际，这些都是普林斯顿的夫人们必须具备的基本素质。不过，她有这个小圈子中不多见的品质：满不在乎。我的莉莉不是个美女，大鼻子、厚嘴唇，但目光真诚又无限温柔，是充满怜悯的庇护所，收容疲累的灵魂。择友谨慎的阿尔伯特很喜欢她。

我挥舞双臂，好像狂热的推销员，向她介绍客厅。我们不需要买新家具，原有的就已太多。库尔特抱怨没门厅，不像欧洲，美式布局不顾私密，我倒是偏向美式实用，门厅浪费地方。我们有两个房间，足够私下争个痛快。我有一堆打算：把大屋最里面改成饭厅，在厨房后布置单独的办公室，这样就不会再听到他抱怨我动静太大。莉莉听我叽里呱啦地说，脸上一直挂着灿烂的笑容。

"真为你高兴，阿黛尔！终于可以请人来家里做客了，你老是一个人。"

"你也知道库尔特是什么样的人，他不喜欢社交。"

"那也得承认无人来往和门庭若市间有好多不同层次。"

"他到了这岁数，我改变不了他。我们本可以期望更多，像奥本海默家那样，那人可会经营。"

"名气不是全部，金钱更不是。"

"你说的都对！"

莉莉微微皱了下眉，几乎察觉不到。我很难掩饰"名媛贵妇"外表下从未消失的那个维也纳女工，就算从没在工厂干过，可在夜场流水作业表演也是一回事。我很羡慕奥本海默两口子，他们和两个年幼的孩子住一栋十八间房的大宅，就在奥登道，研究院门口。他还享受许多津贴，姬蒂吃穿不愁，靠侍弄花草和金汤力打发无聊。她放弃了学业，在豪宅里扮演女主人。我从库尔特的秘书那里听到许多关于她的流言，"奥本"是她第四任丈夫，之前的丈夫有音乐家、政客、放射科医生，据说那个政客战死在西班牙。我真好奇，罗伯特战时还为美国政府工作过，怎么忍得了。

"来看看厨房，以我的口味来说太现代，不过我有打算，想改造成传统农家厨房，那样感觉更热乎，放些柴火，就像在乡下一样。"

我忍不住要说奥本海默一家的闲话，但也很喜欢有他们相伴。1947年，罗伯特退出曼哈顿计划不久就当上高等研究院的头儿，他在政界、军方有许多熟人，又在洛斯阿拉莫斯干过，所以才四十多岁就很有影响力。他冷若冰霜的高傲外表下有一种危险的魅力，"原子弹发明者"的身份是一个重要的原因。他和我丈夫一样，身材瘦削，面容清癯，像一个朴实的牧人，目光却炯炯有神，浅蓝色的眼睛似乎能看穿你的灵魂甚至身体。身边人都说他是工作狂，废寝忘食，他妻子要逼着他吃饭，这是我们之间仅有的微小共同点，和库尔特不一样，他可以很享受美食。每次我见到他，他嘴角都叼着烟，一根接一根地抽，好像表示内心也永远在燃烧。库尔特沉默寡言，不善交际，罗伯特则有领袖风范，大权在握，善于表达，不管什么话题都游刃有余，哪怕远离他的专业领域——核物理。他的雄心壮志是把高等研究院改造成跨学科的优秀团队，他毫不犹豫地全方位招募数理之外的人才，但研究院与他之前领导的洛斯阿拉莫斯实验室不同，纯粹搞数理的人，比如我丈夫或爱因斯坦，都喜欢独自奋进，而且朝着不同的方向。

"我在花园里种了些山茶花，还打算建一个喷泉，搭一个藤架也不错吧？到时请你来喝茶，就像真正的贵妇一样！说到贵妇，要不要来杯鸡尾酒？"

"你悠着点儿，少喝几口马提尼。"

莉莉说得对，我喝得有点儿多。我对请人来家里做客有些胆怯，知道与莉莉、姬蒂、多萝西等出身知识界的女子相比，我的品位太土，但这就是我，笨拙地模仿中产家庭的装潢有什么意义？这个房子在他们看来可能很奇怪，甚至寒酸，但这是我的家，屋随其主，我不会为此道歉，哪怕要喝几杯给自己打气。我不顾她的劝阻，又加了许多酒，和她一起边喝边看那两个男人在花园深处走来走去。

"阿尔伯特身体怎么样？我觉得他手术后总显得很累，老是劳累过度。"

"他用幽默掩饰疲劳，前几天在一张照片上写给我：'你不想和我过夜，多么遗憾！'"

"你都已经给他当司机了，千万别被他的老派魅力迷惑！"

"阿尔伯特对我来说就像父亲一样。"

我向她吐舌头，模仿爱因斯坦传遍世界的那张照片[①]。这位让人尊敬的长者有时也会调皮。阿尔伯特蔑视婚姻之类的虚伪习俗，认为和人性不相容。我也同意，但我们都没按这想法行事，都结了婚，不过他知道怎样既享受男人的自由，又保有家庭的舒适，有些原则只是相对成立的。

---

① 1948年12月，爱因斯坦接受腹主动脉瘤手术，那张著名的吐舌头照片就是从医院回来后拍的，他在照片上面给主刀医生题词："我的肚子交给尼森，我的舌头交给世界。"（译者注：原书如此，疑有误，该照片拍摄于1951年爱因斯坦72岁生日聚会。）

"牛排好了。"

"阿黛尔！你怎么不做维也纳菜？"

"我现在是美国人，爱因斯坦先生，有一个美式的家，就要做美国菜。"

"我们都是美国人，别那么较真，如果你真那么爱国，那在美国烤肉可是男人的活儿。"

这个阳光灿烂的九月初是一段神奇的时光，库尔特身体不错，我有家，有朋友，血液中还有足够多的酒精让我相信生活会一直这样。我不是一人独饮，一般冯·诺伊曼喝得最多，如果他不在，奥本海默夫妇也胜我一筹。搬进新家后，我从早干到晚，却惊奇地发现自己居然哼着歌，我丈夫还神奇地对我表露出些许爱意。

我温柔地看身边的人们：库尔特切着牛排，他懂拓扑，但挪来挪去也挪不成更小一块啊；莉莉和阿尔伯特笑着讲什么趣事；罗伯特一手吃饭一手抽烟；姬蒂在发梦；莫根施特恩两口子像新婚小夫妻一样眉目传情。我几乎从没这种待遇，忍不住要刺刺他们。

"还是觉得我们买得不好，奥斯卡？"

"我说得很诚恳，这个区并不是最方便的。"

"库尔特就多走二十分钟路呗，经纪人和我们说这房子会升值。"

"他当然这么说。"

我丈夫扔下盘子里的一块块肉。

"希望这房子不会是太重的负担，我不喜欢被贷款这么捆着。"

"为什么？你打算回欧洲？你连亲爱的妈妈都不想去看！估计宁愿在学生公寓一直住到退休！"

他皱着脸揉肚子，每次不想再听别人说都这样。桌下，莉莉一手放我膝盖上想劝架，被我推开，库尔特又不是纸糊的。阿尔伯特问我丈夫身体怎么样，假装我没咄咄逼人，不过我可不想就此罢休。

"您让他烦恼，爱因斯坦先生，他为您准备生日礼物准备了好几个月。"

"那幅版画？我不明白。"

"我说的是他那篇关于相对论的文章①，连觉都不睡，可怜虫。"

"你丈夫并不是史上最可怜的，编辑都要崩溃了，最后一分钟才收到稿子……而且，要是允许他站在印刷机后调整校样，他真会去！"

"您没看见他一字一句地分析购房合同！"

库尔特说："如果你们看见我难受，我可以去睡午觉。"

"别生气，朋友。确实，你的文章没得到应有的反响，但不是因为写得不好，今天还有谁对相对论感兴趣？"

我终于知道他为什么又开始失眠，又是下了那么多功夫却白忙一场。属于他的时刻永远都不会到来？这就像一个诅咒，永远领先或永远踏偏。

我也尝到了失望的滋味，本来为阿尔伯特七十岁生日织了件毛背心，却从莉莉那里得知这位天才对羊毛过敏，只好把用不上的毛背心捐了。我和库尔特都有些失望，阿尔伯特对版画和库尔特的文章只是礼貌地称赞几声。比收到不喜欢的礼物更让人难过的，可能也只有送出去的礼物人家不喜欢吧？莉莉就送对了，在军品店买的一件毛衣和一件肥肥大大的瑞士产全棉套头衫，阿尔伯特穿上就再也没脱下，他可是个和平主义者，多么讽刺！

"这生日礼物到底是什么内容？"

奥斯卡拍拍年轻妻子的手："解释起来太复杂，多萝西。阿黛尔其实也不知道多少。"

"我清楚得很！他没什么事能出乎我意料。可以时间旅行？有什么大不了？爱因斯坦自己都说过，数学什么都能证明。"

"阿黛尔，你怕是过头了，喝多了吧？"

莉莉打断奥斯卡酸不溜秋的话："当真？完全是科幻啊！"

我那窝囊丈夫觉得气氛不对，缩了回去。

"哥德尔可不会招摇撞骗！谁不知道！"

"给我们上一课吧，爱因斯坦先生！我还能和孩子说我曾师从爱因斯坦。"

---

① 1949年，哥德尔为阿尔伯特·爱因斯坦70周年诞辰纪念文集提供了一篇文章：《相对论与唯心哲学关系评注》。

多萝西鼓掌欢迎，她知道怎么让男人说话，这事我多二十年经验，而她少二十年赘肉，阿尔伯特也拜倒于她的魅力。

"和我的孩子们说师从爱因斯坦吧！他们可深受其害，还没恢复过来。"

"这杯敬时间的主人！"

"说起这个，我还是更需要烟斗。"

阿尔伯特开始简要解释广义相对论方程，他的后生晚辈轻轻咳嗽了几下。用词我并不陌生，总听他们聊，我对物理多少也有些概念，但没用，我想象不出他说的四维果冻[1]，三维空间加一维时间，也许我就是明白不了。根据我的理解，原料就那么些，但可以有好几种搭配，他的方程允许有不同的解，每个都能构建一个可能的宇宙。我很难想象其他世界的存在，但也不是完全想象不到，我用同样的原料有时能做出非常不一样的菜，哪怕是美味佳肴也可能难以下咽。

我丈夫用数学方法提出可能存在杂乱几何的宇宙。在这些宇宙中，时空轨迹是闭合的环，首尾相连，他曾把我的卷尺折起来解释。换句话说，你可以用一张去向未来某个地方的票到达过去的车站。库尔特认为，在这些宇宙中，飞船沿足够长的曲线航行就能到达时间的任何区域并回来，就像我们在这个宇宙的空间中移动一样。

阿尔伯特不喜欢这种炫技的游戏，总说自己数学从来不好，还说自己小时候特别讨厌上数学课，老师们在这个糊涂孩子身上没发现任何特别的天赋[2]。他在我丈夫的研究面前表现出一种刻意讨好的谦虚，好像差生对好学生一样，以免惹他不快。库尔特推到极致，引出的时间观与阿尔伯特的哲学思想相悖。阿尔伯特不愿在众人面前评说他们友谊中的这个裂隙，捻着耳鬓的一绺头发，想找个台阶下。

"我们的朋友玩数学就像小孩子玩玩具一样，举重若轻。"

---

[1] 爱因斯坦把时空想象成果冻状的物质。——译者注

[2] 多年以后，爱因斯坦曾经的老师闵可夫斯基帮助细化了狭义相对论的数学基础。爱因斯坦在 1916 年承认，多亏老师对狭义相对论更"精巧"的形式化，他建立广义相对论"变得容易得多"，但这是另一个极为复杂的故事，有关谁建立或共同建立了相对论……

　　库尔特推开盘子，把餐巾折成方块，他讨厌这样的戏谑，认为这太不尊重他对精确的坚持。奥斯卡奉承他："都等着你讲讲呢，库尔特，都是朋友，别介意我们的不专业，我们真的很想听。"

　　"我不明白为什么要讲，在座一半人连术语都听不懂。您也知道，爱因斯坦先生，这不只是理论游戏，我认为一定会有发现从实际上佐证这个宇宙模型，我还精确计算了位移所需速度。"

　　"想好带什么三明治上路了吗？"

　　大家对我的话毫无反应。罗伯特掐灭烟头，目光炯炯地盯着我丈夫说："我一刻都不怀疑你对完美的追求，但在目前的技术水平下，无论你还是我都无法证实这种可能。"

　　"我打算通过天文现象来证明我的理论，第一个线索就是所有星系都有旋转进动。"

　　罗伯特把酒干了，又点了一支烟。他喜欢作结，喜欢别人都听他说。"就到这里吧，姬蒂哈欠打得下巴都要掉了，你再讲你的'旋转宇宙'，她就彻底撑不住了。"

　　"昨晚没睡好，托尼做噩梦了。你也有体会吧，莉莉？"

　　"这个年龄的小孩就是易惊恐，汉娜五岁时会把我叫醒，看我是不是还活着。"

　　我实在不想听这样的对话，能说的更少："我去倒点儿咖啡来。"

　　"一定要黑中之黑！奥本海默喜欢黑得像柏油那种。"

　　我端着托盘回来，客人们还在和时间斗争。

　　"如果我能回到过去，就去杀了希特勒。"

　　姬蒂的眼皮因为这些科学讨论又沉重了一些，她给自己倒上一大杯咖啡："好主意，莉莉！我们来玩'如果……就……'！"

　　"如果你在这怪物把我们所有人拖进这噩梦前就杀了他，那我们就不会相聚在普林斯顿，你自然也就不会想去杀他。我没料到原来你这么暴力。"

莉莉的脸色暗下来，她把阿尔伯特当父亲，阿尔伯特也确实像父亲一样教训她。

"这是一个时间悖论①，我们的好朋友提出的时间旅行理论不可避免会遇到这种障碍。"

"悖论并不是死路一条，爱因斯坦先生，只是挑战，我将其视为通向更广阔宇宙的门，有待开启。"

奥本海默一口喝完杯里的咖啡，又给自己倒了一杯。这黑得像焦油一样的东西库尔特肯定一滴都喝不下，不然就该抱怨胃溃疡又犯了。

"你是数学家，数学家都不怎么关心事实。"

"物理是血肉，数学是骨架，罗伯特。没有物理，数学就无法体现；没有数学，物理就会崩塌。"

我注意到奥本海默怀疑的微笑，他知道我丈夫立志用系统的数学方法撑起相对论，就像牛顿用数学描述引力一样。虽说高等研究院以鼓励这些雄心壮志的研究为己任，但奥本海默还是觉得这个想法就算不自负，至少也十分冒险。就像爱因斯坦说的那样，除了库尔特和几个天文学家，没什么人还对相对论感兴趣，整个普林斯顿研究院都在搞量子物理学。库尔特总喜欢钻研不可能或过时的事，整个研究院都在暗地里笑话这些"旋转宇宙"，靠它们可付不了房贷。

库尔特又说："时间旅行可不可能，不只是上流社会的饭后谈资，其哲学意义更吸引我。"

"你们争来争去，只为一个没人懂的玩具。"

"这不是争，阿黛尔，这是讨论。"

阿尔伯特在坚持己见和照顾朋友间无所适从，只好恭维几句："广义上的研究，对真与美的追求，让我们可以终生保持童真。你丈夫拥有这种美好的品质，看任何新东西都用全新的眼光，不带成见。"

---

① 1992 年，物理学家斯蒂芬·霍金提出了"时序保护猜想"，以排除这些碍手碍脚的悖论，哲学家、逻辑学家帕利·尤格拉称其为"反哥德尔猜想"。

"也不肯出去和大人玩!"

奥斯卡呛了一口咖啡:"别借机影射家务事,阿黛尔,你丈夫的志向令人钦佩,哪怕在你眼中没什么实际好处,他想用数学证明时间的本质,我不觉得这有什么幼稚的。"

姬蒂惯于处理这些小争执,决定把风暴引到自己身上:"亲爱的奥斯卡,你让我想起我在法国索邦大学的哲学老师,学生们都叫他'康喔喔德',因为他就像一只被拔了毛的老公鸡。"

莉莉咬紧嘴唇忍笑,多萝西也努力不笑出来,以免伤了她男人的心。很少见到莫根施特恩这么受伤。

"我不是说外表,奥斯卡,哥德尔是要解决唯心和唯物之争①吧?时间是否客观存在?"

我偷偷向姬蒂使了个眼色表示感谢。我多想也像这些女子一样,几乎能和男人平起平坐地讨论!我看着她们,每个人身上都有让我羡慕的地方:姬蒂,一头褐发,眼神坚毅,笑声爽朗,娇小热情,学识丰富,经历好几任丈夫,有儿女,住豪宅;多萝西,年轻,漂亮,疯狂爱着出身富贵的老公;还有我那甜美的莉莉,我羡慕她的温柔,我的力量只会如火山般爆发,她却能把世界拥入怀中轻摆。

"我有证据证明时间确实存在,引力也是:我的眼皮要垂下来了!"

奥本海默双手端起妻子的脸庞,亲吻那一条条皱纹,我被这自然流露的真情打动。这示爱让库尔特尴尬,他从不在公共场合做这种举动,我俩独处时也很少。他又把我们拖回严肃的话题:"不过,有些哲学家提出,时间,或者说时间的流逝,是来自我们感知的错觉。"

"时间对你们更宽容,先生们,这就是我的相对论。"

"根本不是一回事,阿黛尔!狭义相对论说的是事件的同时性是相对的。"

"亲爱的,我倒觉得你的幽默感完全是相对的。"

---

① 冒险地简而言之,"唯物主义"哲学家认为"外部"世界(或时间等现象)独立于我们的意识、知识、感知而存在,"唯心主义"哲学家正相反。

正努力点烟斗的阿尔伯特笑得喘不过气："你可搞错了，阿黛尔！你丈夫的幽默非常有颠覆性。我的朋友，你外表绅士，其实最反对秩序，趁人不备埋炸弹。"

"库尔特连苍蝇都不忍心打死！"

"按他的推理，如果回到过去某一刻，过去与现在之间的事不会发生，时间没有过去，于是直觉上的时间不存在。将时间的概念相对化必然摧毁其本身。哥德尔推倒了大钟！他炸掉实证主义的梦想还不满足！"

"天呐！亲爱的，让你单独待一分钟都不行？"

"如果我回到过去，在希特勒面前也不记得中间发生的事？我不会想改变什么？"

"说实话，莉莉，我完全没概念！也许我们能永生永世只经历好事不经历坏事。"

"您呢，教授，您会改变什么？"

"如果回到年轻时？"

阿尔伯特吸了一口烟，盯着奥本海默低声说："决定如何谋生时，我不会选择搞研究，我会当个水管工！对人类没那么危险。"

一桌人异口同声说不要，其实阿尔伯特不是要自我反省，他说的是奥本海默在政界的朋友，科学为军事所用最让他担心。他觉得杜鲁门没有罗斯福的魄力，无力反对充斥华盛顿的偏执狂和机会主义分子。报上已大量刊登某位名叫麦卡锡的参议员的言论，爱因斯坦最近最厌恶他。库尔特和罗伯特认为国会不会跟着他荒谬地破口大骂，阿尔伯特则害怕看到五角大楼的"战争狂"把小冲突变成核武器的试验场。罗伯特已从洛斯阿拉莫斯辞职，但仍在控制核技术发展的美国原子能委员会当顾问，对发展核武器不置可否。阿尔伯特督促他利用自己的影响力反对这种慌不择路的愚蠢做法，罗伯特也不是看不见乌云滚滚，但觉得自己能顺利驶过这片恶水，哪怕是被狂风暴雨吹过去。时间会给他深刻的教训，教会他谦虚，哪怕时间并不存在。

"为什么不看向未来？为什么要迷失在不可能的过去？"

奥斯卡用余光瞄了一眼我丈夫才接莉莉的话，他可不想惹恼这位朋友，不然好几天都要为自己的真诚付出代价。

"死亡也与时间旅行矛盾。"

"怕死最没道理，亲爱的奥斯卡，死了就不会再有意外。"

我笑了，阿尔伯特又说了个钟爱的人生大道理，但马上正经起来：

"死亡不过是熵的最终结果，打碎的杯子不会自己拼合起来，我们从童年的 A 点到老年的 B 点，'前''后'的概念在我们人类的一生中真实存在，不可否认。我也可以想象，这显而易见的事在推演到极致的数学概念中变得不那么肯定……但也许该排除这些概念，只是因为与我们的实际经验矛盾。"

"但您也说过，如果事实与理论不符，那就改变事实。"

"你记性太好，哥德尔，而我说得太多，给老头子犯错的权利吧。没什么能与熵抗争，它是我最大的敌人，每天早上都把我打趴下一点儿。"

"用感情应对客观证明，这在我看来不太理性，爱因斯坦先生，我很意外您也会这样。"

"奥斯卡，理性让我疲惫，多年来我都听从直觉，它从没让我失望。直觉是神圣的天赋，理性是忠实的奴仆，我们创造的社会尊崇这个奴仆，却忘了天赋。"

莫根施特恩反驳："这个社会也只是尊崇表面的理性，看似理性即可。"

"这一点我们都同意。科学研究就是直觉与理性间的微妙平衡。"

"不能半路忘记这种平衡，爱因斯坦先生。我们已在计算机时代，计算机的操作系统里可没直觉这回事。"

"某天机器能解决一切问题，但永远不会有任何机器能提出问题！"

我想起我们的朋友冯·诺伊曼，他用 ENIAC 计算机把 π 算到小数点后2037 位。帮奥本海默家看孩子的女大学生完全不顾一直扯她裙角的小托尼，她向我们详细讲过，第一台"电子"计算机于 1946 年投入使用，是个重达三十吨的玩具，占一个中型公寓那么大的地方，上千个电阻、电容和其他二极管每秒能做数千次加法。我虽然很怀疑这台笨重的大算盘是不是真有用，但还是被那个年轻学生的热情感染，也许这个新世界会多给女性一些位置。同时，出了名的熵也没放过这个部分出自冯·诺伊曼厉害大脑的逻辑怪物，工程师花在换零件上的时间比计算还多，小虫子锲而不舍地要来热乎的真空管上烤一烤[①]。看到大自然把这些聪明脑袋拖回现实，我总感觉安心。

阿尔伯特起身，表示该走了，从严肃刻板中救了我们。

"朋友们，在你们悲痛地看我自我毁灭前，我先撤了。阿黛尔，感谢你做的这顿美餐，杯盘狼藉就留给你清理，只有女人还敢和熵对着干。"

我和库尔特把客人送到门口，然后他就忙不迭地又消失不见。我整理屋子，享受安静。遇到库尔特前，我从没考虑过形而上的问题，有神，有人，每日吃饱就可以。这番讨论让我隐约看到，有那么多问题我从来都没想过。不过话说回来，是世界本就复杂，还是人把世界问复杂了？库尔特无法给我一个简单的回答。选择跟着他，我就只好放弃无知的安逸。我心有余而力不足。过了很久我才明白，形而上的追问不分宗教、国家、性格、文化，每个人都有，但只有某些人有乐在其中的奢侈。

他们想来想去，对日常生活又有什么意义？如果他们能听进去，我会告诉他们我的看法，我很清楚时间的顺序，就在扦边的针脚中，在洗完摆好的碗碟里，在熨平叠起的衣服里，在烤得喷香完美的蛋糕里。双手在和面时，什么事都不会有。我喜欢酵母的味道，它来自一种多产的秩序，我相信这种生命秩序，尽管不能给它意义。

我丈夫追问星空，我则已有井井有条的宇宙，它就在这片土地上，确实很小，但安全可靠。他们留下我独自与熵战斗，有什么大不了！男人如果多动动扫帚，就不会那么不开心。

---

① 这就是计算机"bug"（意为虫子）一词的由来。1946 年，ENIAC（Electronic Numerical Integrator and Computer，电子数值积分计算机）达到相当于 500 flops（floating-point operations per second，每秒浮点运算次数，衡量计算机速度的通用标准）的运算能力。2010 年 10 月，中国的超级计算机天河一号达到了 2.5 petaflops，1 petaflop 即每秒一千万亿（10^{15}）次浮点运算。有人估计人脑的运算能力在每秒 10^{13}～10^{19} 次，其依据是神经突触的数量，但两者有无关联并未被考虑。

37.

逆来顺受

安娜犹豫着要不要进哥德尔夫人的房间，阿黛尔和格拉迪丝聊得正欢，"粉毛衣"紧紧抓着亮片塑胶包，似乎并不打算走，她抬起双手整理头上蓬蓬的大发髻时，腋下露出两片令人恶心的黄汗渍，令安娜不忍直视。

"一直在等你，浴室可干净了，特意为你打扫了一遍。"

阿黛尔指着房里的小洗澡间，安娜不明白也不想明白，接过递给她的毛巾和柠檬。

"去洗洗头！格拉迪丝要给你修下头发。"

安娜被吓到了，怔怔地看着格拉迪丝头上的大发髻，小老太太一点儿也不觉得丑。

"别害怕！我开了三十多年理发店。"

阿黛尔用夸张的姿势紧紧捂住胸口。

"你不答应，我就要犯病了。"

安娜叹了口气，只好服从，跪在塑料盆前问自己怎么能这么逆来顺受："为那些资料究竟要走到什么地步？"这么问听起来很假。她没时间多想，格拉迪丝已出现在洗澡间。

"柠檬用来护发上色，我本可以给你洗，但你也知道，我这胯……"

安娜抬起头，眼睛被泡沫刺痛。

她回到房间，"美发师"已经手拿剪刀和梳子，站在唯一的椅子后等她。安娜坐下，心中的焦虑挥之不去。

"下次要怎样？上化妆课？你们把我当玩具？"

身后的行刑者猛一梳，安娜大叫一声，阿黛尔看着她们，脸上都是满意的笑。

"你就像那种一扯头发就会哭的娃娃。"

安娜一直讨厌那些塑料娃娃，她宁愿组装利奥的模型，尽管利奥比她厉害多了。不过每个圣诞节她还是会失望地收到许多娃娃，她剥下它们的衣服，乱涂乱画一气，然后扔进垃圾桶再也不管。蕾切尔曾拖她去看心理医生，担心女儿不认同女性身份，医生笑了一下，劝当妈的多多发展小女孩的艺术天赋。

"你头发这么枯，跟稻草似的！我应该从厨房拿点儿油来。"

"说好了啊！只剪发梢！"

格拉迪丝毫不留情地按下她的头，一边哼歌一边开始干活儿，安娜看着脚边的头发一绺绺迅速多起来。

"别担心，我手熟得很，知道什么讨男人喜欢。要不听点儿音乐吧？"

格拉迪丝挥着剪刀跳着走到收音机那里，一阵呼呼啦啦的铜管乐传遍整个房间。安娜感觉到"美发师"拿着剪刀在身后扭个不停，禁不住发抖。

"你喜欢詹姆斯·布朗吗，阿黛尔？"

"特别喜欢，为什么问这个？"

"我以为你喜欢佩里·科莫那种。"

一听到这位老派情歌王的名字，格拉迪丝娇小的身子激动得不知如何是好，手中的剪刀也划出危险的弧线。"说到佩里·科莫，我能讲的可太多了！"安娜尽力不去想自己的头发。"这音乐让我想起路易，路易斯安那的一个混血儿，特别帅……"阿黛尔粗暴地打断了格拉迪丝，只想利用她，不想听她唠叨。小老太太把回忆吞了回去，也不生气。哥德尔的遗孀知道如何让别人尊重自己，不是因为丰富的经历，而是由于不好惹的脾气。最初，她说和爱因斯坦、奥本海默是朋友，养老院的老人们一个字都不信，但医生表达对库尔特·哥德尔的崇敬时格拉迪丝在场，之后她就一直听阿黛尔的。不管怎么说，在这家养老院，阿黛尔不缺不求交流只求聆听的耳朵。

"闲聊都成了职业病，你不太说话呀，全身紧绷。"

"她喜欢和科学家待在一起，不喜欢和剪头的在一块儿，我都提醒过她别相信他们！"

安娜放松肩膀，应该试着顺应这两个老太太的想法。

"我就只会做这个！那些搞科学的女人，你遇到过吧，阿黛尔？"

"很少很少，那是个男人的世界。"

"奥尔加·陶斯基－托德[1]，埃米·诺特[2]，玛丽·居里？"

"阿尔伯特认为她们是例外，他有过一句名言：'居里夫人很聪明，但像鲱鱼一样冷漠。'"

"我特别喜欢早饭吃鲱鱼。"

"没人想知道，格拉迪丝。"

"爱因斯坦可不因为宽待女性出名，不过据说他很有人性。"

"有人性不代表人好，小姑娘，有些人的本性不应该是贪婪、暴力、小心眼吗？"

格拉迪丝不敢插嘴，阿黛尔瞪了她一眼又接着说："夸张了，阿尔伯特不是那样，正相反，按今天的话说，他有点儿大男子主义。他总做得有点儿过，因为总有人在监视他。有些人不欣赏他尖酸刻薄的幽默。"

"够他老婆受的。"

"老婆们！他和患难之妻离了婚，娶了表姐，更别提还有那些情妇！但别批评他，每个人都有理不清的故事。没有不自我的大科学家、大艺术家。我丈夫就是个大科学家！他就是个孩子，觉得世界都围着他转，直到解不出题的那一天，他不想接受。"

美发师边点头边剪下长长一绺头发："男人都自私得很！相信我没错，我可试过一车又一车！"

阿黛尔不管她，接着说："为什么自古天才出少年？诗人也是。人一成熟，

---

[1] 奥尔加·陶斯基－托德（1906—1995），捷克裔美国数学家，维也纳学派的一员，与库尔特·哥德尔很亲近。

[2] 阿马莉·埃米·诺特（1882—1935），德国数学家，以对抽象代数和理论物理的革命性贡献而闻名，经常被认为是数学史上最重要的女性。

通向灵感国度的大门就关闭了？"

格拉迪丝点头说："应该是激素闹的，人过了少年就长肚腩，只想着晚饭吃什么。"

阿黛尔烦她，轻蔑地摆摆手，以前总被周围人的智力压制，现在很开心轮到自己居高临下。

"经验代替不了年轻时的灵光乍现，数学直觉消逝得和美貌一样快。说一个数学家曾经很伟大就像说一个女人曾经很美丽。时间无情啊，安娜，作为一个女人，你已经不年轻，作为一个数学家，你更不年轻。"

安娜想到利奥，他要怎么承受这诅咒？他习惯了轻而易举，从没承认过失败。父母只能不让他参加任何体育比赛，因为每次败北都会让他暴怒、咒骂，然后是令人窒息的缄默。这些年来，他已放弃所有与天赋无直接关系的活动。也许他会成为那种总提当年勇的人，故步自封，不承认风光不再，不愿认清现实。安娜可不想去收拾残局，就像哥德尔夫人当年那样。

"你想当科学家吗，阿黛尔？"

"我还想当海迪·拉马尔①呢，你知道她吗？"

格拉迪丝忍不住要说几句："以前她的头发美极了，现在估计不再年轻，报上说她偷商场的东西。"

"海迪是个令人惊艳的演员，肤白如雪，眼睛出奇地蓝，拍了电影史上著名的《神魂颠倒》，当年可轰动了！"

"也许原本我也能当个模特。"

"拉马尔小姐是个出生在维也纳的犹太人，和我们一样移民到美国。'二战'期间，她研究出一种无线电鱼雷制导系统，还没耽误演艺生涯！"

"小说里才有的人物。"

"电影里，小姑娘！她能照亮整个银幕。"

---

① 海迪·拉马尔（1914—2000），演员、制片人、发明家，和朋友——作曲家乔治·安泰尔——一起注册了一种传输编码体系专利，名为"扩频"。今天，这项技术被用于全球定位系统（GPS）和无线网络（Wi-Fi）等。

　　格拉迪丝双手挥着银光锃亮的吹风机：“做完了，现在给你吹吹，关于鱼雷，我一点儿也不懂，但相信我，吹卷我可是女王。”

　　安娜咬紧牙关，在轰隆隆的声音中完全没法说话。可怕的粉红老太开开心心地非要做全套，劝也劝不住。安娜晚上回家要再洗一遍头，就像每次去完理发店一样。

　　“别弄太蓬，我可不想看起来像芭芭拉·史翠珊！”

38.
1950
巫婆

"愤怒之虎比知识之马更智慧。"

——威廉·布莱克

　　我恨他。我从一个房间冲到另一个房间。我恨他。我停在客厅镜子前，认不出自己愤怒的脸，我是个巫婆，一团纯粹的愤怒，一个炸弹，我打碎了这见鬼的镜子。跟我说受了十年的罪？能给的我都给了！生活还能更惨吗？我看着脚边的碎片，捡起一片却割伤了手。这也不能让我消气。我给自己做饭，站着直接从锅里吃，一直吃。我的心静不下来，各种念头在脑子里乱窜。我就像一台蒸汽机。肚子疼、胸口疼、小腹疼，气得要鼓起来飞到别处，不，我不要"别处"，我要"之前"，在他之前。什么时候地球才会停止围着他转？我算什么？他的老妈子？替他擦屁股的人！他嫌碍事又不敢扔的家具。这么多年为他分忧，有了这房子，我还以为幸福终于要来了，最后他却说都是我的错？够了！我从没这么生气。这一辈子算是白活了，我唯一的错就是太傻太天真。他又揉肚子，以为还能博谁同情？钻回壳里关上门吧！不舒服？总有地方不舒服！我为什么要担心？叫了太多次"狼来了"！但愿他知道我是怎么想他的，他就是个好哭鬼。我可没要求当他妈，见鬼的**亲爱的妈妈**！我要一个男人，一个真正的男人！不会遇事就头疼。我喜欢嚷嚷？当然！不能就这么死气沉沉。他不说话，在电视前睡着，和阿尔伯特爷爷散步，这就是他所谓的搞研究。没错，我就是喜欢嚷嚷！还能怎么办？我要把火都发到他头上。我们变成了什么样？这个大喊大叫的胖女人是谁？为什么在那个骨瘦如柴的家伙身后这样咆哮？兰博拿医生让我不要烦他，我才不在乎他是不是爱因斯坦的好朋友！听了二十年他在背后说庸医害人！今天我倒要为他的溃疡负责？不用我帮忙，他也很会挖尽肚肠。别再指望我给他当妈。让他住院吧，那我就放假了！一个肚皮干瘪的老太婆，再没有力气当他是他不愿给我的孩子。他因为没有一个人过活的勇气，就拖着我一起流亡。他就会说"明天""不久"，一晃我已五十岁。太迟了。还想让我闭嘴？在这些大人物和高冷夫人中，我什么都不是，只是个小老太。我从不见任何人，等到他不再羞于把我介绍给母亲，守护他一次次发病，把他从疯人院弄出来，和他草草结婚，耗费一生等他。他觉得我言辞"不当"？不当的我还没说呢！他除了那些数学鬼话什么也不懂！我要把他那些见鬼的小本子碎成纸屑！庆祝他又开始妄想！他怕我，有我在就没法工作，在他眼中还有什么比研究更珍贵？但这世界可不在乎他那些鬼画符！就连朋友们也背地里嘲笑他那什么旋转宇宙！这人就是个黑洞，像怪物一样吸着宇宙的光。那些先生们听到我说黑洞肯定十分惊讶！小舞女也耳濡目染地学会了一些东西嘛，好像我能和他过二十年却什么也不明白一样，二十年一直乞求他屈尊看我一眼。我已不在乎他那些妄想，没人跟踪他，没人相信他，没人再关注他，库尔特·哥德尔是明日黄花，拖我活生生给他陪葬。我守着偶像，变成疯子的囚徒，是的，疯子！当年我爱的那个男人，还有音乐与聚会，都哪儿去了？我的青春消失到哪儿去了？他那么聪明，本可以很富有，只是看不上金钱。别人住豪宅，佣人多得不知道怎么使唤。亲爱的小可怜太脆弱，担不起任何责任，太完美主义，发不了任何文章。他拒绝战斗，我就得替他战斗，于是阿黛尔住寒碜的房子，连买双袜子都要精打细算，库尔特却要西装革履，衬衫簇新。被惯坏的孩子，薄情寡义。随他给他妈写信！好好说说所有我让他受的苦！别忘了告诉她我做的菜多么恶心！怕被自己老婆毒死，宁愿只吃黄油！我要是想弄死他，就让他烂在普克斯多夫了！难受？那好！证明他还活着。

39.

阿黛尔定理

　　安娜在养老院门口停下，和哥德尔夫人最喜欢的护士琼打招呼。琼喝了一口热乎乎的咖啡又抽了一口烟："真漂亮，罗思小姐！做头发了？"安娜条件反射地摸摸头发。可怕的粉红老太手艺还不错，很出乎她的意料，她一剪完冲去照镜子就发现了。琼趁这会儿和她说了说阿黛尔的身体状况，老太太心神不宁，血压也稳不住。安娜咬紧嘴唇，偷跑出去还是有些后果。

　　琼踩灭抽到一半的烟，把剩下的半支塞进口袋："让格拉迪丝剪头，带阿黛尔去看电影，你很爱冒险嘛！"然后笑着走开。

　　阿黛尔又摆出赌气小女生的脸色，一副百无聊赖的样子。

　　"不看看电视？"

　　"都没意思！"

　　"要不我给您念念书，换换感觉？"

　　"求求你，饶了我吧！我宁愿聊天。你太爱书，不喜欢人，让我想起我丈夫。"

　　安娜听了一辈子"太爱书"，小时候就被逼着出去透气，但还是躲在衣橱里继续看。她狼狈地回到普林斯顿后就只读侦探小说，一个劲儿地读，好像小说里的凶险能缓解日常的忧愁。书一读完她就去洗手，再喝一杯红酒，心中乌七八糟，但这一刻十分放松。

　　"我觉得看书时能更好地理解别人。"

　　"没人能钻到别人的脑袋里，你应该学着接受这种孤独，你那些破书改变不了什么。"

阿黛尔用眼角余光瞄她，安娜没显露出反感。

哥德尔夫人笑了，安娜觉得又向遗稿迈进了一步，不过这念头在她脑中稍纵即逝，她没有抓住不放，自己都惊讶于自己的无所谓。

"库尔特太早就不注意我，不管自己的身体，同时也无视我的身体。"

"那您是怎么过的？"

"你问我有没有出轨？没有。我家教很严，总归给我留下一些印记。按那时的话，'活在罪恶中'的那些年，我受了那么多罪，结婚了，我发誓要当模范妻子，我也做到了，但我还是能吸引人，在变成这副模样之前，我挺漂亮。"

她一脸厌恶地捧捧肥大下垂的胸。

"看我肥的，困在不属于自己的身体里，感觉太糟糕。我内心只有二十岁，不，其实和你一般大，是遇见库尔特时的年纪。"

"您怎么吸引的他？我不怀疑您外表的魅力，但哥德尔先生可不是一般人。"

阿黛尔转动婚戒，戒指已嵌进浮肿的肉里。安娜有点儿可怜她，老太太依然不想把戒指挂脖子上，宁愿忍受小小的疼痛也不愿做出看似背叛的举动。

"科学家也是人，和其他男人一样，无论是不是天才。我用了'阿黛尔定理'，这招从没失灵过，但世界变了，从你身上就能看出来。"

阿黛尔狡黠地笑了一下。两束光轻抚墙面，交叉处形成一个正方形，闪闪发亮，好像又打开了一扇窗。阿黛尔叹道："上帝就在我们之中。"她俩凝视波动而转瞬即逝的诗意，直到一片云让它消散。

"首先，要会听男人说，让他们说，就算高谈阔论的事你比他们更清楚，越是这样越要让他们说！不懂他们说的就好好听着，好像句句都是天赐圣言一样。每个男人身上都沉睡着一位先知。如果他的**亲爱的妈妈**在他小时候哪怕有一点儿忽略他，你就成了上天的恩赐，有你这圣母般的脸蛋不成问题。"

"有没有一个词指女性大男子主义？"

"管它呢，有效果就行。"

安娜忍住没对阿黛尔说她让自己想起母亲。蕾切尔可以多计并施，而安娜从来搞不懂妈妈到底教她做什么样的人，既要魅惑又要知性，两者总互相削弱，而且安娜觉得两者混在一起很不合适，甚至令人难堪，还是喜欢等人来吸引自己。

"我按打铁的法子，第一步，把铁烧热！不用我跟你解释怎么做吧，你也没那么傻，然后突然冷却，没人逃得过。"

"您对库尔特·哥德尔用了这方法？"

"他一直都很喜欢我夸他。"

阿黛尔双手托下巴，哄骗地说："'库尔特，你的发言最棒，比别人强多了！'然后我就看见微笑浮现在他脸上。但实话跟你说，我在研讨会上偷偷打了个盹。"

"'阿黛尔定理'可归纳成，为吸引人必须心甘情愿地放低自己。很抱歉，阿黛尔，这想法太落伍。"

"吸引没什么，留住才困难，不管怎样还是值得。最终一切都取决于他母亲怎么对待他，之前他是中心就会待在中心，他被忽视就需要有人让他安心。"

"您丈夫怎么被母亲对待？"

"他在中心的中心。"

安娜想起阿黛尔烧掉的玛丽安娜的信，两位"哥德尔夫人"的紧张关系应该很少见。

"别聊我婆婆了！我很快就会再见到她了。要是怀疑我的理论，你就去试试：注视男人的眼睛。注意！千万不要有任何讽刺意味！然后轻声对他说：'你好强……'"

安娜忍住狂笑的冲动，已分辨不出这话有多当真，也不知道陷阱在哪里。

"你瞧着吧，没人抵抗得了，一听到这句话，他们的脑子就不转了。当然，有些人抵抗力比较强，但也会在一瞬间思维停滞，被这句话轻抚原始大脑，这是妈妈装在小男孩脑子里的捷径。"

这次安娜真心地笑了，她能想象阿黛尔年轻时的娇媚。

"关键在于语气诚恳、眼神真挚，我的定理对猫也管用。"

"我先拿猫试试，再转向人类。"

"我看到你衣服上有猫毛！我最喜欢马恩岛猫，没尾巴，邻居养了三只。一天我跟他们说要找人把我家土猫的尾巴剪了，让它看起来像他们的猫，他们赶紧劝我不要：哥德尔夫人，尾巴对猫的平衡很重要！啰里啰唆说了一堆，都没听出我在开玩笑。几天后，我在普林斯顿的理发师也劝我不要做这么可怕的事。我们的心理医生胡尔贝克拿这事大做文章！疯子的老婆也是疯子？对！天才的妻子也是天才？才怪！当年街坊邻居就这么想我。"

阿黛尔语气急促，安娜想起护士的提醒，该静一静。她希望偷偷溜出去没有消耗掉老太太最后的一点儿生命。

"格拉迪丝做得不错。"安娜本能地摆弄一绺头发。

"对女人说'我喜欢你的发型！'就相当于对男人说'你好强啊！'，高学历的大姑娘也抵抗不了。也许我落伍了，但我的定理永远成立，你还是试验下吧。感恩节你打算穿什么？我觉得你穿红色好。"

40.
1952
三人沙发

"达达主义者热爱生命，
因为他可以随时摆脱生命，
死亡对他来说就是一件达达的事。
达达主义者安排一天时，
都想着可能会有个花盆砸到头上。"
——里夏德·许尔森贝克，《前卫的达达》

　　"这不是治疗，你们就当简单聊聊。"

　　我把包紧紧抱在胸前，库尔特尽力避免看我。我们不习惯向陌生人倾诉，何况眼前这位不完全陌生，一开始我还觉得来看看是个好主意，但在这个奇怪的办公室面对这个更奇怪的人，我真恨不得转身就走。

　　库尔特刚出院，恢复得很不好。除了出院后再也不吃我做的东西，这次发病和之前真可谓如出一辙。我们走投无路，他不相信我，我们就像两个陌生人，困在要命的沉默中，满心怨恨不解。

　　阿尔伯特看出我们感情不和，推荐了一位高明的精神分析师：查尔斯·R.胡尔贝克，阿尔伯特的众多子弟之一。库尔特像通常那样听从了长辈的建议。胡尔贝克的真名是里夏德·许尔森贝克，他是第一批德国移民，乐于助人的爱因斯坦先生帮他拿到了签证。阿尔伯特说他是个奇特的怪人，搞起艺术来疯疯癫癫，但作为精神科医生很有能力。我觉得天马行空和科学不相容，人夸夸其谈的一般都是他们不懂的。

办公室的墙几乎被艺术品占满，抽象拼贴、大幅黑色块与龇牙咧嘴的非洲人像、日本脸谱、狂欢节面具争夺空间。相较之下，更传统的一幅小水彩画吸引了我的眼睛，我近看却直打寒战：腿生恶疾的天使正被火焰吞噬。

"你喜欢威廉·布莱克[①]，阿黛尔？"

我摇摇头，心中满是疑问：这个着魔的人能为我们做什么？他简单几句话就能拯救一对快要溺毙的夫妻？

"库尔特，我觉得你很紧张。"

我丈夫哆嗦了一下，没料到会这样直截了当。

"您应该和我说说您的方法，胡尔贝克医生，您属于哪一派？我也了解过心理治疗。"

"不是弗洛伊德派，也算不上荣格派，应该说正统之外吧。一定要认谁作师的话，我和宾斯万格比较接近。他是一个神经精神病医生，脱离维也纳正统心理分析，创立了存在分析[②]。"

"您说的这个'存在分析'是什么意思？"

"我不是来给你们开研讨会的。"

我丈夫又盯着墙。凭我对他的了解，肯定少不了仔细查查这位胡尔贝克到底怎么样。医学文凭、美国海军军医饰带夹杂在一堆吓人的艺术品中，让人很难把它们当真。我思考这些面具是旅游纪念品还是心理治疗战利品，它们就像狩猎时砍下的兽头，反正他拿不到我的头。

"把大衣脱了吧，库尔特，会自在些。"

---

① 英国浪漫主义时期的重要诗人、画家，以其独特的艺术风格、神秘主义思想和前卫的社会观点闻名。——译者注

② 德语的"Dasein"意为存在、活着，原文为"Daseinsanalyse"，即"存在分析"，由哲学家马丁·海德格尔的存在分析论（Daseinsanalytik）而来，而海德格尔又受其老师埃德蒙德·胡塞尔"现象学"的影响。胡尔贝克对纽约的"个体分析协会"有贡献，美国的"个体分析（ontoanalysis）"即类似他的"存在分析"。哥德尔晚年对胡塞尔的"现象学"感兴趣也许与胡尔贝克这位奇特的心理医生不无关系。笔者就不妄图用三言两语给现象学下定义了。

我丈夫一动不动，裹紧大衣，就像新婚之夜的新娘子。我听命在沙发上坐下，全身僵硬，腰背挺直，面对四脚闪亮的光面皮椅很难说出心里话。库尔特为了不碰到我，只好在一个覆着兽皮的矮椅上坐下。胡尔贝克绕办公桌走了三圈，坐下，在膝上放了一个小鼓[①]。他就像一条德国獒，帅气但危险，我差点儿以为他要在椅脚撒尿，但他没有，只是让我们经受咚咚几声。

"你们谁说说为什么要来？"

库尔特用眼神问我，我示意让他先开始。

"我妻子易怒。"

德国佬用一阵鼓点制止我反驳的意图："别跟他争，让他说。"

"阿黛尔控制不住自己，一点儿小事也要大喊大叫，打扰我，让我无法工作。"

"你为什么生你丈夫的气，阿黛尔？"

"要列全吗？自私、幼稚、偏执，一切都要围着他的小病小灾转。"

"你丈夫一直体质虚弱吧？"

"我再也受不了，他太过分，体质虚弱是极好的借口！"

"能说具体点儿吗？"

这怪人让我心累，想让我多说点儿？那我就好好说说！

"我也很脆弱！他的天才、他的事业、他的疾病、他的焦虑！谁想过我的焦虑？混蛋！"

库尔特跳起来，他受不了粗话，但粗话让我放松，大家表达苦恼的方式不同，他从来不明白。我叫嚷咒骂，是个粗人，粗俗得无可救药。也许我的忧愁没他的那么美，但一样深沉。他受的苦不能与我相比，抑郁给了他很好的借口，不管别人的事，不闻不问，他给自己编了一个凄美的黑暗故事保护自

---

① 许尔森贝克是达达主义的代言人之一，自称"达达之鼓"。这个文艺运动的主要人物，如特里斯坦·查拉、让·阿尔普、苏菲·托伊伯等，在瑞士的"伏尔泰小酒馆"宣扬其艺术，而日后成为精神分析学家的许尔森贝克就在这里打大鼓、朗诵诗。

己，但保护的围墙变成了监狱的高墙。

"你为什么说丈夫偏执？这是一个很具体的临床术语。"

"他觉得有人跟踪他，按他的说法，FBI 在窃听我们，真是完美的借口，他可以一句话不说！"

"你怎么得出这样的结论，库尔特？"

"通过简单的推理，我是爱因斯坦和奥本海默的好友，这两个人都被麦卡锡委员会找麻烦，另外，我的好几封欧洲来信都被审查涂黑。"

"你在研究一些敏感课题？"

"他们宁可搞错也不放过，知道我们曾乘火车经过西伯利亚大铁路，就把我们归为'亲苏分子'，有根有据地不讲道理。"

"你说'他们'时想的是谁？"

库尔特怔怔地看着他，着实惊讶于这一问。

"美国特勤局、政府，普林斯顿到处是各种各样的间谍。"

"战争的新闻令你焦虑？"

"令我失望，我本想生活在一个明智的国家，安安静静地研习，却看到这里有人在后院挖防空洞防原子弹，或一包包囤积白糖！我是一个偏执国家中特别清醒的子民。"

胡尔贝克想了一会儿，手悬在空中。

"阿黛尔，你责怪丈夫对你不够关心？"

"当初也没约定他要关心，我是被找来当作护士的。"

库尔特翻了个白眼，"德国佬"又敲了一阵鼓。

"你对你妻子的焦虑有什么了解？"

"他了解什么！"

又一声"咚"让我老实，我一定要把这讨厌的鼓塞他嘴里。

"阿黛尔整天抱怨缺钱，总嫌不够，我已尽力，刚接受一个教授职位，工作量很大，职责也很重。"

我在沙发上气得冒烟，一年就多四千美元！又没多到能拿香槟泡澡！他得到那职位还不是因为奥本海默好心，还有爱因斯坦、莫根施特恩二人组一贯的支持。他的同事卡尔·西格尔一直不支持选他，还说："研究院有一个疯子就够了！"我从没搞明白另一个疯子是谁，也许是他自己吧。还说职责！他就会找碴儿、挑刺儿，扼杀研究院的生命，院里一开会，第一个议题就是：今天谁去对付哥德尔？

"近几年我得了不少奖，我妻子该知足，但她还要沾光，比如我获得哈佛大学名誉博士学位时，我个人很讨厌这种场合，她要求典礼上坐我旁边，完全不讲理，和主办方闹得很不愉快。"

一阵鼓声打断了他。

"真会扯谎！一辈子追求别人认可！阿尔伯特都知道！你觉得他们为什么把第一个爱因斯坦奖颁给你[①]？因为他们可怜你！为了给你付医药费！不然我们拿什么付？"

"咚咚咚"，连着三声！库尔特脸色苍白，紧紧抓住椅子上的兽皮。阿尔伯特给他颁奖时小声对他说："你不需要这个。"谁都不傻，尤其是阿尔伯特。

这下把他将死了，我拿出粉盒补妆，一声轻快的哑嘴赏给那两人。该库尔特出击了，但他面对争斗从不自在。在死一般的沉默中，胡尔贝克站起来，又绕书桌走了三圈。

"你们应视你们夫妻俩为一个动态系统，有脆弱的平衡。你们都既是受害者又是加害者，我的工作就是帮你们把不满不带攻击性地表达出来。可以抽支烟吗？"

库尔特耸耸肩。胡尔贝克递给我一根，用蘑菇形的打火机点着，然后走出去让秘书倒点儿咖啡来。一阵尴尬的安静，我又心软了，用余光瞥一眼丈夫，也许话说得太重。

---

① 1951 年，阿尔伯特·爱因斯坦奖被颁予库尔特·哥德尔（共同获奖的还有物理学家朱利安·施温格），以表彰他在理论物理领域的研究。奖金为 15 000 美元。冯·诺伊曼（评委之一，奥本海默和爱因斯坦也是评委……）盛赞他，称他为"空间与时间中永远的里程碑"。

咖啡来了，胡尔贝克又在书桌后坐下，开始摆弄一个奇怪的玩意儿。我忍住没问，但他看出了我的兴趣。

"歌德遗容面具的复制品，我总放在手边。"

"老天，这又是为什么？你真是有病！"

"你很介意死亡？"

"谁不介意？我介意也不用摆弄些吓人玩意儿。"

他的嘴咧开，似笑非笑。

"库尔特，你们的私生活怎么样？"

我忍住一阵局促的干笑。"哥德尔，上黑板！作业做了吗？"头发、欲望——这些词语与他的语言体系格格不入。他甚至没注意到我已停经。他当然不会知道，因为他从不碰我。我们的生活非得变成这样一场冷战吗？我们分房睡，独自吃饭，站在窗前。在这世上的某个地方，在这座城市的某处，或许有一个属于我的男人，一个会逗我笑、邀我共舞的陌生人，一个会拥我入眠的人。为什么我从未与人萍水相逢？是怕闲言碎语？是因为对库尔特尚存爱意？还是羞于自己渐渐老去的身体？大概只是没机会罢了。

"你停经多久了，阿黛尔？"

轮到我不知所措，这招太阴，库尔特又蜷进椅子一点儿。

"这难道不是问题的根本？你丈夫有他的研究，你有……你丈夫，你们这个系统是不是因为没孩子而失衡？"

我大口吸烟，早就放弃了为人母的打算，哪怕肚子对我呼喊"还来得及"。坚持要生孩子的话，也许到最后库尔特会让步，就像房子的事一样。我那么无聊。他至少会同意试试，在各种决心上再加一项，决定就等于做成。可我的生物钟终结了讨论，没有一个灵魂愿意降临在我们家。战争结束后，我们甚至想过领养一个小女孩，但库尔特下不了决心把"哥德尔"这个姓给不是他血脉的人，他等了整整十年才把这个姓给我。

我们的儿子会是什么样？我经常想，好像刻意折磨自己。我想象他是独生子，父母生他生得晚，十分溺爱。我从没想过生个女儿，眼下这世界不是给女孩准备的。

我尽量平静地回答胡尔贝克，不愿让他享受我的烦乱。

"我们选择不要孩子。"

我一定会坚持给儿子取名"奥斯卡"，以示对老友莫根施特恩的尊敬，就算他经常让我心烦。玛丽安娜一定会坚持用"鲁道夫"这个名字，纪念她死去的丈夫。我儿子最后还是会叫鲁道夫，和库尔特的爸爸、哥哥一样。爱因斯坦、冯·诺伊曼、奥本海默都会来参加他的洗礼。他会有一双浅蓝色的眼睛，就像我俩一样。在美国长大的他一定会牙齿整齐，下巴方正。他会喜欢口香糖吗？一边嚼东西一边思考不容易，库尔特肯定不许他嚼。他会成为科学家吗？他会耗尽一生来达到父亲的高度。如果自己不是神，怎么当神的儿子？神的后人上不了奥林匹斯山，只能选择疯狂或平庸——天才认为的"平庸"，不过是我们所谓的"普通"。阿尔伯特的孩子就是这么选的，聪明的那个得了精神分裂症，另一个当了工程师。多么令人失望！阿尔伯特曾说："不要以为孩子会继承你的头脑。"亲爱的阿尔伯特既善良又残忍，就像所有可称神的人。

维也纳的孩子可能会成为音乐家，普林斯顿的孩子呢？也许会成为雕塑家吧。于是，老鲁道夫·哥德尔做生意，让儿子库尔特·哥德尔当科学家，让孙子当艺术家。我儿子的儿子又会做什么工作？如果他以卖父亲的画为生，那也算完成了循环。

说不定我们的儿子很有运动天赋。他会不会喜欢和平头男生们一起玩？那我真要夸造化弄人，逼躲瘟神一样躲体育运动的库尔特带儿子去打棒球。

可库尔特没允许我生孩子，不然就是允许无法预见、无法控制的事发生，允许失望发生。我们的儿子没出现，他做得对，我可没力气兼顾三个人。

胡尔贝克一直挑着右边眉毛，好像戴单片眼镜太久了一样。他撇撇厚厚的嘴唇说："谁想说说这次住院的事？"

"溃疡穿孔紧急送医，之前他拒绝治疗，执意不看医生，宁愿喊疼或吃乱七八糟的药。差点儿死了！遗嘱都和好朋友莫根施特恩立好了！"

"我心里有别的事，要准备国际数学家大会和吉布斯讲座①的发言。"

"阿黛尔，你觉得自己要为库尔特的健康问题负责吗？"

"你想说我是元凶吧？为救他一命，我耗费一生！"

我起身决意要走。"请坐下！"鼓又敲响。

"看到了吧？她就是神经质！完全不能好好说话！"

"他连便秘都记日记，还说我神经质！"

"我很注意健康，用自己的方式，精确控制饮食。"

我又坐下，把手包扔到沙发上。如果胡尔贝克知道他每天的饮食多奇怪，肯定当场把他关进精神病院。一小片烤面包上抹着四分之一磅黄油，再配上打发的蛋白，没有汤，也没有新鲜水果，几乎从不沾荤腥，一只鸡够我们吃一整周，前提是我不偷偷往他糊状的食物里添点儿肉。那些食物都是白色的，寡淡无味，仅够维持生存。

"他不敢承认怕中毒，包括被我下毒！每次做客，我都得用个盒子装他的饭，想想多丢人！"

"我妻子夸张了，我觉得她做的菜难消化，她动不动就发火。屋里烟太大，您能开窗吗？"

"为什么不脱掉大衣？着急要走？"

"我冷。"

我翻了个白眼，他自相矛盾可不止这一次。

"今天就到这里吧，但作为医生，我还是建议你出去玩几天，让身体好起来，用科学的方式。"

"要不我们去瑞士看看泡利一家？你会喜欢瑞士，那里整洁清静，或者去维也纳？要我见你妈都可以！"

胡尔贝克毫不掩饰地咳了几声。

---

① 库尔特是第一个获此殊荣的逻辑学家，这个名誉只授予最杰出的科学家。

"你很清楚我对此怎么想，阿黛尔。"

"我再也受不了普林斯顿，你为什么不接受哈佛大学的邀约？那里的人很友好。"

"以后再说。"

雷鸣般的鼓点让我们没法继续吵下去，治疗结束。

"有进步，和我助手约下次的时间。"

库尔特起身付钱，胡尔贝克送我们到办公室门口。门厅里，我正戴手套，还有点儿蒙，胡尔贝克从门里探出头来：

"顺便说一句，阿黛尔，我留着这遗容面具就一个原因：愤怒也有益处。我努力永远不忘。我到死都要贬低歌德。星期天阿尔伯特家见?"

41.

红色连衣裙

安娜绕着高等研究院转圈，等待合适的时间。她听从阿黛尔的建议，换了身衣服，古板大衣下是一条红绸连衣裙，领口开得太低。她感觉打扮得很正式，还化了妆，最后一刻边披下头发边问自己这样为已经输掉的战争准备许多武器有没有用。

比受邀时间稍晚一些，安娜走上通向奥尔登庄园的小道。这栋华美的新维多利亚式房子有二十多个房间，1939年起专供高等研究院院长使用，罗伯特·奥本海默等人的孩子都在这里长大。安娜小时候也曾翻遍那里每一个角落，但已多年未跨过那道门槛。关于这个地方的记忆让她越发焦虑，她刚准备转身离去，门开了，是欧内斯廷和蔼的脸。

这位美国南方土生白人已为亚当斯一家服务了近二十年，她和她那永远艳丽的衣服都成了家的一部分。弗吉尼娅想叫她别穿得这么热带风情，换上更符合他们家社会地位的朴素保姆装，但欧内斯廷不听，时间越长，衣服反倒越花哨。她从没在任何事上让步，说话总夹着莫名其妙的法语，叫人一头雾水。

"安娜，我美丽的小鸟！见到你真高兴！"欧内斯廷奔放地在安娜的左右脸颊上各亲一下，安娜闻出她特有的气味：香草加酵母。

"你一点儿都没变。"

"净胡说，我巨大得像一头鲸鱼，你还是那么漂亮。"

她掐了下安娜的腰："要是我来照顾你，你就不会这么皮包骨头，上天啊！现在的女孩都怎么了！"

安娜递给她一个小包裹，二楼突然传来一声歇斯底里的喊叫，把她俩都吓了一跳，欧内斯廷叉着腰叹了一口气。卡尔文·亚当斯出现在厅里，穿着随意，暖色的法兰绒衬衣里是白色高领毛衣，安娜怀疑他总穿高领毛衣是为了掩饰肿大的甲状腺。"安娜，新发型很漂亮。"这次，她控制住自己，没去摸头发，不会再被简单的称赞骗到。还好他没再说什么，只让欧内斯廷去劝劝夫人。

弗吉尼娅带着浓郁到熏人的香水味出现，一手拿酒杯，一手拿烟，在安娜印象中她总是这个样子。

"你来早了，什么都没准备好呢。"

安娜没生气，从小就习惯了亚当斯夫人的刻薄。她算着过多久亚当斯夫人就会一如既往地又哭又闹，弄花完美的妆。弗吉尼娅依然很会打扮，尽管岁月让她只能越来越借助技巧。她就像拔了销的手榴弹，丈夫耗尽多年力气不让她爆炸。

安娜拿着衣物，一时无措，直到被接过去。亚当斯夫人又像往常那样上下打量她一番，手拿香烟就去摸她的红裙子，安娜祈祷火光闪闪的烟头别把薄薄的布料点着。她从没给自己买过这么贵的衣服，不过离弗吉尼娅一袭绸缎袍子那种张扬奢华还很远。

"经不起洗，但这红色还挺亮眼。"弗吉尼娅的话得反着听，热情其实是骂人，责怪其实是夸奖。安娜递给她一瓶意大利奥尔维耶托的白葡萄酒，和詹尼住在翁布里亚时很喜欢喝，弗吉尼娅用指尖捏着这薄礼。深谙待客之道的卡尔文邀安娜去客厅坐："这里就是你的家，你很清楚。"

安娜选了个靠里的位置，壁炉旁边切斯特菲尔德大沙发的最远端，背对书房门。皮革的味道让她安心。她在这屋里有许多美好回忆，在还是个小女孩时经常和利奥在这里一起做作业，欧内斯廷就在厨房给他们做华夫饼。安娜还没来得及摆好姿势，利奥就出现在她的视野中，一屁股坐在她对面的沙发上。

"还是那么有风度，利奥。"

"我努力了，看见这领带了吗？"

"不伦不类，衬衫皱巴巴。"

她帮他整理领带，想起以前那么多次帮他系鞋带、找文具，用巧妙的谎言帮他逃过惩罚。利奥一口干了杯子里的酒，避而不看书房的门，他也被同样的记忆纠缠吧？安娜怪自己不该这么快就又母爱泛滥。她知道那不修边幅的外表之下是一个嘴巴闭紧的小男孩，害羞到不敢露牙齿，或机灵到不想表现出自满。他的脸那么窄，鼻子却那么大，青春期的利奥曾为这十分难堪。如果没有深邃又笑意盈盈的眼睛，他可能会很丑。利奥被盯着看得很不舒服。

"没人给你倒酒？"

"我得保持清醒，还要做翻译，我是被请来给法国数学家做翻译的。"

"没必要，他英语说得很好，我爸也这样骗了我，想让我和理查森三世还是四世搭上，他最会给人下套。"

安娜感觉被骗了，原来不是利奥要她来，书房门早已关上。她答应喝一杯，利奥晃荡到吧台边，正装衬衫真的很不适合他，安娜习惯他穿 T 恤，上面写的话永远莫名其妙。不够敏锐的人就会被他的不修边幅欺骗，他用邋遢放浪的外表掩盖如水晶般清晰的思维，其实是像计算机一样的纯粹分析机器。太早接触计算机决定了他的命运。他不服管教，与父亲脱发、母亲酗酒不无关系，不过也可能因为这样他才叛逆。

利奥拿着两个碗大的酒杯回来，看他那已然光秃秃的前额和满满一杯威士忌，可能是随爸也随妈吧。卡尔文·亚当斯探头进来，做个手势：客人们到了。他儿子眨下眼睛表示知道了。安娜奇怪利奥突然这么听话，还记得有天晚上他摔门而去，鞋都没穿，但没走出多远。父母派欧内斯廷去警察局接他，利奥三个多星期不和他们说话，那时他还不到十岁。

利奥点了一支烟，安娜从欧洲回来就戒了，但过程很痛苦。她忍住抽一支的冲动，这几天又因为不抽烟难受，整个世界都抽，就她不抽。

"你为什么回普林斯顿？"

安娜把杯里的威士忌一饮而尽，这问题太直接，让人无法诚实回答。利奥从不懂人有千差万别，他常说："世界上只有 10[1] 种人，懂二进制的和不懂二进制的。"他的世界非黑即白，安娜的世界却混合了各度的灰。他属于"离散"，她属于"连续"，他们从没能在两人之间找出一条清晰的边界，可以越过却也有足够阻隔，不让一人消失在另一人中。数学里"离散"无穷小于"连续"无穷，而利奥的无穷似乎比安娜的无穷更能吞噬一切。

两年前，她逃到佛罗伦萨，为两人的纠缠画上句号。一天早上，詹尼家大宅的门铃响起。詹尼还睡着，他向来睡得沉，安娜从床上爬起，用意大利语高声让这么早就来狂按门铃的人等一下，开门却看见利奥，手拿背包，一副猜不透的笑容。"惊喜吧?"他没解释，只说了这么一句，直到看到詹尼出现在安娜身后：确实很"惊喜"。他二话不说，转身就走，安娜再也没见过他。

詹尼没和安娜闹，也没要她"选择"。她无须选择，一切已被打乱。詹尼和安娜分手，只责备了一句："还是希望你事先告诉我，安娜，发现自己是'备胎'总不愉快，尤其我这种人，一辈子都在打假。"不过他没有接受安娜的道歉。

利奥拍拍安娜的肩膀，从来受不了她走神。

"你和那个意大利人怎么样了?"

"有缘无分。"

弗吉尼娅挥舞衣袖招呼他们上桌。

利奥说："在你旁边给我留个位置。"

"很高兴帮你凑个数。"

"彼此彼此。"

---

[1]　二进制中 10 即为十进制中的 2。——译者注

42.

1954

爱丽丝梦游原子国

> "如果瓶子上贴着标签'毒药',
> 你又喝了很多,那迟早会有害身体。"
> ——刘易斯·卡罗尔,《爱丽丝梦游仙境》

"L51 有两种颜色,浅蓝色的卖得很好。"

"我不信任普雷斯科特牌,L18 有明显的安全缺陷,氟利昂泄漏的问题他们解决了吗?"

"这我不清楚,哥德尔先生,从没人抱怨这个,除了您。"

不愁生意的家电销售员欣赏着自己刚剪完的指甲,重心从一只脚移到另一只脚。兔牙加上一副"什么都好说"的笑容,这个史密斯看起来就像一个拉长版的米基·鲁尼①。他无所谓地回答我丈夫的问话,感觉像侮辱人,不过话说回来,他的耐心也被考验了许多次。

"你们没有欧洲的机型?"

"干脆来个苏联的机型好了!您丈夫可真会开玩笑,哥德尔夫人!"

库尔特躲过他的大力一拍,他一个趔趄差点儿没站稳。

"美国和苏联之间还有别的国家,您不知道?"

"哥德尔先生,我们这里只卖我们国家的东西。"

"史密斯!你总不能怀疑一个机器是共产党吧?"

---

① 美国电影演员,奥斯卡终身成就奖得主。——译者注

"反正我就这么觉得。那台'金自动'可以给你们二十五美元的优惠，你们是很好的客户。"

"那个四百美元呢，库尔特！每年买一台这个价格的冰箱，我们负担不起！"

史密斯不管我，又夸起一台两百九十九美元的银光闪闪的上将牌冰箱，说来说去还是那一套：额外多一个冷冻室啊，门左右都可以开啊。我乖乖听 20 世纪最聪明的人谈笑风生，可不是为了眉毛都不皱地忍受一个小售货员的趾高气扬。我拽着库尔特走了。

"阿黛尔，我们需要买一台新冰箱！旧的那个很危险，我们会中毒。"

"我们从纽约订一台。史密斯吃准我们一定会在他那里买，懒得理我们，就知道宰我们。"

"你搞错了，阿黛尔。"

"真是服了你，觉得哪里都有阴谋，偏偏真有阴谋的地方不觉得有！"

我推着库尔特在步道上走，感觉背后是售货员冰冷的嘲笑。

"你能不能试着理解一下，我们这么经常换冰箱，往好了说也被认为少根筋，现在最好低调点儿。"

"爱因斯坦先生没把他的专利①商业化太可惜了！"

"他有很多别的事要操心，你要再去和他说冰箱，他就会把你关进精神病院！快点儿，你和阿尔伯特还有约，你要迟到了，我也要去做头发。"

罗丝准备取下卷发夹，从洗头开始我就觉得她话里有话，欲言又止，我知道她想说什么，假装听不出。她还是没忍住，克制对这个专业嚼舌根的人来说太痛苦。

"那他到底是不是？整个普林斯顿都在说，你老公的领导把炸弹卖给苏联人了，今早报上都登了。"

---

① 爱因斯坦可能和好友利奥·西拉德（也是"曼哈顿计划"的物理学家）一起注册过好几种冰箱专利，其中一种采用了"电磁泵"系统。

"报上说什么你都信的话，那我也帮不了你。"

她猛地扯开一绺头发："你们和奥本海默一家好得很。"

我犹豫了一下站哪边，在普林斯顿，无足轻重的小谎也可能变成飞来横祸，就像一颗陨石，绕城三周然后砸在你头上。

"我完全信任他们。"

"奥本海默夫人高傲着呢，你不觉得吗？"

"罗丝，她不来你这里做头发，你也不能随便说她！"

她用力扯下最后一个卷发夹："那至少也把我们的机密卖了。如果苏联人造出炸弹，那肯定是我们之中懂这个的给他们的！"

"你不觉得他们自己也能造出来吗？他们也有自己的天才疯子吧？"

她停下手中的梳子，从来没想到过这一点。

"奥本海默一家不是共产党，罗丝，我确定。"

她看着镜中的我："你不明白，哥德尔夫人，党派里最要紧的人其实并不是党员，因为这一身份会限制他们的行动，我是在报纸上读到的。"

"你还是看看《时尚芭莎》吧！"

我真想立刻起身走人，哪怕头上还顶着几个卷发夹，留下她目瞪口呆。但逃避愚昧？多糟糕的主意！它跑得永远比你快，最后总会追上你。不理不睬也许可以，但我再也不会逃避。

"请快点儿，罗丝，我还要去爱因斯坦教授家做客呢。"

她被唬住了，爱因斯坦依然相当受大众崇拜。为教训我的夸口，她给我上了太多发胶。

我在下午茶时间到了阿尔伯特家，浑身散发着一股廉价发胶混合汗的馊味儿，那时总是心焦得出汗。我很讨厌在美国的这个时期，让我想起战前的维也纳，库尔特也很受不了这种腐朽的氛围。疑神疑鬼扩散到科学界，让他十分焦虑，把别人要面对的问题一锅粥都当作自己的问题，比如罗伯特·奥本海默被怀疑是间谍。我丈夫觉得哪里都有人与他为敌：送牛奶的改了送货时间——他在窥视我们；一个学生为写论文想联系他——库尔特用两道锁把自己锁房里，电话也不接；开会时有人反驳他——他指责整个高等研究院联合起来对付他。我们被监听了，我们的信件被拆开了，我们被跟踪了，有人要毒死他……只有他最好的朋友还愿意听他唠叨而不大喊烦死了。像他这样的科学家当然晋升无望，不过除了怪他自己不会应酬，又能怪谁？他把不客气的流言归咎于同行的嫉妒，以为人人都针对他。没那么宽宏大量的同事更多因为他的怪念头激动，而不是他的研究。库尔特觉得他们在搞阴谋，我倒觉得是自保，他们最不想让他砸在他们手里。结果库尔特不吃饭，即使吃也吃得很少，我又成了试吃员，不过他还继续搞研究，好像脑子里有个密封的部分，任凭疯狂淹没其他一切。

我把围巾系在头上，按了门铃，莉莉给我开门，脸色比平时还要苍白。

"怎么了，亲爱的？谁死了？"

她把一根手指放在嘴唇上，让我不要出声。客厅里，阿尔伯特正要结束一通紧张的电话，所有人都看着他。莉莉、库尔特、奥斯卡，以及阿尔伯特的助手海伦和布鲁里亚都端着瓷杯，不喝也不放下。海伦示意我坐她的位置，问也没问就给我倒了一杯茶，其实我更想来杯烈酒。阿尔伯特满腔愤怒地挂了电话，瘫坐在椅子上。

"他们的结论是既无证据也无迹象表明他不忠，不过他们说这也不代表他就不危险，真会兜着圈子说话！"

"天啊，罗伯特会被从高等研究院除名？还是更糟？"

"先别慌，莉莉，奥本海默家的情况和罗森堡夫妇不一样。罗伯特会丢掉华盛顿的职位，也不再属于原子能委员会，反正他的任期也快到了。他们打算不让他参与任何敏感工作或决定。"

"他到底为什么一定要出庭面对假模假式的审判？您都劝住他了，爱因斯坦先生。"

"他要还自己一个英名，我想可能是要为参与洛斯阿拉莫斯赎罪。"

"这个混蛋特勒①真是坏透了!"

"阿黛尔!"

"没关系,哥德尔!你夫人说得没错。他们所有的指控都基于特勒所谓的直觉,这些'战争狂'以后在委员会可以为所欲为,这就是他们的目的,把罗伯特搞臭,让他失去影响力。"

没人敢回阿尔伯特的话,他好像陷入了深深的悲伤。这位年迈的物理学家不断为所有人抗争,筋疲力尽,库尔特却从来只为自己。德国的悲剧再次上演,但已不会让太老、太犬儒的我们惊讶。美国如果没有爱因斯坦等不怕牺牲的有识之士②来保卫,也将走上德国的老路。

"哥德尔,你之前说美国宪法有缺陷,没人听你的,现在可好!我们一只脚已踩进独裁的泥潭。"

"您说话还是注意点儿,我们正被监听。"

爱因斯坦蹭一下从椅子上弹起来,抓起带流苏坠的台灯就对着说话,好像是麦克风一样。

"喂,喂!这里是莫斯科电台!我是阿尔伯特·爱因斯坦,我把豌豆汤的做法卖给了敌人,让他和麦卡锡都噎死吧!喂?"

他摇着台灯。

"喂?③没人听?他们应该给莫斯科和普林斯顿之间编一条直通线路,通信就是个灾难。"

我们不知该笑还是该担忧,谨慎的布鲁里亚把灯从他手中拿走。

"冷静一下吧,教授!别给自己找麻烦!"

他摸了下口袋,找老朋友——烟斗。海伦捡起掉在地毯上的流苏,朝房间

---

① 爱德华·特勒(1908—2003),匈牙利裔物理学家,他被称为"氢弹之父"。20世纪80年代,如此"爱好和平"的特勒还是罗纳德·里根总统"星球大战计划"的支持者之一。此计划旨在用装配激光武器的卫星形成覆盖,防御苏联弹道导弹的攻击。

② 爱因斯坦敢于反对麦卡锡,在美国国家级报纸上发表了一封公开信,写道:"一切被某委员会传唤的知识分子都应拒绝作证。"爱因斯坦作为公众人物极少这样做。

③ 意大利文:Pronto?——译者注

外走去，拍拍他的肩以示安慰。爱因斯坦瘫坐回椅子上，不停捋着沾有烟草屑的发黄的小胡子，耷拉的脸已显老态，但眼睛还和年轻时一样有神，像两颗黑亮的星。

"如果无须付出代价，勇气也就一钱不值。自从我公开支持罗伯特，身后又多了五十个特工跟着我！你们读到那些记者写我的话了吗？幸好马娅已经走了，不用忍受这些！"

"您非常勇敢，爱因斯坦先生。"

"他们能把我怎么样，莉莉？取消我的美国籍[①]？把我扔进监狱？出了名就这一点有好处，他们不能为所欲为！"

他点燃烟斗，抽了几口，似乎平静了一些。

我说："可怜的姬蒂，就算他们翻出罗伯特和前女友的陈年旧事，还是全力维护他！他们到底能多卑鄙？"

"这不关我们的事，阿黛尔！我厌恶闲言碎语。"

我受了这教训，但我可不傻，奥本海默的过去也不是洁白无瑕。我当然感激他帮了我们很多，但他也"玩过火"。这假模假式的审判结束了报上所谓"舍瓦利耶事件"，最后判决还是偏向他。在美国这个歇斯底里的时期，任何反对使用原子弹的人都被认为是不爱国的。爱因斯坦曾在一次电视采访中公开警告不要使用氢弹。这种说法引发了美国国内的反共分子以及幕后操纵者——长期把持 FBI、权势强大的埃德加·胡佛的狂怒，阿尔伯特因此受到了他们的猛烈抨击。奥本海默在洛斯阿拉莫斯当主任时曾热忱地与美国军方合作，但后来也试图阻止愈演愈烈的核竞赛。我曾听到他在烧烤时和同事讨论这事，他觉得美国的军备已足够把西伯利亚送进太平洋，完全可以吓住对手。1949年，苏联成功引爆第一颗原子弹的消息掀起一波汹涌的间谍恐慌潮，以逮捕并处决罗森堡夫妇为高潮，他们被指控将洛斯阿拉莫斯的机密泄露给苏联人。

---

① FBI 有厚厚一沓调查阿尔伯特·爱因斯坦的卷宗，一些不可靠的信息源做出可笑的指控，说他发明了能控制人类思想的机器人，还说他的一个儿子被苏联绑为人质。在胡佛的大力推动下，美国移民局不遗余力地调查爱因斯坦，意图剥夺他的美国籍，将他驱逐出境。

1953 年夏天，风声正紧，战场一片泥潭，又传来消息说苏联试爆第一枚氢弹成功，比美国第一枚氢弹"常春藤迈克"只晚不到一年。苏联人这么快就掌握了氢弹研发技术，把参议员麦卡锡急得团团转。苏联竟敢和我们一样厉害！谁把东西卖给了他们？怀疑又指向"曼哈顿计划"的主要参与者。奥本海默持温和立场，结果成了众矢之的。爱德华·特勒对他一直心有芥蒂，因为奥本海默没让他当洛斯阿拉莫斯实验室理论物理部的头儿，而选了汉斯·贝特。特勒卷起白大褂的袖子，要亲自为奥本海默掘坟。不过奥本海默也不是圣人，也玩过检举揭发 [①]，威逼招供曾是时代潮流。他之前在受审时为自保，只得吞吞吐吐承认有人邀他给"一些人"提供机密，但他没接受，最终供出朋友——加利福尼亚大学伯克利分校的教授哈康·舍瓦利耶。新成立的罗伯特"忠诚度"调查委员会说他前后说法不一，对他"同情左派"的过去表示疑虑，还挖出他前女友搞运动、现任妻子的前夫反佛朗哥的事。奥本海默夫妇被卷入一团乱，这早可预见，因为恃才傲物的奥本海默是小心眼的嫉妒者最佳的打击目标。在这位棋术大师心中，丢卒保车是经过计算的险招，历史会说他痛苦牺牲而不是懦弱告密。他不光彩也不影响我对他的感情，反而让我觉得更亲切：全能的头儿也有缺点。

那个下午，大家还没想那么细，只是愤慨，怒火中烧也就不觉得害怕，但也只是一时，因为总会想黑名单上下一个是谁。库尔特没什么可担心的，他既无背叛的心也无背叛的料，苏联人怎么会对他的研究感兴趣？但按当时的荒唐逻辑，无人能豁免，他也不例外，单是召他出庭作证就足以吓死他。

我们啜着凉了的茶，期待日子好一点儿。我看看钟，该告辞了，别让库尔特趁大家都不说话的当儿又挑起什么难懂而不合时宜的话题，结果他还是没放过这机会。

"奥本海默不是第一例，历史上伟大的科学家一直遭权力阴谋迫害，伽利略、布鲁诺、莱布尼茨……"

阿尔伯特犹豫了几秒，知道接话会说到哪里，但还是没忍住要逗逗库尔

---

① 原文为 naming names。——译者注

特。莫根施特恩努力掩饰不耐烦，杯子空了还假装喝最后一口。莉莉想到接下来的考验就一会儿把腿交叉，一会儿又放开。

"我还在想你能撑多久不提莱布尼茨，其他人都英勇就义，他掺和进来干什么？据我所知莱布尼茨可没牺牲。"

"牛顿有很强的政治靠山，偷了莱布尼茨的微积分说是自己发明的，依然逍遥法外。"

"这和阴谋迫害没关系！牛顿卑鄙，我已经教训过他，你放心！"

"普林斯顿大学图书馆有些莱布尼茨的资料不见了！您怎么说？奥斯卡可以为我作证。"

莫根施特恩尴尬地点头承认。普林斯顿大学得到非常全的莱布尼茨著作，但有些文件不见了。库尔特认为莱布尼茨把所有作品、草稿、笔记都保存下来留给后世，不可能是他自己销毁了那些文件。莫根施特恩认为是收集资料的人一时疏忽，没有阴谋，我丈夫不听，因为有证据支持他的瞎想再高兴不过。

"有些文字被人偷偷毁了，他们不想让人类变聪明。"

"天啊，被谁？麦卡锡？他连自己的名字都写不对！"

"莱布尼茨先于现代科学进行了相关研究，早两百年就看出集合论的悖论，甚至在博弈论方面也领先我的朋友莫根施特恩和冯·诺伊曼①。"

淡定的奥斯卡受过许多羞辱，多一个无妨。

"别想用玫瑰十字会或什么秘密组织的阴谋论来糊弄我，咱们这年头暴徒已经够多了——政客们现在可是光天化日之下搞迫害。说句实在的，当今世界谁在乎你的莱布尼茨！"

"大家不关心更证明有阴谋！我为保密都用加贝尔斯贝格速记法写，您也应该这么做，爱因斯坦先生。"

"没事，我自己都认不出自己的字。"

---

① 极客小趣闻：莱布尼茨的遗稿中有一篇文章——《仅用 0 和 1 表示的二进制运算之释义》，比信息时代早两百多年。

听阿尔伯特轻描淡写地带过，我笑了。库尔特如此相信他们的友谊以致看不出爱因斯坦先生对此不感兴趣，继续讲他的偶像所做的研究无与伦比地超前。莱布尼茨可能和他一样研究了概念的通用语言，研究出来却不敢发表，因为结果太过超前。爱因斯坦对此总回答：“哥德尔，你当数学家是为了让人研究你，不是为了研究莱布尼茨，天啊！[1]”然后又是一轮讨论。

“我和莱布尼茨一样都在寻找终极真理，于是我也成了目标，他们想干掉我。”

“他们是谁？希尔伯特的鬼魂晚上来挠你的脚底板？”

“我揭穿了几个想进我家的外国特工，好几次有人要毒死我，我要不是这么讲道理就会说冰箱被动过手脚！”

“求你别再提那冰箱！我宁愿再被麦卡锡委员会审一次。”

该走了，趁我丈夫还没越陷越深。朋友们都表现出十足的耐心，却常常被他过分消耗。我已能永远耐住，放弃了生气。心理治疗起作用了？我想说心理治疗让我明白争来斗去也是一场空。我回到我们之前的模式，准备好缓冲垫看他在钢索上摇摇晃晃。

生气发泄一时痛快，但一直生气谁能受得了？压抑的愤怒会侵蚀你，最后变成恶毒的气体，让本就有害身心的环境更加臭不可闻。那拿这些怒气怎么办？有些人没别的办法，只好撒在下一代身上。我没这种不幸，就把怒气留给别人，留给不称职的公务员、狡猾的政客、吹毛求疵的小店主、爱打听的理发师，留给糟糕的天气还有埃德·沙利文[2]那张老脸，留给所有与我一点儿关系也没有的烦人精。为了保护自己，我变成了一个泼妇，从没感觉这么好过。从此，我要是觉得心里气太多就去旅游，一直这样逃避，直到岁数大了走不动。尽管花钱不少，库尔特还是鼓励我去，但我每次回来都觉得他又瘦了，话更少了。就算距离让心中又萌生出一点儿希望，回到普林斯顿两小时就又破灭了：没什么能改变他。

我已不再想着回欧洲，家人令我失望。去年春天，他们说我妹妹快不行了，让我赶紧回维也纳见见她。都是骗人的。情势急迫，我一辈子第一次坐飞机，花了不必要的钱。我们也只是小康而已，不像他们想的那样发达了。我成了这些人的摇钱树，我向他们掏心掏肺，他们却要我掏钱。最后，原本会毁了我的却救了我，不管再怎么说，我真正的家人，是他。

"该道别了，库尔特。今晚要去大都会歌剧院看《蝙蝠》，有豪华轿车接送，香槟助兴，全套排面一样不落！"

"怎么，库尔特，这样舍得花钱？向敌人卖机密了？"

"两小时的施特劳斯还听得下去，我想让夫人高兴高兴，她应得的。"

大家都点头同意。我把大衣递给丈夫，等于下令让他出发，希望能为朋友们免去最后一段神经兮兮的自说自话。我都已握住门把手，他突然转身回客厅：

"你们都觉得我是个怪人，相信我，就逻辑而言，我不需要任何人给我上课！我没证据证明我提出的，但我能看出来，能看出来！"

43.

感恩节晚餐

"皮埃尔，这是安娜·罗思，研究院文献工作主管，她就像我们的女儿一样。"

安娜思索，卡尔文·亚当斯这么亲切，又突然升她为"主管"是什么意思。亚当斯一定要她来，她突然怀疑他想把她当赠品送给贵客。她赶紧让自己别瞎想。

她用法语向这位数学家问好，他用完美的英语回答她，略带一点儿法国南方口音。皮埃尔·西科齐看起来就像古代半身像，鹰钩鼻、大胡子、小卷发，好像印在菲尔兹奖章上的阿基米德侧像。他有一种闲散的优雅，穿一件简单的白衬衫，袖子卷起，露出古铜色的前臂，看来没少参加户外活动。

安娜早就听过他的大名。他在法国高等科学研究所担任教授，刚刚获得著名的菲尔兹奖，这个奖相当于数学界的诺贝尔奖，只颁给四十岁以下的研究者。安娜又想起与阿黛尔关于数学家都早慧的讨论，想着这个西科齐是不是从今往后就把自己当作退役的高水平运动员，但她没敢问出来，至于他的研究课题，出自另一个普林斯顿名人冯·诺伊曼的代数理论，她更是除了名字什么也说不出。不过这位数学家出了名地平易近人，循循善诱。

"抱歉，西科齐先生，我不是科学家，我们谈不了数学。"

"那更好，免得我喂了这些小鲨鱼。"

他悄悄用头指指旁边三个正儿八经的研究生，他们一脸热忱地看着他，能受邀用餐激动万分。

"他们可不是每天都能遇到一个菲尔兹奖得主。"

"但在这里，每个街角都能遇到一个。"

亚当斯院长身边的人到齐了，每个人都带着另一半。桌子另一头，理查森家族的公子在弗吉尼娅连珠炮一般的问话下显得很烦躁。安娜向几个常驻学者问好，其中还有一个很受追捧的诺贝尔奖获得者，他是文献处的常客。利奥突然出现在她身边，向皮埃尔·西科齐自我介绍说是"家里的浪荡才子"，然后直接坐在安娜旁边，也不管他妈妈恶狠狠的目光。卡尔文·亚当斯只好在理查森旁边原本留给儿子的座位上坐下，干了一杯威士忌。

安娜想着如何挑起话头，空腹喝酒让她的胃很不舒服，利奥在她右边一言不发，让她更局促。

"感恩节是个特别的日子，要感谢上天这一年给予我们的所有美好。"

"如果要谴责上天呢？"

"也一样，吃撑、喝醉、在家闹。"

"在法国，我们靠圣诞节搞得鸡飞狗跳。"

安娜猛灌一口水压住恶心。他侧向她："我有点儿不敢吃火鸡。"

"法国人很不相信其他国家的菜。"

"我们有成见，就像美国人对我们有成见，不过我俩有一个共同点：都悲观，你对这气氛悲观，我对火鸡悲观。"

"放心，我们的厨师欧内斯廷做感恩节晚餐有一套，弗吉尼娅想让她弄得传统些都不行，她总要搞点儿异域风情，我记得有一次馅儿特别辣，所有客人都被辣出了眼泪。"

安娜不想再提利奥给馅"加料"的那个感恩节，那个傍晚十分难忘，大家没完没了地胡言乱语，在巨大的沙发上东倒西歪。安娜在那个下午学到很多关于"大爆炸"的东西。这次恶作剧为利奥赢得了一张去往寄宿学校的单程票。

桌面摆得十分豪华，银质餐具整装待用，水晶酒杯闪闪发光，桌花精心插配，菜肴热气腾腾。安娜认出这套印着银叶蕨的白色瓷器，她小时候如此喜爱，专心致志地用手指描卷曲的茎叶，不管大人无休无止的争吵。现在她

感恩节晚餐

也长大成人，不再是孩子。她抚摸盘子上的花纹，想起刚下船的哥德尔夫妇，面对小山一般的食物，阿黛尔狼吞虎咽，库尔特小口吃鸡肉。

欧内斯廷端着一只金光油亮的巨大火鸡出现，放在配餐桌上，然后拿起一把与之相称的大刀。客人们一声不吭地看着这场巨人之战。欧内斯廷强壮如牛，火鸡必定败北。她拿着大刀对一桌客人大声说："我的火鸡我说了算！"弗吉尼娅向丈夫求救，他勉强笑笑安慰她。皮埃尔·西科齐闻到松露的味道，眼睛都亮了起来。得胜而满心欢喜的欧内斯廷先给他上了菜。她拿着馅料十足、大得吓人的一块来到安娜身边时，安娜差点儿晕过去，不过她很清楚，最好吃得干干净净。欧内斯廷给每个人都那么大分量，唯独心照不宣地在弗吉尼娅面前放了很小的一块。"唉，感恩节赶上节食，太倒霉了。"弗吉尼娅煞有介事地向桌上的客人撇撇嘴。西科齐笑得嘴咧到耳朵根，似乎很享受这一幕。

客人们互相递菜：红薯泥与土豆泥、翠绿的四季豆、金黄的玉米，还有小餐包。利奥在脏兮兮的笔记本上潦草地写着什么，完全不顾盘子里的菜，也不管同桌的人。皮埃尔·西科齐胃口大开，与干瘦的身板很不相称。

"您很喜欢运动吧？"

"我经常走路，风雨无阻，需要走走帮助思考。"

欧内斯廷给他看酒标：热夫雷 - 香贝丹，1969，配松露淡了点儿，但也不至于令人失望。西科齐喝了一口含在嘴中仔细品，魅力十足的他早就赢得欧内斯廷的青睐，她婀娜地走开，艳丽的衣边轻轻飘舞。利奥一口喝下这玉露琼浆，像喝普通汽水一样。皮埃尔·西科齐微笑地看着他。

"你好像在想什么。"

"想到一个东西，不想忘了。"

"做得对，有些彗星只来一次，最妙的想法都不是在办公桌前想出来的。要让直觉说话，每个人都有直觉，只不过大部分人压抑了它[1]。会放松左脑，才能让右脑漫游。"

---

[1] 1982 年菲尔兹奖得主、法国数学家阿兰·科纳语。

"您说罗杰·沃尔科特·斯佩里①刚发表的关于左右脑分工的文章？"

不用努力聊天，安娜松了一口气，但又想着会不会后悔，第一次聊只说了些无足轻重的东西。西科齐和利奥是同一类人，她料到他们会越过她聊"行话"，当她不存在。

"我经常要靠管直觉的右脑走出困境。我猜你也研究理论计算机学。"

"准确地说是密码分析。"

"你父亲和我说过你对加密的探索，你离开了他的领域。"

"他总喜欢说把我的研究领域归在通下水道和汽修之间②。"

安娜忍住没说他不知好歹，卡尔文提起利奥可一脸骄傲，只不过在儿子妄自尊大时略微讽刺几句，让他收敛，利奥也乐得摆出一副受害者姿态。卡尔文担心神童儿子研究太过"技术"的东西浪费才能，利奥则毫不客气地说他追名逐利只为掩饰江郎才尽。卡尔文也曾是颇有想法的数学家，后因喜欢名声和享受，接受了这个空耗光阴的职位。

"你父亲和我讲的时候其实很热情。"

这位法国数学家的关注让利奥很受用，变得滔滔不绝。他正和两个同事研究一种新的计算机数据加密系统，叫"非对称加密"，能保证数据交换的私密性。虽然这所谓的"公钥加密"对安娜来说完全就是天书，但她依然侧耳倾听，平时利奥不会费劲和她细说研究内容。小时候，有多少次他因为要向安娜解释他觉得十分清楚的概念而发火？利奥看安娜又一头雾水，就像以前他总笑她的那样，干脆拿小本子画了起来。

"想象一把普通的锁，谁都可以锁上，但只有你能打开，因为你有钥匙，也就是所谓密钥。"

她想起初中的储物柜，利奥总拿她的当自己的用，放些奇怪的袜子和学校不让带的违禁品。她改密码也没用，他总能猜出来，真是从小看大。

"加密，或者说上锁，很简单，谁都可以做；但解码，或者说开锁，就只

---

① 美国神经生理学家，1981年因对大脑左右半球联系的研究获诺贝尔生理学或医学奖。

② 计算机科学家、算法学先驱高德纳语。

有拿着钥匙的人才能做到，能上锁并不代表知道如何开锁。"

安娜放下刀叉，表现出全神贯注的样子。

"想象你把储物柜寄了出去，锁开着，钥匙你自己留着。"

她想象一溜儿卡车，装满储物柜，全国上下跑，就像现代版的驿马快信，但她没表现出讽刺，利奥是那种只能他说别人，别人不能说他的人，有多能让人受不了，他就有多敏感。

"我在柜子里放一张纸条，把它锁上。对我而言，这是个不可逆动作，但你在收到时，可以开锁获得其中的内容。"

皮埃尔·西科齐四处张望，看酒在哪里。桌子另一头，那三个学生已快把那瓶热夫雷－香贝丹喝个底朝天。无所不知的欧内斯廷马上又给他开了一瓶。

"要找到单向函数，符合这种非对称加密的要求，这是简单但很难逆转的运算。"

利奥露出一丝微笑，这对他而言就是欣喜过望的表现。

"搞定了①。"

"厉害！灵感从哪里来？"

"从比萨来，我吃得特别多，不过说老实话，其实是我同事在一次宿醉之后想到的。"

"一点儿偏头痛就能让左脑停止。"

"有时是左右脑都停止！这得看吸收的乙醇量，我们经常拿自己做实验。"

"能概括一下你们的成果吗？如果这位小姐还没听烦的话。"

"没关系，难得听利奥说他的研究。"

安娜想起"阿黛尔定理"，惊讶于自己居然用上了，又眨眨眼不以为意，都怪这红裙子。

"好，为了你，我说得简单点儿。"

---

① 利奥"搞定"的是 RSA（Rivest-Shamir-Adleman）系统，设计于 1977 年，至今仍用于银行转账、电子邮件等信息交换的加密，不可或缺。由此，发现新质数变得十分有利可图，1 亿位的质数价值 15 万美元，10 亿位以上的质数价值 25 万美元。

她不生气，早就心酸地接受了自己和青梅竹马不是一类人。他不是看不起她，人之所以不会炫耀天赋，是因为并不知道其他人有没有这样的天赋。

"你选两个质数，p 和 q，只有你自己知道，两数相乘，得到一个合数 N。你知道什么是质数吧？"

"只能被 1 和自身整除的数。"

"我用很小的质数给你解释。如果 $p=13$ 而 $q=7$，$13 \times 7 = 91$，那么你个人的 N 值就是 91。如果我要给你发一条信息，你就要给我这个 N，也就是你的公开密钥 91，我按这个值给信息加密，只有你能破译。"

"有人可以猜到我的 N 是怎么来的！"

"两个质数相乘是一个单向函数，或者说几乎可称为单向函数。N 如果很大，就很难被分解为质数，找到初始积的来源。只有你有 p 和 q 的值，这两个值定义 N，13 和 7 这对数就是你的私人密钥。"

"怎么保证哪个精通算术的机灵鬼不会成功分解我的 N？"

"要增强加密的安全性，只要选一个巨大的值就可以，N 趋向 10 的 308 次幂，就需要一亿人用计算机算一千多年才能破解[①]。"

"某天会有人发现快速找出质因数的方法。"

"数学家努力研究了几百年都徒劳无功，这是一个非常优雅的系统。"

利奥笑得几乎要露出牙齿。

"我们在《科学美国人》的数学游戏专栏发起了一个竞赛，发布了一段加密过的文本让人破解，我们简要解释了如何加密，密钥 N 的值在 10 的 129 次幂这个数量级，我们很大度了。"

"文本说了什么？"

"去破解吧！与这火鸡有关[②]。"

皮埃尔·西科齐笑着说算了，还有其他课题可以消耗掉接下来的一千年，

---

① 出自西蒙·辛格的《密码故事：人类智力的另类较量》。

② 这段文字在发表 17 年后被一个 600 人的志愿者团队破解，答案是 "The magic words are squeamish ossifrage"（密语是神经兮兮的胡兀鹫）。胡兀鹫是一种猛禽，其英文 ossifrage 字面意为"碎骨者"，因为这种鸟会从空中扔下骨头摔碎，吸食其中骨髓。

但他再次祝贺利奥做出这些开拓性的研究，而安娜担心利奥步入险境，NSA①
以及美国所有以字母缩写为名的军事部门都会来找他的麻烦。他们已预防性
地消灭了所有崛起中的网络。计算机加密之父图灵为此付出了生命的代价。
她思索哥德尔先生在面对这些技术进步时会有何反应，看到自己白纸黑字般
清晰、纯粹的逻辑，不到五十年就演变成由比特和字节组成的混战，会不会
高兴？

"从此以后我们就生活在信息时代，信息会变成最宝贵的资产。"

"信息一直都是战争的生命线。说到战斗，让我来帮帮你，小姐。"

安娜努力想吃完面前的火鸡，可实在吃不下。她把盘子推给法国人，他
二话不说地吃起来。今天吃够了火鸡，听够了数学，她起身离桌，留下这两
个男人聊他们的话题。她对阿黛尔的故事有了体会：一辈子在不属于自己的世
界。安娜认为自己有个优势：从小就被训练一言不发地听别人高谈阔论。利奥
甚至不会发觉她走了，他现在有个旗鼓相当的玩伴。

---

① National Security Agency，美国国家安全局，负责收集、分析、监视通信的美国政府部门。

44.

1955 年 4 月 13 日
独眼、无眼、第三只眼

"'乖乖！皇上的新装真是漂亮！'谁也不愿意让人知道自己什么也看不见，
否则就会显出自己不称职，或是太愚蠢。
皇帝所有的衣服从来没有获得过这样的称赞。
'可是他什么衣服也没穿呀！'一个小孩子最后叫了出来。
'上帝哟，你听这个天真的声音！'爸爸说。"
——汉斯·克里斯蒂安·安徒生，《皇帝的新装》

　　我冲洗盘子，递给莉莉；我们之前的心理医生胡尔贝克的太太贝亚特·胡尔贝克为我们调餐后鸡尾酒；姬蒂·奥本海默心不在焉地喝着，也不知在想什么；我们的英国可卡犬比比不知第几次来求人逗它，我轻轻把它推开；多萝西·莫根施特恩调高广播音量，不忘盯住安顿在摆在厨房桌上婴儿篮里的孩子。这个春日午后热得不像话，那个婴儿一直玩自己光着的小脚丫，我恨不得过去把他的脚吃了。

　　"你们知道查克·贝里吗？他们管这叫'摇滚'。"

　　我对这些新潮的黑人音乐实在没什么热情，但脚不自觉地跟着动起来，它们本能地懂得欣赏韵律。我年轻时风靡的爵士乐突然变得老气，这时代是我的时代，我却不再喜欢时下的音乐，是时候把舞鞋收起来了；最近闹得很凶的民权运动我也不怎么关心。在公交车上，黑人要坐我旁边，为什么拦着？听他们的布鲁斯、摇滚乐？用同一个水龙头喝水？可以啊。给我输黑人的血？

我不想问自己这个问题。待在普林斯顿这个精心维护、自视甚高的围城中①，除了我辞退的那个女仆，我们没怎么接触过有色人种。我们不认识任何黑人数学家或物理学家。阿尔伯特曾试图向我证明种族隔离没道理，在我看来，这其实和道理没什么关系。

贝亚特跳着舞递给我一杯酒，我们尽情摇摆，反正男人都在花园里，看不见我们。炎热、醉意，还有我做的菜战胜了他们正儿八经的讨论。一曲终了，我们都意犹未尽地瘫坐下来，岁月不饶人，笑声还未苍老，腿脚已不听使唤。我脱下保护衣服的围裙。在五十多岁的年纪，我胖了不少，只能把所有衣服都送去改大一圈。

"你不觉得那人真的很奇怪吗？"

莉莉说的是那个不速之客，唯一的圈外人。多萝西从笑盈盈的小毛头的脖子上抬起鼻子："那人真神了！净一本正经地胡说八道。"

"皮那么糙，像汤姆·尤厄尔。"

"你看过他演的《七年之痒》吗？完全比不上卡里·格兰特。"

"看你要他做什么。"

"阿黛尔，小心你老公听见！"

我旋转摆出玛丽莲·梦露在地铁出风口被吹起裙摆的姿态，比比钻到我裙下，这狗真是着了魔。

男人们喝着餐后酒，女人们在厨房忙活，一切井然有序。这些片刻的休憩虽有男尊女卑之嫌，但我不反对，它们给我的生活带来些许安逸，偶尔一两次相聚是我最后的欢乐。我们几个女人在一起聊的不外乎那些话题，她们说说孩子又怎么好、怎么坏，所有人都说自己发胖、大便不畅，讲讲谁的衣服好看或不好看，再抱怨抱怨老公，最后说天下乌鸦一般黑，男人都不是好东西。我们的丈夫要喝个痛快或仰望星空才能振奋精神，我只需要一池子脏

---

① 1954 年，美国最高法院裁定公共教育中种族隔离违宪。在实际情况中，废除种族隔离是一个漫长的过程，要经过许多年、许多斗争才施行于美国整个教育体系。普林斯顿大学的第一位黑人学生是约瑟夫·拉尔夫·莫斯，1947 年从美国海军复员赢得这一权利，人们给他起了个外号叫"泥炭"。1965 年，戴维·布莱克韦尔（1919—2010）成为首位入选美国国家科学院的黑人数学家。

碗盘。

那个下午，我们为庆祝库尔特入选美国国家科学院^①，邀请所有好友来烧烤，只有阿尔伯特没来，说自己太疲劳谢绝了。那时大环境又宽松起来，奥本海默一家全身而退，他继续担任高等研究院的头儿，在科学界的威望也未受影响。美国政府增加补贴，各种研究欣欣向荣，我们的小世界一片祥和。美国稍微松了松裤腰带。

客人们在树荫下，我端上咖啡。多萝西带孩子午睡去了。看他们昏昏沉沉的样子，估计还会待些时候，我还可以享受不少有他们相伴的时光，成功把这间屋子变成了温柔乡。

一向惹人烦的查尔斯·胡尔贝克没带香槟来，倒带了一个奇人：西奥罗尼乌斯·杰瑟普，他四十多岁，皮肤被加利福尼亚州的阳光晒得黝黑，自称社会学家、纯素食主义者。他说很荣幸受邀，其实没人请他来；他一边嚼菜叶子，一边想在对话里插上一两句，其实也没人想和他对话。胡尔贝克又是哪根筋搭错了？给我们找来这么一个"神经病"。不过既然他不觉得去前病人家里吃饭有何不妥，那也看不出带个现病人赴约有什么不对。

从开胃酒起，我丈夫就对这个陌生人饶有兴趣，奇了怪了。当这位先生妄自将"不完备定理"与自己的社会学研究相提并论时，我都没感觉丈夫有什么不悦。他无数次向我说过对这种事的看法：如果他说不对，然后和颜悦色地向大胆后生解释，他们也听不懂，只会固执己见，还夸口说和哥德尔先生探讨过，其实哥德尔先生只是客气客气罢了；如果在少数情况下，他生气，教训他们说"不要试图摆弄不明白的概念"，就会被说成傲慢。他倒不介意那样教训我。库尔特一般都假装心不在焉或摆出怪脾气那一套。客套是社交必不可少的润滑剂，但他觉得是浪费时间和精力。他人的虚荣是不可承受之重，自己的虚荣就够他忙的。

---

① 入选美国国家科学院（National Academy of Sciences）是美国科学家的最高荣誉之一，其院士是美国在科学、工程、医药方面的顾问。

　　不速之客迫切要让人刮目相看，趁大家意兴阑珊，大胆将精神分析与形式科学相比，还不忘顺带盛赞库尔特一番。他要是和客人们更熟，就绝不会想踩这泥坑。一直眼皮打架的查尔斯像被泼了桶冰水一样突然清醒过来，从冷盘开始就等着打嘴仗。他喝下第四杯咖啡，剑拔弩张的快感就是他的蜜糖。

　　他说：“据我观察，精神分析学家分好几派，每一派都发行自己的刊物，阐述其特有的亵渎神明、违背自然、解释艺术的方法[1]，数学家则正相反。”

　　杰瑟普似乎在想，这话从精神分析学家嘴里说出来与主题有什么关系，但又想不出来，只好一笑置之。如果那话有深意，这会心一笑就让人觉得他参透了；如果没有，别人也会当他是给面子。奥斯卡轻咳几下，莉莉的丈夫埃里克和奥本海默已经下桌，舒舒服服地躺在躺椅上，库尔特人在心不在，只有查尔斯还愿意和他聊，等查尔斯玩够了一定会生吞活剥了他。好心的贝亚特拍拍杰瑟普那结实的肩膀安慰他，我思索着一个纯素食主义者怎么会有这么发达的肌肉。他抹平桌布边，说出刚才吃饭时没能说的话。

　　“我没事也搞搞心理治疗。”

　　“你是精神分析师？刚才你说自己是社会学家。”

　　“我不在意标签，冯·卡勒夫人，我就是个人生顾问。”

　　我侧耳倾听，顾问费估计不便宜，他腕上有名表，身上的亚麻西装一看就是量身定制的。他还是个艺术爱好者，买了好几幅贝亚特·胡尔贝克的画，她是个很有天赋的画家，阿尔伯特说查尔斯自己也收藏了不少画，给灵魂治病真赚钱。

　　“你的客户都是什么人？是不是该说‘病人’？说‘客户’感觉像肉铺！”

　　“我更喜欢‘圈子’这个词，哥德尔夫人，向我咨询的有商人、艺术家，还有很多演员。不旅行时我住在洛杉矶。”

　　“你用什么方法？”

---

[1]　奥地利讽刺作家、批评家卡尔·克劳斯（1874—1936）语。

"我高度共情，就像振动感受器，不管振动是积极的还是消极的。我帮病人将他们的振动分类，因为一切都是振动，不是吗？"

最会寻开心的姬蒂接过话来："我打赌你肯定相信转世！"

他点头承认，刻意慢慢取下太阳镜，眼神很深邃，但不像奥本海默那样摄人心魄。奥本海默这时正打着呼噜，指尖夹着一根快要烧完的烟。

"我更喜欢说'转生'。我去过好几次印度，亚洲文化已浸润我整个人，灵肉无分，不同于我们西方，万物归一，我们是纯粹的能量态，是量子的。"

胡尔贝克剔着牙，好像要把牙磨尖。

"您说的量子是什么意思？"

"我所做之事出于多年的钻研、旅行。借助冥想，我深刻改变了此在意识，发展出强大的身心持力，能够以量子式调动能量。"

"一句也没懂。"

西奥罗尼乌斯搭住贝亚特的肩："我知道很复杂，心诚则灵。"

贝亚特对他怒目而视，他因为趾高气扬失去了一个珍贵的盟友。这个西奥罗尼乌斯看来就求着被教训，见科学家们没什么反应，得寸进尺，和我们说了乱七八糟一大堆，什么身体、意识、咖喱、物质、精神。我见库尔特挑起一边眉毛，一脸困惑。这一通天花乱坠的胡扯我也一句都没听懂，但又不知道是不是我懂的太少。量子"神棍"极力推销他的那套理论，不管我们，不因为我们不说话就生气，这桌上说不定有他潜在的"圈子"呢。

"量子空间是一个振动场，不存在'我'和'非我'的二元对立。"

"看来泡利用那些讨厌的矩阵折磨我们也不是全无用处。"

奥本海默躺在躺椅上闭着眼说。他其实一直在听，一字不漏。我不知道这个杰瑟普是狡猾还是傻，那通上天入地的胡扯对某些刚出道的好莱坞女星也许能起作用，但在这里，在普林斯顿？就连我都觉得他莽撞。可惜阿尔伯特和泡利不在，不然一定兴奋地咆哮着把这家伙批得体无完肤。库尔特一言不发，专心检查白西装里子，好像要找出不存在的灰尘。他解下领带，敞开领口，露出纤细的脖颈，我看着这一小片嫩白肌肤，心中升起无限温柔，向他笑笑，他心领神会地侧首。奥斯卡·莫根施特恩换了个话题，不想让这怪人再说出什么神经兮兮的话。他抢过胡尔贝克的猎物，没收了他的玩具。

"库尔特，你关于卡纳普的论文写完了吗？"

"我从编辑那里把稿子撤回来了。"

"为什么？你费了那么多力气！"

"我对文章不满意，而且我是要论一论，但老朋友卡纳普应该不会有时间回答，这不行。今后我只研究哲学，我对胡塞尔①的现象学及其对知觉的研究非常感兴趣。"

"你觉得数学无聊了？"

"你觉得千头万绪，而我要找一条线，莉莉。我意图，或者说希望，为形而上学找到公理性基础。"

"通过研究别人？"

"研究从来不会没收获。"

西奥罗尼乌斯憋得要炸了，又插嘴："我也主张将传统方法和现代科学理论结合起来，真理一体无分。"

胡尔贝克听着他的每个词，珍之如一粒粒鱼子酱，准备好好讽刺他一番。我丈夫却半路杀出，给听烦、喝够的客人们上了一堂现象学的课。在他看来，他现在醉心的哲学家胡塞尔同样追求思维中分析的纯粹。我偷偷看过胡塞尔的书，想理解这新的偏执是为什么，结果发现我从没读过如此晦涩的东西，连要命的数学都没那么难懂，如果把数学翻译成我能明白的话，我有时也可以理解。这位胡塞尔先生特别能造出比主题还难懂的术语，本该解释主题，却越说越糊涂。连库尔特都说他太枯燥，可想而知！

"说到知觉，你知道赫胥黎吗，哥德尔先生？他刚出了一本文集，名为《知觉之门》，我给你寄过去。"

---

① 埃德蒙德·胡塞尔（1859—1938），德国哲学家、逻辑学家、数学家。

"这标题抄袭威廉·布莱克[①]！"

我丈夫挥挥手，驱赶一只贸然飞来的黄蜂："让他说吧，胡尔贝克！我对这主题感兴趣。"

西奥罗尼乌斯激动坏了，对赫胥黎极尽赞美之词。胡尔贝克一边嘀咕一边用一根又一根牙签剔牙，西奥罗尼乌斯闯进了他的地盘，胡尔贝克说他用精神刺激药品给某些病人治过病，药品虽能奇妙地改变对时间和空间的感知，但也有许多副作用，包括食欲不振、出现危险的幻觉，甚至精神错乱，永远无法恢复。他竭力让大家不要尝试，结果库尔特愈发感兴趣。我倒不特别担心他的好奇，他太害怕中毒，不会冒险尝试这些东西。胡尔贝克说的那些副作用，光凭我丈夫用脑过度就已经产生。

"挺诱人。"

"改变思想并不意味着净化思想！库尔特，那会让你上瘾！"

"我说的诱人不是这个意思，奥斯卡，我确实害怕迷失其中。我探寻别的方式——不那么化学的方式吧，人体在这方面自有办法。如果我要打开知觉的新大门，那也不会靠改变感觉，而是要脱离感觉。"

"首先要承认在我们感觉到的现实之外还有一个现实。"

"我们聊过上百次了，奥斯卡，数学对象就是这个现实的一方面，它们组成独立的宇宙，我们几乎无法了解。"

"您很幸运，哥德尔先生，能经常去这个宇宙看看。"

"只是暂时的访客，我再恼恨也没用。在工作中，我有时能听到一些声音，来自数学生灵，就像……天使，奇怪的是，我一说起这个，朋友们就一阵咳嗽。"

库尔特这么说不公平，尤其对莫根施特恩，他对库尔特的奇思怪想总表现出无限的容忍。他对天花乱坠的说法没反应，库尔特就觉得他像个盲人，没见过色彩就否认色彩的存在。

---

① "知觉之门"最初是威廉·布莱克在 1790 年出版的《天堂与地狱的婚姻》一书中提出的一个比喻，用来表达布莱克对人类对周围现实的有限感知的感受。——编者注

西奥罗尼乌斯脱掉外衣，露出紧绷胸肌的衬衫。女士们都笑了，一半是哄笑，一半是被这"客观"现实打动，她们的男人早就不再想要维持这种现实。这位男士简直不敢相信自己的好运，勇敢当桌上的圈外怪咖，最后却在理性楷模逻辑学家身上找到盟友。这倒不会让我特别惊讶，库尔特认为，要秉持理性就什么都不能拒绝，今天认为荒谬的，说不定明天就会成真。

"我也相信天使，每个人都有看不见但善意的同伴。"

"哥德尔和你说的可不是小卷发、弹竖琴那种天使，对他来说，天使更像一个哲学原理。"

"你贬低我的话，是因为它们让你害怕，查尔斯！我觉察到超感官宇宙的存在，也感觉到心灵有一只特别的'眼'来感知它。我们拥有领悟抽象的感觉，就像听觉和嗅觉，不然怎么解释数学直觉？"

"你是指一个实实在在的生理器官？"

"为什么不？某些神秘主义哲学家视松果体为知识腺。"

"印度教徒认为第三只眼——湿婆之眼——能洞察一切。这肯定就是未来人类的第三只眼，这个松果体可能就是沉睡在人体内的附属部件。"

耐心耗尽的胡尔贝克表示反对，说这个腺体只是激素的指挥部，不是寻找小天使的雷达，以学医时做的解剖为依据。我不明白这怎么能成为真相的证据，但喜欢看神经兮兮的达达主义者大批特批这些"关于第三只眼的蠢话"。胡尔贝克太喜欢与人作对，连原本可能出于自己的意见都要反对。看他为反对而反对，变成保守派，真令人愉快。西奥罗尼乌斯得意扬扬，我丈夫装模作样地捂着肚子。

"体会过数学的灵光乍现，听过天使的交谈，就会一直想重回那个国度，哪怕别人把我当疯子也无所谓。"

沉默之天使和尴尬之恶魔同时落在花园的餐桌上。库尔特的朋友们不喜欢他无所顾忌地自认是疯子，尽管所有人都觉得他是。如果他把那些想法放心里，那就只是些怪念头而已，别人能接受；如果他用有逻辑的话说出自己的看法，谨慎措辞也还可以避免提到疯狂；但如果他说自己是疯子，那就没人能继续保持礼貌了。

比比过来把肉乎乎的脑袋靠在我膝盖上，我一边摸它，一边想怎么缓和气氛。狡猾的姬蒂选择装天真，就像任何一个深知如何平静争执的女人。

"我觉得这么说会有一个让人很郁闷的推论，如果我要相信天使，那我也得接受恶魔的存在。"

"古书记载恶魔有无穷多，而天使只有七十二个。我的主保恶魔是布耶尔①，它是一个二等恶魔，主哲学、逻辑、药草。二等！我真是有点儿受伤！"

"你信教吗，哥德尔先生？"

"信，我自认是有神论者。"

在生命的那个阶段，我可能更喜欢信仰带来的各种习俗而不是信仰本身，我喜欢弥撒，喜欢那些场面和仪式。我在花园深处放圣母像时，库尔特还略显不快，不管怎么说，小小的虔诚对我们不会有坏处。我丈夫也就周日早上躺在床上翻翻《圣经》而已，他大概信得深些。

"这对现代哲学家来说是一个微妙的立场。"

"一切都取决于我们聊的是信仰还是宗教，现在百分之九十的哲学家认为哲学的任务就是把宗教从人们脑中驱除出去。"

"据我所读，库尔特，你和维也纳学派的知识分子交往颇多，他们要消灭主观甚至直觉，这难道不讽刺？维也纳正是精神分析诞生之地！"

"维也纳学派中有我的朋友和同事，但我并未自称其中一员，而且我也不认为他们的研究能如此简化。另外，我还是更愿意您称呼我'哥德尔先生'。"

自信过头的西奥罗尼乌斯越了界，库尔特不介意别人提出稀奇古怪的理论，但有两个大忌会让他自我封闭：一个是自来熟，另一个是没与他会面就自以为了解他。

奥本海默午觉睡醒后，还有点儿昏昏沉沉，来到桌前和我们坐在一起。

"我不反对精神分析，别给我惹麻烦就行。"

① 所罗门七十二柱魔神中排第 10 位的魔神。位阶统领，统帅 50 个军团，外形像海星。——译者注

"这没什么可羞愧的，泡利接受精神分析很久了，长期和荣格通信。"

奥本海默拍衣兜找香烟，找不到，我把我的烟递给他，姬蒂也没有烟了。

"查尔斯，我尚不确定你这行在科学上是否站得住脚，毕竟精神分析的诸先辈离这个天使的世界并没那么远。"

奥本海默这个对手比杰瑟普难应付得多，胡尔贝克明显不在状态，决定不冒险应战。

"你想聊荣格的研究？"

看我一脸茫然的样子，胡尔贝克估计了一下我有多无知，然后充当起临时老师，最重要的是这样他就不会损面子。他向我解释，精神分析学家卡尔·古斯塔夫·荣格认为存在一个由集体无意识构成的绝对知识，集体无意识由各种原始意象组成，个体无意识可以了解这种集体无意识，原始意象是所有人类文明都有的主题，比如安徒生童话中的食人怪在印度或印度尼西亚巴布亚的传说中也能找到，人类有广泛的共同思想，超越社会和时代，我们用个人经验给这碗古老的汤加料。我看不出这和宗教有什么不同，不过是把天使和恶魔从天上赶走，让仙女和巫婆住进去。如果我必须和丈夫如此珍视的超感官世界交流，那还是千倍希望是圣母的世界。我也从不觉得晦涩的数学王国有什么好玩。这些文人雅士说得再天花乱坠，也不过就是不与现实斗争的好借口。

"集体无意识，天啊，这些概念……怎么定义思想世界对我来说不重要，我的目的是接近它，用思维的方法，通过逻辑的桥梁，或由直觉引领。我的无意识为我指出最有意义的道路，它遍览那许多未经筛检的可能，将探照灯打在一个特定的想法上——心有它的理由，理性却不领会。"

"那你的无意识依靠什么标准判断一个想法合不合适？"

"依靠我的专业领域，杰瑟普先生，我能感受到一种美——数学优雅。"

"这是一个非常主观的概念，对非数学专业人士来说十分晦涩。"

"我不敢苟同，罗伯特，每个人都有一种天生的敏感，向往简约、完美、明晰。触及内在神性的需求是普遍的。"

西奥罗尼乌斯高兴得要从椅子上跳起来。

"万物成形，太美妙了，不是吗？探索振荡场，不说物质科学和灵魂科学孰强孰弱，只为同一个追求——终极量子协同！"

奥本海默在他面前掐灭烟头。

"量子力学研究原子级和亚原子级的物理现象。泡利和荣格在物理学和心理学之间看出一些对应关系，但从未说这两个学科是一回事。大部分时候二者只是语义相连，不是本质相关，但我可以理解，借我们的词让看热闹的人觉得厉害非常诱人。"

"你质疑共时性原理？"

"不要试图把主观现象立为公设，更不能立为定理。两次个人经验就算有因果关系也是偶然，哪怕这在个体无意识中引起的特别回响无可辩驳。"

"这种回响就是内在神性的绝对证明！为事件寻找意义意味着存在意义，不然自然为什么赋予我们自我质询的能力？"

"'绝对证明'这个说法不妥当，另外这是'天生'的还是'习得'的？为什么不会在没意义的地方寻找意义？人类也不是第一次做无用功。"

"上帝为世界注入尽量多的意义，给同样的事件不同的值，是多层面的函数。"

"如果你要把上帝扯进来，那我们就没什么好说的了，哥德尔！"

"我觉得以前的你更偏心灵，罗伯特，你把《摩诃婆罗多》收到哪里去了？"

"有时我很不信这些想法，因为它们是招摇撞骗的温床。所有人都渴求意义，但某些人因为这种渴求成了不费力就能抓住的猎物。从共时性、合理巧合到预见未来、灵媒……太容易。"

"这么说您觉得我是江湖骗子，奥本海默先生。"

"我不在意标签。往好了说，你在别人期待漂亮答案的地方假想出灵性之门。如果我没记错的话，有一种病就叫'关联妄想'，非要在随机数据中找出意义和联系。"

胡尔贝克见在专业领域都输了一着，只好借讽刺来躲避。

"关联妄想是自然倾向，我们扭曲现实让其符合我们对世界的看法，我认识一位这方面的专家：我太太！"

贝亚特抓住丈夫的脖子，像要掐死他。有一瞬间我还以为他要说库尔特，因为库尔特在这方面真是大师中的大师，我总听他一套一套地说，将无关紧要的日常细节和大道理混在一起。他按自己的样子创造一个宇宙，既强大又脆弱，既逻辑又荒诞。

"趁贝亚特还没杀了我，我要反驳你一下，罗伯特，精神分析可不贩卖漂亮的答案，正相反，它提供实实在在的问题！"

"不是'提供'，你给人治疗不免费。"

我决定把交谈引向平顺之地。要好好吃顿饭，第一条规矩便是"不谈宗教，不谈钱"，但早被打破了，如果再聊起政治，那这小聚会就彻底完蛋了。我装出无知"开心果"的样子，提议试验下特异功能。库尔特不会为此不快，我们经常玩这个。他说在遥远的未来，人们会惊讶于 20 世纪的科学家发现了物质的基本粒子却根本没考虑精神可能也有基本因素。我实在不懂他想说什么，但我的心灵感应很厉害，一起生活了三十年，猜到丈夫想什么已是生存本能。不出所料，所有客人都啧啧称奇，包括那位古铜肤色的精神导师。

"我练喷嚏预测法，也就是靠喷嚏预测未来已有一段时间，颇有成效。"

全桌人都笑了，我成功把荣格放回蒙人书籍的架子，他就该在那儿待着。

"那按老婆的心情预测未来叫什么？"

埃里克·卡勒出现在桌旁，午觉醒来后精神焕发。

"那是常识，查尔斯，常识！我错过了什么？"

"阿黛尔，我好像听见电话响了。"

我跑向客厅，踩到在台阶上打盹儿的比比，我揉揉它表示安慰。多美好的下午！看库尔特如此健谈、高兴，我那么喜悦，转身看他的微笑。

　　我轻轻挂上电话，站在那里一动不动，听花园传来的欢声笑语，呼吸这最后几分钟的幸福。

　　杨树的影子落到小狗身上，我走近库尔特，一手放他肩上，大家都安静下来。我还没开口，就看见两滴泪从莉莉眼中涌出。

　　"阿尔伯特主动脉瘤破裂，被送到普林斯顿医院了。"

45.

饭后闲谈

吃完甜品，弗吉尼娅邀客人们去客厅的沙发上坐坐。安娜宁愿躲开这一群烟民，去欧内斯廷那里看看她。厨房装饰一新，到处银光闪闪，簇新锃亮，只有欧内斯廷的一组老瓷罐留了下来，安娜就是从这上面学会了最早的几个法语词：sucre，farine，sel①。一切摆得井井有条，欧内斯廷看似懒散，其实整理起来如军人般雷厉风行，谁也不能拖她后腿，不过安娜有特殊优待，小时候经常看欧内斯廷戴着橡胶手套忙东忙西，一看就是好几个小时，听她说家乡、诗歌，还有街坊邻里最新的闲话，或在旁边看书，听她哼美国南方的歌谣。安娜喜欢她每次洗完碗就给自己倒一杯潘趣酒，再点一支烟。

欧内斯廷一边脱围裙一边念叨老了老了这儿也疼那儿也疼，安娜客套地说哪有。欧内斯廷老早就抱怨上了岁数，哪怕强壮得让登门的学生畏惧。

"我的礼物拆了吗?"

"你说呢! 我哪有一分钟闲下来?"

欧内斯廷从抽屉里拿出礼物，从另一个抽屉里拿出眼镜，小心地拆开包装，照例把包装纸折好，存在百宝箱里。她抚摸皮面精装的书:《法语诗歌选》(*Anthologie de la poésie française*)，安娜向来知道怎么让她开心。

"你怎么样? 我美丽的小鸟。你一脸惨白。"

安娜不用细说，和利奥闹的每一次别扭欧内斯廷都知道，他俩就像她的孩子。

"和利奥说话了吗?"

"说什么?"

---

① 法语: 糖、面粉、盐。——译者注

"还是老样子！能弄复杂为什么要简单？你俩啊，真是找罪受！我一直都不明白你觉得那个纽约的书呆子有什么好，他叫什么来着？"

"威廉，他去年结婚了。"

利奥冲进厨房。

"我们在这儿说私事呢，小伙子，来打探什么？"

"我不想'跪舔'理查森。"

欧内斯廷想摸摸他的头，但他躲开了，他已经长得那么高，欧内斯廷早就够不着了，门框上最后一道铅笔线就是证明。欧内斯廷对油漆工百般恐吓，他们才没把那一道道记录身高的线抹掉。

法国数学家探出俊朗的脸想再找点儿甜品，把欧内斯廷夸得媚态百生。欧内斯廷迅速为她的新仰慕者盛了一碟甜品，又开了一瓶酒，安娜为他拉过一把椅子。利奥不禁有点儿恼火，这法国人独占两个女人的注意，入侵了他的地盘。在这房子里，曾一切以宝贝公子为中心，就算还有一点儿关注不在利奥身上，他也会胡搅蛮缠地把它转移过来。他要继续这样，突然不客气地问安娜：

"你被派去要哥德尔的文稿？他家寡妇至少三百岁了吧，经历过'二战'后的普林斯顿！"

皮埃尔·西科齐透过杯中宝石般的红酒观察安娜，她有点儿尴尬，摆弄着那本诗集。

"卡尔文刚和我聊了几句，她和那么特别的人一起生活过，应该很不好对付。"

"她有时确实不好相处，不过说起以前的事一点儿也不吝啬。"

"你是个离历史最近的资料员。"

"她不肯把资料交给我们，厌恶大学的头头脑脑。人们从不正眼看她，但她是个让人很有好感的女人。"

一如既往，利奥又有自己的看法。

"哥德尔在麻省理工学院是个偶像，我们拿他的头像当飞镖靶子，还组织过'哥德尔对图灵'比赛。"

"谁赢了?"

"平局,不可判定,西科齐教授。"

"要是真有这一战,库尔特·哥德尔早赢了。"

"图灵只有安慰奖:他被称为现代计算机科学之父。哥德尔将形式逻辑推到极致,图灵不过发展出一种技术来体现它。"

法国人胃口大开地吃着甜品,利奥看了他一下又继续说:

"悲惨的数学命,刹那闪耀,落寞结束。一个发疯死去,一个戏剧性收场,咬一口涂过氰化物的苹果自杀身亡,像白雪公主一样被毒死。"

安娜很了解英国逻辑学家图灵的故事,但也不敢讲利奥说得不对。图灵不是为数学自杀,英国政府因他的性取向迫害他才导致他自杀,他被迫接受惨无人道的激素治疗。其实多亏了他,德国人的恩尼格玛密码机才被破解,没有图灵,盟军也许就不会赢得第二次世界大战的情报战。

利奥不接受在专业领域被反驳,不出意料,他马上说起现代计算机的原理、伟大"图灵机"的来龙去脉。20世纪30年代末,图灵设想出一种理论上的系统,能运行简单的算法,之后又想出一种原型机,能无限综合这些运算。安娜曾参与组织关于冯·诺伊曼和ENIAC的展览,那是信息科学史上的又一次飞跃。她本可以讲给利奥听,但实在太难得听到他滔滔不绝,她把自己的位置放低点儿也无所谓。安娜差点儿说出:"你好强啊!"利奥可能不会喜欢这玩笑,也不需要任何人来肯定他很强。至于在那位菲尔兹奖获得者身上试试"阿黛尔定理",安娜更是永远不敢。

"图灵将设想拓展到极限,终于明白其装置只能提供已有的答案,无法判定某些问题是否可判定,也就是说在有限时间内决定一个命题为真或假。"

"'不完备定理'无法绕过,机器也不行。"

"安娜,你也对数学感兴趣?"

"不是真懂,阿黛尔和我说过他们在那个时期的会面。"

欧内斯廷对她微微一笑,回去继续砰砰地开关柜门,她也懂得那方法。

"你应该就此写本书，安娜，信息时代的先驱们英雄一般的命运，哥德尔、图灵、冯·诺伊曼……"

皮埃尔轻轻地和她碰了下杯，安娜脸红了。

"我觉得利奥的想法非常好，你就在历史的源头，能了解幕后的故事。"

"阿黛尔不是科学家，她对事情的看法太感情用事。"

"生活不是一门精确科学，一个人大于其所有行为的总和，大于一份简单的年表。"

"我是资料员，工作就是收集客观事实。"

"相信你的直觉。"

"那就变成小说了。"

"为什么小说不能也是一种现实？真相并不存在，或者说不是所有真相都可被证明。"

皮埃尔尴尬地笑笑。

"这样诗意地推广'不完备定理'，大概会让我们已故的天才气到发抖。"

"我也觉得！不能将形式逻辑的证明用在其他领域！"

"放轻松，安娜，当数学家也不代表就不能享受音乐、好书或这份无比美味的甜品，还有这醇美的热夫雷－香贝丹，言语已无法形容其口味的丰富。"

"您是享乐派。"

"我通过所有感官哺育直觉这头变化无常的野兽。"

"也包括读小说？"

"我认为小说和诗歌一样，从个体出发，提供打开普遍的钥匙。另外，数学和诗歌也紧密相连。"

被惹恼的利奥毫不掩饰地耸耸肩："库尔特·哥德尔不相信语言。"

"他要找另一种交流形式，能概念化我们这个感官世界现实的形式工具，一个内在本有的数学宇宙。他认为心灵大于其所有联系的总和，不管这个总和多么巨大。任何一台计算机都达不到这种直觉或者说创造的状态。"

利奥激动起来，这话题更需严谨，而不是说得好听。哥德尔提出两种对立的想法：如果大脑是图灵机，就有同样的局限，有些问题它无法判定，于是数学，或者说柏拉图主义定义的概念世界有一部分是人类永远无法认知的；如果大脑是一个无限复杂的装置，能操作机器人无法领会的图式，那人就有个未被发现的思维管理系统，人们找不到在哪儿，只好把这种超越语言，甚至超越数学专有的形式语言的能力称为"直觉"。皮埃尔·西科齐认真地听他说，但一直没收起那似笑非笑、看似嘲讽的笑容。

"于是精神总超越物质。"

"直到被证否！我们聊的是个日新月异的领域，也许明天的计算机就会证明库尔特·哥德尔错了。"

"你为计算机界鼓吹，摩尔定律[①]不过是个模糊的猜想，用无尽增长的愿景诱惑业界。依我浅见，计算机在验证方面有作用，但说到数学发现，什么也比不上一个本子、一支笔，就像你自然而然地做的那样。"

"但似乎有无限可能。"

"在这极美味的甜品面前，无限又算什么？"

"要看是哪一种无限。"

"又一个哥德尔式的疑问，条条大路都通向哥德尔，不是吗，安娜？"

"这蛋糕你还吃吗，西科齐先生？"

"亲爱的欧内斯廷，我思想还未到边界，但肚子已经满了，我投降，你征服了我。"

他注意到桌上安娜送的礼物，随手翻开，用唱歌般的调子念了几句："CE SERAIT... pire... non... davantage ni moins... indifféremment, mais autant... LE HASARD."[②]

利奥一边嘀咕一边又给自己倒了一杯酒："叽里咕噜地说什么？我不懂法语。"

---

① 这个"定律"在 1965 年由英特尔联合创始人戈登·厄尔·摩尔提出，预言每十八个月芯片上集成的元件数量就会增加一倍。——译者注

② 法语：这会 / 更糟 / 不多不少 / 不管怎样 / 都是一样 / 偶然。——译者注

"我为你再证明一遍'不完备定理'可能都比说清楚马拉美①容易，我可以和你说感受，说酒杯交错之声的愉悦，页面留白和这图形诗的密实相呼应。"

他把那一页给利奥看，大小写字母组合在一起，像一片稀疏的云。

"对我们这个物理世界之本质的美妙直觉，虚空中舞动着几颗偶然的种子。"

"要这么说，那欧内斯廷的食谱也包含宇宙的秘义。"

"Mécréant②！那你不就只是'图灵机'？像'掷一次骰子永不会消灭偶然'这样的诗句，其意蕴之深长如何能被忽视？"

"我不相信偶然，只相信算法。你作为数学家，太爱文字。"

"数学灵感能从比萨来，为什么不能从马拉美来？"

卡尔文出现在门口，那脸色好像刚发现聚会在别处，自己被抛下。

"这些年轻人把你的时间都占了，皮埃尔。"

"完全没有，法国人最后总会聚到厨房。"

卡尔文说很抱歉要把他从欧内斯廷身边拖走，要定下后天研讨会的事宜。皮埃尔·西科齐遗憾起身，吻了两位女子的手，又热情地握握利奥的手，利奥则勉强礼貌。卡尔文抓住儿子的肩膀，要他去和富家公子理查森打个招呼，并且要有礼有节。利奥从本子里撕下一页纸，一句话不说地递给安娜，上面是潦草写下的一个号码。她把纸放进包里，答应自己不给他打电话，他一点儿没变，而眼下一个已故数学家的自大就够她忙的。

厨房又恢复平静，欧内斯廷给自己做了一杯潘趣酒，盛在小小的刻面玻璃杯里，又点了一支烟。安娜要走了，欧内斯廷给她装了一保鲜盒吃的，不容拒绝，然后紧紧搂住她，差点儿让她窒息。欧内斯廷在安娜耳边轻声说："给他打电话，小傻瓜！"

最后几位客人也离去了，卡尔文关上门，回到自己的地狱中。弗吉尼娅给

---

① 法国象征主义诗人、散文家，代表作品有《牧神的午后》。——译者注
② 法语：不信教的人。——译者注

自己倒了一杯金酒，摇摇晃晃，好像马上要摔倒。

"你想撮合他们？安娜和蕾切尔一个模子印出来的，不过肤色更苍白，你的孙子孙女都会白得像白萝卜，还长着爸爸的大鼻子，犹太成年礼我该订哪家饭店？"

"你真是口无遮拦。"

弗吉尼娅把杯子里的冰块晃得当当响。

"我清醒得很，你一直对她妈妈有意思。"

"'清醒'？你'清醒'得好像越来越早。"

46.
1958
阿尔伯特那老家伙死了

"亲爱的后人：
如果你们没变得比我们更公正、更和平，或更广义地说，
更理性，那好吧，你们见鬼去吧。
谨致此诚挚的祝愿，我是你们的奴仆。"
——爱因斯坦在时间胶囊中留给后世的话

我在花园里大步走，四处寻觅哪里可以放我新买的一对粉色水泥火烈鸟。库尔特在躺椅上看我转来转去，虽已是微温的初春，他仍穿着大衣，拿毯子盖着腿，还戴着毛线帽，最近他就喜欢戴这个。我站在台阶上，找到了最理想的位置：棚架旁边。火烈鸟刺目的粉、草地的绿、山茶花的娇红会极不协调。我把战利品摆好，后退两步欣赏一下效果：如此突兀，想不看见都不行。我提前想象他妈妈无声的指责，很是享受：玛丽安娜，你好好看看，没品位的女人能搞出什么。

"我妈不会喜欢这怪里怪气的东西。"

"那她也只能忍着，我喜欢！"

"要住酒店她已经很不高兴。"

"没办法，总不能让你妈和你哥哥睡沙发吧。"

"他们第一次来普林斯顿，还要自己掏钱住酒店，我觉得不太好。"

"你每个月都给他们那么多钱呢！你哥哥挣得挺多的！"

"你妈和我们一起过，我妈连住几晚都不行。"

"那你为你妈付酒店钱，你哥哥付自己的！"

一别十九年，玛丽安娜和鲁道夫终于肯来普林斯顿看我们。虽然库尔特与家人重聚很开心，也为不用回欧洲松了一口气，但依然担心要经受新一轮家庭战争。他不明白我为什么记恨他们，从没理解过分毫别人的感情。我答应好好表现，盛情款待，微笑着带他们在普林斯顿走走，只要她别惹我就行！毕竟库尔特不怪我旅游花钱多，也不抱怨和我妈一起住。把我妈接来实在不得已，不能让她一个人死在养老院。她连从卧室到厨房的路都不认识，我经常在最后关头在街上拉住她，她以为还住在"长街"。

库尔特说："我妈没能见上阿尔伯特一面，实在可惜！我会非常高兴把她介绍给他，他们年纪相仿。"

我跪到旁边："来杯热茶吗？你看起来都冻僵了。"

"今天晚饭的肉你想着买了吗？我妈爱吃小牛肉。"

我们数着有谁死了。阿尔伯特那老家伙已经走了三年，欧洲传来消息说泡利在瑞士的一家医院里也快不行了[①]，约翰·冯·诺伊曼的强大生命也在去年年初被癌症摧毁[②]。在阿尔伯特的葬礼上，在普林斯顿的墓地里，我又想起他的那个残忍玩笑：三个原子物理学家受到辐射，必死无疑，可以满足他们最后一个愿望。约翰要什么？既不是和梦露约会，也不是见总统，更不是再看一个医生，他只求继续研究，让人抬担架把他送去实验室。爱因斯坦要什么？和平。在给伯特兰·罗素的信中，他表示愿意签署一份要求所有国家放弃核武器的新宣言。主动脉瘤破裂住院时，他一定要布鲁里亚把他正在写的东西拿来。他写道："政治狂热无所不在，让许多人成了牺牲品。"抗议、警醒、工

---

① 1958 年 12 月 15 日，沃尔夫冈·泡利在瑞士苏黎世因胰腺癌去世。他住院时曾让某位探望者注意病房号是 137。1/137 是精细结构常数 α 的近似值，精细结构常数以光子、电子间的相互作用计，决定约束原子和分子的电磁力。大师泡利非常相信共时性，这个巧合可算共时性的终极例证，不过根据最新消息，很不幸，这个值可能并不是常数……

② 1957 年 2 月 8 日，约翰·冯·诺伊曼去世，享年五十三岁，死因是骨癌，据推测是核试验时受辐射所致。病床上的他受到严密监视，美国情报机关害怕他在镇痛药的作用下泄露军事机密。

作、研究：战斗到底。

有时我会想丈夫的最后遗愿会是什么，我担心他撑不了多久。没有了阿尔伯特，他从此又被困在孤独中。虽然奥斯卡·莫根施特恩和罗伯特·奥本海默一直支持他，但他们的生活都面向前方，有孩子，有事业。库尔特也和几个逻辑学家有来往，门格尔、克赖泽尔，还有他特别喜欢的那个年轻人王浩，但他们和他不是一类人，他就像一群狮子中的一只白虎。阿尔伯特是少数几个说他的语言的人之一。他是局外人，在这个世纪、这个世界之外，甚至在自己的身体之外。

"要不要把你的《纽约时报》拿来？"

"得看奖学金申请，这些行政事务真让我烦心，还有篇关于递归函数的文章要写完。"

"他们可以等。"

"已经迟了。"

"你一向迟。"

"昨晚路过阿尔伯特在福尔德楼的办公室，我看了看，还没分给别人。"

"不会有人敢要，不过生活还是继续。"

库尔特拿出药盒，把十几粒小药丸在盘子上排开，就着一大口镁乳一次吞下去。他裹着被子，像个木乃伊，像一具没有年龄的躯体。我拿着正在织的毛衣在他身边坐下，比比想从筐里弄出个毛线球。

"茶太浓。他们还没打电话？"

我看了下表："他们的飞机刚落地，给他们点儿时间下飞机、出机场。"

"他们迈出了第一步，现在可以经常过来。"

"想想就让人开心啊！"

我很快就会有空再去欧洲，我想念旅行，也很清楚我母亲撑不了几个月。把母亲接来住对我俩没什么影响，我和库尔特早就分房睡。我们和别人本就没什么来往，现在的社交更松散得如同我每天早上从洗手池中捞起的头发。

库尔特拿过毛线筐，把不规整的毛线球整理好，似乎有条理，其实根本没必要。

"你可真邋遢，看看这些线！"

"电话响了。"

自从阿尔伯特去世，库尔特就活在一种惊愕般的状态中，觉得阿尔伯特不可能死，其去世不合逻辑。"为什么先生"还问让人讶异的问题："他恰好在研究院成立二十五周年的十四天后去世，不奇怪吗？"我说死亡很正常，万物总有一死，他看不上这样的回答。他又不吃不睡，不带药箱哪里也不去，再次选择内心放逐。

"一个学生想找你说说奖学金的事，我告诉他今天不方便。"

"做得对，他们总缠着我。"

他夸张了，他出了名地不好相处，足以让那些说客躲得远远的。他挠脑袋，毛线帽扎得痒，但他就是不肯脱。他整理完毛线，看着空空的双手。我想起阿尔伯特面对说客的巧妙办法，不禁笑起来。他会叫人上一碗汤，想继续聊就推远，不想聊就放面前，秘书海伦就知道该送客了。以他的地位，本可拒绝得更直接。库尔特的办法则是跟人约好但不去，这小小的"怂"一点儿也不让我惊讶。

"你该睡个午觉了，库尔特，晚上才能有精神。"

"我睡不着。"

"你缺少活动，也不散步了。"

"能和谁一起散步？"

说"和我一起"毫无意义，他怀念的不是和阿尔伯特一起散步，而是他们冗长的讨论。

"哎！有动静，我妈醒了。"

我费劲地从躺椅上起来，膝盖疼得很。**地那么低，个儿那么高，朋友们！**[①]

阿尔伯特去世后不久，库尔特帮研究助理布鲁里亚·考夫曼整理了高等研究院办公室的文件，于他也是一种告别。1955 年 4 月 18 日，阿尔伯特在睡梦

---

① 原文为德文：Tief wie die Erde, hoch wie das Tier, meine Freunde!——译者注

中离世，同一天遗体就在特伦顿火化，所以并没有举行真正的告别仪式。朋友们悄悄把骨灰撒在不为人知的地方。爱因斯坦怕自己的墓变成圣地，引朝圣者来瞻仰，他在世时就一直拒绝成为偶像，更不想死后被搬上神坛。但他还是会被搬上神坛。

我把我妈安置在树荫下的椅子上，盖上一张毯子，给她一碟饼干，让她的手不要闲着，比比绕着她欢快地嚎叫卖乖。库尔特问她身体如何，不是出于真的关心，而是因为无所事事。她一脸狐疑地盯着他，然后又无视他，递给小狗一块蛋糕。

"今早起就不认识我，把我当成莉斯尔。"

"要是我妈妈变成这样，我可受不了。"

我忍住没说什么，玛丽安娜肯定长命百岁，柴肉存得久。我可怜的妈妈却已风烛残年，糊里糊涂，叫人费心：不认路，吃东西往外吐，在身下排泄。库尔特一想到自己也会老去就十分焦虑，五十二岁的他觉得一辈子都过完了，这陈词滥调对我唱了二十多年。我没机会推婴儿车，光推轮椅了，不是推我男人就是推我妈，命运给了我一顶白色的护士帽。

"阿黛尔，你妈流口水了。"

我起身把她扶好，擦擦她的嘴。

"电话没响吗？"

"去工作吧，别这么待着。"

"不到一小时他们就要来了，我怎么能专心？"

"去客厅坐坐，听听音乐，看看电视，你不是有信要回吗？"

"没心思，你确定电话没响？"

库尔特把自己关在已故朋友的办公室里，试着和他告别，整理成堆的文件，在其中寻找最后一丝天才痕迹，却只能装出一盒盒无解的方程。他一身尘土、满面哀伤地回到家，他也需要崇拜一个人，喜欢阿尔伯特信心满满，奋力探寻、战斗。他在那堆泛黄的故纸中看到了自己的失败，这已不是他的战斗，他已不是那个撕破黑暗的年轻斗士，早就成了老人。

爱因斯坦没捉住自己的"白鲸"，耗费多年追寻统一各种场的"大统一理论"①，却徒劳无功。过去某个遥远的夜晚，他曾向我解释，那是一个将所有基本相互作用和引力统一起来的体系。量子力学对他来说从来就不是令人满意的对物理世界的描绘。阿尔伯特晚年变成受人尊敬的老前辈，量子力学突飞猛进，盖过其他理论，把相对论之父降为撑场面的贵宾，为冉冉升起的物理新星发发鲜花而已。引力会继续分隔这两个世界，就像一颗苹果籽卡在宇宙机器的齿轮中。牛顿在天上一定乐坏了。如果有人能把"宇宙机器"拆开再装上，那人就应该是阿尔伯特·爱因斯坦。自然界从无穷小到无穷大的所有力和谐一致，他在其中看到最深邃的奥秘。他想揭示宇宙的根本法则，其他东西在他眼中都是细枝末节。他已到了"梦想天梯"的最后一节，他应该已在那里发现了终极真理，却永远失去将它传下去的可能。

我丈夫是否曾在办公室中悄悄涉足？是否曾试图超越这位父辈？或者知道这场探寻注定徒劳？泡利当起"大家长"，但这火炬不会拿很久。库尔特下不了决心擦掉老朋友的黑板，时间会抹掉那些字迹，就交给熵吧，它都已摧毁了阿尔伯特。

"是邻居的广播，我让他在你午睡时小点儿声。"

"我抓到他在篱笆上监视我，我不信任这人，把后面那块地买下来真是买对了，不然真不知道我们会有什么事。"

"安心而已。"

"你买的肉够吗？鲁道夫食量大。"

"足够喂饱哥德尔家世世代代。"

"配菜有什么？"

"你在乎什么？你什么都不吃！"

"我想让他们在我家宾至如归。"

---

① 直到 20 世纪 70 年代，新一代物理学家（包括加布里埃莱·韦内齐亚诺和伦纳德·萨斯坎德）开创"弦理论"，才为量子引力提出一个模型。不过，直至今日，"大统一理论"依然是未被征服的"白鲸"。

"我们家。"

爱因斯坦差几个月没见上曾孙，反正他和儿子汉斯·阿尔伯特的关系一直不怎么好。他的家庭关系，不管是和妻子还是和孩子，都很失败[1]。他太爱科学，不会让家庭拖累自己。库尔特讨厌我这样说他的老伙伴，对他而言，阿尔伯特永远是友谊的化身。他经常自责没多关注阿尔伯特的健康。他把回忆罩起来，无法以阿尔伯特活着时的不足来抚慰他的死带给自己的伤痛。阿尔伯特一定会嘲笑这怀念式的崇拜。我就从不相信选择性记忆，它让悲哀更漫长。

"你把他送我的欧几里得半身像放哪里去了？不在客厅。"

"在地下室，和牛顿在一起，空洞的眼神让我很不安，我把他们摆在一起，他们可有的忙。"

"他们等着呢，等我们到上面狠狠教训我们。"

"别老说这些！黑色幽默不适合你。"

他从躺椅上跳起来："这次电话肯定响了！"

对我来说，爱因斯坦先生永远是个有血有肉的人，我会记得他雷鸣般的笑声、半开的浴袍、蓬松散乱的头发。我没法生他的气，他和我开玩笑或是说不中听的话后，会挽起我的手，用一个微笑赢回我的心。我爱他，就像爱从未有过的公公。我喜欢他身上的矛盾：说自己吃素，却又最爱我做的维也纳炸牛排；没女人活不了，却又不能和女人一起过。总是开开心心的他就是库尔特的反面，区别他们的，却也将他们聚在一起。我会忘记相对论，我会忘记原子弹，我会忘记他的天才，我唯一会视若珍宝、铭记在心的话还得追溯到一次为他办的正式仪式，他的继女马戈说，他没为这场合换身合适的衣服，他满意地看看自己被虫蛀得全是眼儿的毛衣说："如果他们想看的是我，那我在这里；如果他们想看的是我的衣服，那就打开我的衣橱给他们看吧。"我真羡慕他的无拘无束。

---

[1] 汉斯·阿尔伯特·爱因斯坦说父亲是"智力上英明、情感上糊涂的人，结果留下一大群伤痕累累的生命"。

"他们不到一小时就到！把烤肉放进炉子！"

我整理好针头线脑，不管丈夫不耐烦的催促，扶起我妈，把她领到屋里，做饭时也得看着她。

就算哥德尔一家人准备好指指点点，我也从容不迫，几乎可说是很高兴接待他们，因为他们的到来会把库尔特从悲伤中拉回，他想到和家人团聚，似乎又有了一点儿力气。

我的房子和花园都无可指摘，丈夫虽行事古怪，但享有不可否认的学术声望。经过二十年的婚姻，不管有多少阻碍，我们依旧是阿黛尔和库尔特。我能向玛丽安娜·哥德尔证明她错了，我对她儿子来说绝不只是一个护士。

"把这讨厌的毛线帽脱了，库尔特！你妈会认不出你。"

47.

父亲的来访

　　安娜一本正经地盯着她家猫的眼睛说："你好强!"那只"斯芬克斯"毫无反应。"你的毛真漂亮!"猫走近她，用屁股蹭了她一下。"阿黛尔定理"不管用，或者这是只母猫。安娜用脚挪开它，也许某天她会决定给它起个名字。在小小的厨房里，她开始找吃的，什么都行，能进嘴就行。橱柜都空了，除了一包老早之前买的全麦麦片，已满是灰尘，她只好吃起昨晚带回来的火鸡，狼吞虎咽，差点儿把塑料盒都吃下去。屋里的脏乱突然跃入眼帘，她戴上橡胶手套，一边擦一边哼"哆来咪发嗦啦西哆"。自从和阿黛尔偷跑出去，《音乐之声》里的这首歌就一直在脑子里循环。大脑遵循什么荒唐的规则? 只记住最傻的曲子。沃尔科特·斯佩里真该好好研究下这问题。她擦净水槽，又奋力擦起灶台上牛奶溅出来留下的痕迹——以前她还想着吃早饭。脑子里满是朱莉·安德鲁斯的高音，于是她在一堆碟中翻出《基吉星团》（*Ziggy Stardust*）[1]，玛丽亚小姐可以回她的高山牧场去了，今天会是新的一天。

　　她从塞得满满的橱柜里扯出吸尘器，疯狂打扫三个房间，噪声让猫躲到床底。她汗如雨下地在厨房拖地。她正准备把衣橱里的衣服都拿出来整理一下时，门禁突然响了，终于让她停了下来。她犹豫要不要回答，浑身又是汗又是灰。她将将头发，在旧睡衣外套件浴袍。利奥不会又不请自来吧，他特别会挑时候，越不方便时越会来。对讲机传出的声音驱散了她的不知所措，是父亲大驾光临。

　　父亲环视小小的客厅，没说什么，只放下沉沉的公文包，坐下，却没脱外衣，看来不会久留。"我路过纽约，就来普林斯顿一趟看看你。我能抽支烟吗?"

　　他不是真心问，他不抽烟不行。他用惊奇的目光把她上下打量一遍，她太

---

[1]　*The Rise and Fall of Ziggy Stardust and the Spiders from Mars*：戴维·鲍伊的音乐专辑，通常简称为 *Ziggy Stardust*。——译者注

熟悉这目光，每次都像后知后觉一样发现她长大了那么多。

"气色不好啊，女儿。"

她打开窗。他跑这一路可不是来问她身体如何的。他点上一支烟，翻着茶几上摆得整整齐齐的一叠文件，那是安娜从研究院带回来的，失眠也有事可做，正好赶赶进度。

"我这个爸爸对子女不够关心，但有难关时我都在，你不能否认。"

安娜全身绷紧，知道他每次要说什么难开口的事时，就会先这样为自己开脱，意思是：要说我不好，也先想想你自己的不足。

"卡罗琳怀孕了。"

她几个月前就知道会有这消息，现在强作镇定。

"我没告诉蕾切尔。"

"你是来求我祝福，还是让我不要乱说？"

他找地方弹烟灰，她直接递给他一个茶碟。

"我希望与你分享我的喜悦，我不需要向你汇报，安娜。"

"那为什么来？突然知道什么叫负疚感？"

"别费力装心理医生，我可结过婚，心理治疗比你见得多，你变得和蕾切尔一样烦人。"

他起身拿上公文包，逃跑的艺术在罗思家代代相传，不过他不肯承认父女俩很像，更不肯承认她有独立的人格，永远是她妈妈的女儿。

"也许我生你太早，安娜。"

"那新玩具你可好好对待。"

他把那叠文件整理成原来井井有条的样子，毫不客气地盯着女儿。她裹紧浴袍，已经后悔口不择言，被他说中了，她现在的语气就和妈妈一样。

"觉得该得到更多？只能怪你自己，失落都是因为骄傲。"

他往外走，经过她时摸摸她的脸颊，在靠墙的桌子上留下一个装满现金的信封："圣诞节礼物。"门关上了，她数了数钞票，足够买二十件感恩节那华丽又无用的礼服。

48.

1963 年 11 月 22 日
无聊是更可靠的毒药

"老了，日长亦化泪。"
——小林一茶

我看看腕上的表：17 点 30 分，客人真是有逻辑学家的精准。我拭了下湿湿的眼，然后开门，看见一个瘦高个儿，鼻子又大又歪，晦暗的双眼挤在一起，还没上岁数就谢顶。但他给我的印象不错，羞涩的微笑很真诚，眼神也很友好。他穿着无可挑剔的三件套，库尔特肯定会喜欢他的准时和整洁仪表。他十分用力地在门垫上蹭蹭鞋子，递给我一小盒巧克力。

"您好，哥德尔夫人，我是保罗·科恩，和您丈夫约好了，但今天这日子不知道是否合适。"

"欢迎欢迎，你来了，我就不会在这讨厌的电视机前哭哭啼啼。"

"您有新消息吗？下午我在火车上。"

"他死在去医院的路上，遗体用军机送回来了。"

"路上像宵禁一样，什么都停了。"

"真可怕！连总统都能被刺杀，一切都可能发生！"

"约翰逊今天白天会宣誓就职，国内稳定没受影响。"

"肯尼迪不可替代，一想到可怜的杰奎琳……还有孩子们！"

我接过他的衣物。

"我怕迟到，地址不准确。"

"1960 年改了，小区扩大，我们把 129 号换成了 145 号，库尔特不想对外说，这样也可以避免被闲人打扰。"

"收到邀请后我很惊讶，我在高等研究院想见他，他拿过文件就把门关上了。"

"我丈夫不懂礼数，但心不坏。"

"能和库尔特·哥德尔喝茶，我很激动。"

"别过头了，孩子！"

我把他领到小客厅坐下，这样还可以顺带看看电视。他观察屋里的装潢，似乎对碎花窗帘和碎花沙发很不解。他以为会是什么样？像个洞穴？库尔特就喜欢姗姗来迟，我只好先和这个科恩先生聊上几句，也不麻烦，能接待年轻人，我非常开心。

"我丈夫告诉我有个年轻人解决了他的连续统假设问题。"

"他说是他的问题？"

我借口看新闻快报调高音量，常看的节目都被换成滚动新闻，其实也没什么新消息。很快我就放下电视，问客人是哪里人，他说老家在新泽西，不过父母是在第二次世界大战前从波兰移民过来的。

"阿黛尔，别问东问西，像警察问话，让科恩不自在。"

保罗诚惶诚恐地起身向库尔特问好，我赶紧离开，留他俩一起不自在。

"给你倒杯茶，吃点儿小蛋糕吗？"

"随你吧。"

我拼命忍住恼火，走向厨房，再也受不了他这句"随你吧"，这不是爱意或体贴，只说明他对一切都已无欲无求。

这么多年，我一直压抑自己的欲望，维持表面上的夫妻和睦。你想见谁？想吃什么？什么让你开心？"随你吧。"什么也不能让我开心，我耗尽了耐力，也任由空虚操纵。

水壶烧着水，我望向窗外的花园，一片萧瑟。我不记得怎么从幸福滑向颓废，灰色在我身上住下，让肌肉僵硬，让我感受不到快乐。母亲 1959 年去世，现在安息在普林斯顿墓地，离我们家两步路，我们已订下她旁边的那块地。春天，玛丽安娜和鲁道夫又来了普林斯顿，以后都是每两年一次，没人比哥德尔家更按部就班。六月，我把库尔特拖去海边，但很快就回来了，人太多，天太凉。1963年的这个夏天，我选择去加拿大度假，前几年是意大利。回来后，我们两人庆祝了银婚，玛丽安娜连封贺电都没发，我早已料到，而他很难过。一起生活二十五年，十年地下情，一直都是"抹布婚"，日复一日真让人难受。

那天早上，想着有客人要来，我试着给这张自己已不认识的脸化妆。这赘肉、这皱纹，这真的是我的身体？下垂的眼皮画不上眼线，是时候放弃描眉画眼了，我成了臃肿的老太婆，只有脸上的红斑没离我而去。我把要做的事列好，以免忙得晕头转向，种花、刺绣、为"隐士"整理住所。库尔特抱怨书房不好，我就把我更明亮的房间换给他，让人在书房装了一个巨大的玻璃门书橱。有事可做，我很开心。厨房窗边的椅子是我最常待的地方，养的几只小动物就是我的家人。今年春天比比死了，我不忍心找别的狗替代它，就收养了两只形影不离、四处游荡的猫，我管那只大橘猫叫"神仙"，因为它经常躲在衣橱顶上，或几天都不见踪影。

为什么说头脑简单才幸福？我这个小舞女一点儿也不幸福。昨天去购物——每周就出这一次门——我停在一个十多岁的小女孩面前，静静地看着她，她自顾自地欣赏自己的新鞋子，她妈妈从一家店里走出来，一挥手让她跟上："别驼背，安娜！"受到责备的小女孩无限悲伤地抬起头，肩膀绷得紧紧的，所有快乐都在这命令之下消失得无影无踪。我真想跑过去抱住她说："不要屈服，小姑娘，永远不要屈服！"我拖着手提包回家，看别人的孩子长大。

我端着茶盘回来，两杯茶，一杯热水，看丈夫敲碎一块方糖，仔细研究，选出最小那块。三十年来，我一直看他斟酌糖的分量，如果我非把最大的那块放进他杯里又会怎样？世界难不成还会毁灭？

"和你们待一起不打扰你们吧？电视说不定终于要播些新消息。"

"随你吧。"

说实话，我希望有人陪，哪怕显得烦人也无所谓。在普林斯顿，我们已无须顾及名声，反正大家都下了定论：疯子和他家泼妇。

客人紧紧攥着茶杯，不知说什么，只好选择奉承，夸张地感谢库尔特对他的帮助，让他能精心琢磨文章，其实库尔特的责任感让他别无选择。科恩迈出了我丈夫二十年前没能迈出的重要一步，库尔特读着信告诉我这个消息："有个叫保罗·科恩的人刚证明连续统假设不可判定。你想着买牛奶了吗？"我刻意没做出任何反应，畏惧着肯定随之而来的焦虑。他要怎么接受就这样被人替代？之前他都证出来了，就是害怕被人贬低，所以没发表，我知道他对完美的追求才是更严苛的审查者，但按他同事的说法，库尔特对年轻逻辑学家来说就是"神"。科学真让人不得不谦卑，他得承认自己不过是链条上的普通一环，之前有康托尔，之后有科恩。他在新的自己面前作何感想？是否超越了妒忌？他的伟大是否允许他记恨？这是退位。他带这孩子二十年也没用，会有另一个人说自己才是父亲。什么样的命运等着这胆敢接近光的后生？他是否会像先辈一样付出毕生精力？

"这可以让你得菲尔兹奖，科恩先生[①]。"

"您过奖了，从没有逻辑学家得过菲尔兹奖，您都没得过！"

"名誉从来与我无关。"

我翻了个白眼，想蒙谁？除了菲尔兹奖，他把数学家能拿的奖都拿遍了。

"攀过这座高山之后，你打算投身什么课题？"

"要做的事很多！我热爱教学，在斯坦福大学有终身教职，而且打算着手解决黎曼猜想[②]。"

"你太乐观了，孩子，连续统问题并未结束，不能判定只说明我们的工具不够强大，一切都有待解决。"

[①]　保罗·约瑟夫·科恩（1934—2007）一直从事教学，直至 2004 年退休。他于 1966 年获菲尔兹奖。

[②]　"黎曼猜想"于 19 世纪被提出，是另一个数学"圣杯"，一直未被全面证明。它对了解质数分布很有意义，于是也牵扯到"敏感"的计算机加密。

"您坚持认为公理缺失?"

"你作为逻辑学家的真正工作才刚开始，应该继续巩固这栋大楼。"

"这不也是您的工作吗? 您在研究什么，哥德尔博士?"

"我也不隐瞒，我在研究哲学。你证明了连续统假设不可判定，我从哲学角度思考其意义。"

"您离开了纯逻辑?"

"在我看来，哲学和逻辑一样，应该用公理体系的方法去研究。"

"我看不出如何将那些既不普适也不长久的世界观公理化。"

"概念有其客观现实，我们要发展出一种属于这现实的非主观语言，这也是为什么我多年来一直在研究胡塞尔的现象学及其在数学上的特别适用性。"

我悄悄向这年轻人示意了一下，但他没会意，只把空茶杯递给我，我们又要听两个小时的现象学，还好库尔特的闹钟响了，正是时候。

"抱歉，我该吃药了，要保证准时准点，先告辞一下。"

保罗·科恩努力不显得茫然无措。

"你也对那什么现象学感兴趣? 这名字真怪。"

"也难懂。您丈夫病了?"

"别管他，没病也习惯吃药。你结婚了吗?"

"刚结不久，去年在斯德哥尔摩认识的我妻子，她叫克里斯蒂娜，瑞典人。"

"这么快?"

"幸福不能等!"

这快乐的小伙子真做成了库尔特没做成的事? 一瞬间，布卢希尔旅馆显得那么遥远。这乖孩子会不会有一天也转身对他的克里斯蒂娜说"我解不出"? 我被这个恭敬又热情的年轻人感动，在他身上隐约看到丈夫曾经的样子，但更鲜活，库尔特在他身边显得如此脆弱和苍老。

库尔特说要请他来家里时，我也很惊讶，我们已不邀请任何人来做客。他避免与人有任何身体接触，包括亲友，但会在深更半夜给他们打电话，大段大段地讲哲学，不管几点。他逃避一切公共生活，以身体太弱为理由离群索居，甚至拒绝了维也纳大学和奥地利要给他的荣誉，拒绝以胜利者的姿态回去。他怕什么？怕别人害他的命？怕被征兵？那个战争年代已经过去。他的不幸就在于不把时间看成一股细流，而看成一片泥泞沼泽，什么都烂在里面。对我来说，时间已变成一锅粥，就像要强忍着恶心咽下的糊糊，充满各种难伺候的习惯：早上一杯热水、晚上一杯热水、做了也不吃的饭、相对无言的沉默、星期天的账单，还有总是放在沙发上同一个地方的报纸。

"我有点儿蒙，以为只聊专业数学。"

"哲学并不是数学的附属，恰恰相反，哲学是数学的精髓。"

"信您一言，哥德尔博士。"

我向不知所措的客人苦笑了一下，看来我们逃不过胡塞尔这个魔鬼。

"现象学首先是问题：如何思考思考本身？如何摆脱一切遮蔽感知的先验？如何捕捉真实的存在，而不是我们以为的存在？"

"我妻子在学素描，她常说：'如何再现真在面前的东西，而不是我们知道在面前的东西？'"

我双臂交叉抱在胸前，抑制着不耐烦，这年轻人要是也加入进来，之后可别抱怨！

"大脑向我们传达了一部分现实，另一部分是记录好的，就像一个偷懒的画家，在用过的背景上换人物。"

"但要如何摆脱既有观念？那需要不可思议的脑力！"

"胡塞尔说任何想成为哲学家的人一辈子都应该内省一次，试着推翻所有现今已被接受的科学，重建它们。"

"就像通灵？"

"胡塞尔更喜欢说'减少'。"

"这些对我都太深奥了！我还是更相信直觉。"

我们的客人说出那个词，仿佛冥冥之中已经注定，库尔特来了精神，直起身子。这几年，他已不像以前那样能经常召唤出直觉，无法用年轻人的崭新眼光去审视现实，经验成了变形滤镜，让他只能走已走过的路。现象学方法让他缺乏刺激的精神又有了焕然一新的希望。所以要忘记所学才能进步？我从没学过任何东西，也没走出多远。他不懂我的嘲讽："别乱评判，阿黛尔，你该改改看世界的方法。"好像是我要逃离这世界似的。

"直觉是过于随机的捷径，科恩先生，应该可以拆解思维机制，得到懒惰的感知故意抹去或出于习惯不让我们知道的东西。"

保罗·科恩望着窗帘的花纹出神，后悔打开这个阀门，原本只想得到大师的认可，但听到的这一番话与之无甚关联。

"思想无限，科恩先生，限制只在其习惯，正如数学也无限，受限的只是形式系统规定的数学。"

"听您这么说，思想只是简单的机械，要拆开、上油、装回去。"

"别把我和图灵混为一谈，思想不是静态的，它总在发展中，你不是机器。"

"但如果神经元数量有限，可能的连接状态也就有限，所以存在一个极限。"

"精神仅仅是物质的结果？这是唯物主义的偏见。"

"您为什么不就此发表一篇文章？"

"让他们客气地嘲讽我？时代精神①向来与我作对，现在依然如此！我宁愿一个人在自己的角落里研究，哪怕确信走的方向对。"

"您要躲藏？"

"我要保护自己，已没力气与人争。我不是第一个，也不会是最后一个，胡塞尔也觉得不被理解，我肯定他没全说，以免树敌。"

我拿饼干撒气，这话我熟得能背出来，在自己房间里说得都对又有什么用？再没力气与人争？他从来就没有过力气。我打断他们，因为电视好像在播没见过的画面。警察午后在达拉斯的一家电影院逮捕了一个嫌疑人，李·哈维·奥斯瓦尔德，因在总统遇刺几分钟后杀了一个正在巡逻的警察而被通缉，大家都觉得就是他干的。

---

① 德文：Zeitgeist。——译者注

"倒没拖多久！希望他们烧死这人！"

"这么快就找到罪犯，不奇怪吗？特勤局怎么没料到这次袭击？"

保罗·科恩不想听阴谋论，起身准备告辞。

"很荣幸来您家做客，请问我的文章您抽空审读了吗？"

"在门口的信封里，如有别的意见，我会给你打电话。"

我把客人送走，回到客厅，库尔特全神贯注地盯着电视屏幕。

"这小伙子不错，充满活力！"

"年轻气盛，客观地说，他的方法正确，但太费事 ①，不够优雅。"

"你觉得他是木匠，而你是木艺大师？"

"阿黛尔，我不懂你想说什么，我累了，去躺会儿。"

他砰的一声关上房门，草草结束对话，不愿面对别人的批评，尤其是我的批评。最近几个月，这扇讨厌的门关得越来越早，道出他的失败与孤独。日复一日，年复一年，我都听着这砰的一声，现在还能听到。

我看着屏幕上让人焦虑的一段段画面，想找点儿东西分分心，不要那么悲伤。美国要怎么挺过这样一个悲剧？我们就可以擦净黑板，重新上路，而不误入歧途。时间旅行——库尔特为什么没给我们这礼物？他所有的研究这下终于能派上用场。我多希望每天起床都有无数可能！二十七岁，有一双美腿，在"夜蛾"的衣帽间把大衣递给他。

我不怕死，我呼唤死亡，我害怕这永不结束的尾声。

---

① 科恩创造了一种前所未有的强大数理逻辑方法——"力迫法"，可用来证明"相容性"，我们就不要费力深究了，毕竟身体有极限。

49.

宣泄

　　直到从高等研究院的楼里看不到她，安娜才任由脾气发泄出来，拼命跺一块烂泥，鞋子都毁了。周围一望无际的草坪空无一人，在暖冬的微温中昏昏欲睡。她咒骂蓝天和这座乏味的城市，恨自己没勇气，逆来顺受。她已完全丧失斗志。

　　卡尔文·亚当斯打了她个措手不及，无聊地兜半天圈子后，让她别再和哥德尔的寡妇浪费时间，据他的消息，老太太最多还有一两个月可活，不能再造成什么破坏，他需要安娜在身边。

　　"不能现在停，离目标那么近。"

　　"逼她，跟她哭，这些老太太总是心肠软，和她说你完不成任务就要被炒。"

　　他摆弄起西装纽扣，接下来的话让安娜简直不敢相信。

　　"安娜，我很喜欢你，但你工作不够专注，人在心不在。我虽是你父亲的朋友，但也是你的老板，我这个老板不满意，你要振作起来，高等研究院只要优秀的人。"

　　安娜强忍泪水走出办公室，大脑还没从惊愕中反应过来。"高等研究院只要优秀的人"，这话就像一记耳光，她从来都只是外人。不到一周前，他还说她就像"亲女儿"。

　　"你看起来像要杀人，安娜。"

　　皮埃尔·西科齐两手插在大衣兜里走向她，她赶紧换了副更和善的面孔，想挤出微笑。他模仿了两下斗牛士动作，她不禁笑出来，但又一阵怒气让她收住。她需要一支烟，这黑色的一天完全值得破戒。他想得更远，邀她去喝一杯。这几天他都没怎么出研究院，而且陪他逛逛普林斯顿也是安娜的职责。她不自觉地看了下表，除了那只猫，也没什么等着她。她提议去帕尔默广场的一家酒吧，还能路过爱因斯坦故居，这法国人不能没看爱因斯坦故居就离开普林斯顿。

"希望能找到印有他脑袋的雪花玻璃球，我家小埃米莉收集这种玩具。"

"和他有关的生意都做到这份儿上了，难以置信。你有个女儿?"

"八岁，和我前妻住在波尔多，你知道那地方吗?"

"不熟，不过我喜欢波尔多的葡萄酒。"

"这就对了! 我们去找瓶有年份的波尔多，我真不喜欢加利福尼亚的劣酒。"

他们沉默着走向默瑟街，安娜努力忍住矛盾的情绪，陪这么出色的人很高兴，但和亚当斯的会面又很令人恶心。她不会扔下阿黛尔孤独终老，要休几天假去看看她，想想怎么委婉地和她说。

"关于我们感恩节的对话，我想了很多。"

"我从没见利奥这么起劲儿。"

"他是你男友?"

安娜踩到一块泥，打了个趔趄，西科齐扶住她，她有些尴尬，赶紧抽身出来，思考这位数学家是不是在调情，毕竟他已经说了"前妻"。她分不清法国人是礼貌还是献媚，住巴黎时就费了好大劲儿，才习惯这种永远的模棱两可。她止住这些可笑的念头，刚刚还被教训不懂察言观色，就别在"外来物种"面前自取其辱。她没回答他的问题，他就算失望也没表现出来，转而聊起别的。

"我想到你和哥德尔夫人的事，很好奇她丈夫的稿子里有没有未发表的对连续统假设的证明。人们一般认为保罗·科恩解决了这个问题，但哥德尔也研究了很久，却没发表多少东西。"

"我不知道阿黛尔有没有能力讨论这个问题。"

"问问她。"

"她什么都不白给，我们就像等价交换，她和我说她的生活，我和她说我的生活。"

"那问题在哪儿?"

"我能说的都说完了，我的生活就是一片沉闷的平原。"

"说你和一个魅力十足的法国人散步。"

所以不是她瞎想，他真的在调情。

"还是菲尔兹奖获得者!"

"这些荣誉不算什么……"

"得到的人才无所谓。"

"我可没那么自命不凡，没什么比一个小小的新想法更让我开心!"

他们走上默瑟街，安娜加快步子，和大长腿数学家一致。西科齐没刻意要打破沉默，她越来越喜欢他。在 112 号门前，他说不好意思，难以免俗，见笑了，让她给自己拍张照，她乐意地答应。他们停留了一会儿，看着这座著名的白房子。

"我很崇敬这类地方，好像它们保留着逝者的灵魂，其实不过是一堆旧木板。"

"你失望了。"

"我太爱幻想，高中老师经常这么说我。"

"你这个幻想家很有出息啊。"

"你住哪里，安娜?"

"我家你也想去看看?"

他注视着她，回答得很肯定，她很久没遇过直说的人，没准备好从聊天说笑直接进入"闪电战"。

"要不去我的酒店，就在旁边，环境很好，餐厅还有冯·诺伊曼的涂鸦。"

"当档案员也有限度，院长会有意见。"

"又不请他来，这是借口，不是理由，你结婚了? 没见你戴婚戒。"

"还在恢复中。"

他又慵懒地走起来，两手插兜，一言不发，让人无所适从，直到下一个红灯。

"抱歉，安娜，我太鲁莽，我们去喝一杯？"

"有烟吗？"

"你很漂亮。"

"你要是在我耳边轻声说我有一头秀发，我就把你扔在这里。"

他递给她一支法国烟，微笑让人消气，没有平时那种嘲讽，他应该把这模样留给重大场合。安娜吸了一口，没印象中好，她决定接受他的邀约，他有才有貌，最重要的只是来访问。她还能指望什么？不能等一辈子吧。

"你喜欢我哪里？应该有一大堆女学生堵在你门口吧。"

"我只被那些足够聪明而对我不感兴趣的女人吸引，尤其当她们穿红色连衣裙时。"

50.
1970
鬼门关

"啊，神圣的数学，能否一直与我往来，宽慰我余生，
不再受累于人类的险恶、天地的不公！"
——洛特雷阿蒙,《马尔多罗之歌》

　　我那么累，稀里糊涂，难受，想吐，三十四年前的噩梦仿佛重来一遍，鲁道夫、奥斯卡、我，还有一具行尸走肉。1936 年，我们曾这样聚在疗养院大堂，如今，漂亮的装潢换成蒙尘的小客厅，我已没力气打扫。人也变了，鲁道夫是外国老头，年迈的奥斯卡以一贯的高贵不屈与癌症斗争，我也不再是格林津的阿黛尔，成了老太婆。1965 年，我因"轻微脑部急症"从意大利那不勒斯被送回美国，之后就看着我的身体和精神碎成一片片，所有关节都发炎，行动困难，连最后一点儿生命力也要耗尽。与 1936 年那个忧心忡忡的恋人不同，我已不期待更好的日子。我不再认为自己必不可少。我无能为力。
　　"要让他赶紧住院，阿黛尔。"
　　"他不肯。"
　　"强迫他去，哪怕把他关进精神病院。"
　　"你怎么能这样对亲弟弟？我对他发过誓，再不让他被关进精神病院。"
　　"事态不一样，你顾不了他，站着都勉强！"
　　"你从来都不喜欢我，奥斯卡。"
　　"现在不是吵架的时候，阿黛尔，我们要是不管，库尔特就会死，你明白

吗？他要死了！"

"他都在鬼门关走过一回，不是也回来了。"

"现在再厌食可会要命，就算不饿死，心脏也不行了，更不用说他吃的乱七八糟的药！我在他床头柜里找到了毛地黄苷！你怎么能由着他这样毒害自己？"

我没力气回答，他们表现得好像这是新鲜事一样，好像奥斯卡没眼见库尔特日渐虚弱，好像鲁道夫没能在读每一封信时猜到弟弟的状态。我紧紧抓住窗帘，支撑颤抖的双腿，压迫得喘不过气。莫根施特恩看我撑不住，为我说了几句话。

"你弟弟向来一意孤行，鲁道夫，没人能说动他。一个月前，我把他拖去医院，没有一个医生能说服他进食，前列腺手术也不肯做，宁愿痛苦不堪。阿黛尔能做的阿黛尔都做了。"

"他不信任医生，害怕被麻醉，或被下别的药。"

"他做不了决定，阿黛尔，求求你，看在我们大家都很爱他的份上，接受吧！"

"他会怪我，会说我像别人一样要杀他。"

"我怕你担心，没和你说，昨晚库尔特打电话要我帮他自杀。如果我是真朋友，就该给他拿点儿氰化物，记下他的遗嘱。"

"天啊！我不明白，上星期他还回办公室工作，看起来没那么抑郁。"

"他已不是单纯抑郁，是精神病发作，要输营养液，接受适当的治疗。"

我不想再听他们说话，任由他们和早上被紧急叫来的医生一起把我拖到库尔特的房间，房里铺满书、草稿纸、药物，笼罩在一片黑暗中。窗户一直关着，现在库尔特害怕噩梦更甚于不透气的味道，不眠之夜充满恶人、魔鬼一样的白大褂，要消灭他的思想。劝了几小时无果，强行打了一针镇静剂后，他终于睡去。我听见他们在薄薄的隔板后背着我说话。

"她拖得太久。"

这几个月他越来越瘦，可能我不够注意，但他依然在工作，疾病虽影响了他的身体，却从未削弱他思考的能力。莫根施特恩看库尔特这状态，叫鲁道夫赶紧来普林斯顿，他自己也没能说服库尔特吃东西，他们现在又有什么权利指责我粗心大意？他们懂那么多，那么盛气凌人，也没能多做什么。

那天早上，我看他不在房间，叫也不应，也不在高等研究院，邻居上街找也没找到，他消失了。最后还是奥斯卡在洗衣间找到他，奄奄一息地躲在锅炉后，慌张不安，眼神狂乱，惊恐万分，不认识我，坚信夜里有人溜进家要给他注射毒药。

年轻时，我也像所有人一样害怕命运给我们当头一棒，我讨得一时宽限，却没意识到在劫难逃。不幸慢慢降临就没那么恐怖，麻醉你，让你变迟钝，让你无法偷偷溜走。我没能阻止他病情的发展，不愿看见这个"孩子"已长大。别人说："呀，这小孩都长这么大了！"但对母亲来说，如果不是因为裤子短了，几乎看不出成长。在库尔特这里，不是裤子短了，而是西装大了。夫妻之间看不见发疯，不承认发疯。那是种潜伏的混乱，无声无息地破坏，经过漫长的侵蚀直至爆发，到那时，现实让你不得不承认，也夺去你守护的所有东西，别人就会大喊："你怎么什么都没做？"

我久久看着他在昏睡中抽搐，身体因疼痛蜷成一团，拳头握紧顶着肚子。我把滑落的被子盖好，多年没见过他的身体，看着这曾经熟悉的身躯、纤细的双腿，我曾眷恋、抚摸、照顾的身体如今只剩一副骨骼，甚至能看出颅骨的形状，我看到的不是一个人，而是一具骷髅，我已在看着关于他的记忆。

我一点儿勇气也不剩，我的躯壳已成了皮糙肉厚的老太婆，内心呼喊着让我放弃斗争。我身形硕大，而他单薄到透明，好像我把他的血肉都吸过来了一样。其实是他耗尽了我，把我当备用电池。这几年对我来说没完没了，没有生孩子，身后不会留下任何东西，我什么都不是，有的只是痛苦，怕加重他的抑郁，连表现出一点儿脆弱都不可以。我住院，他就不吃东西；我放手，他也放手，这样下去有什么意义？他不再出门，和人约在办公室见面却不去，只通过"可靠"的他人与不认识的人交流。没人再对隐居天才最后的古怪感到讶异。只有奥斯卡和儿子来访，他才不害怕。奥斯卡的儿子想当数学家，库尔特很喜欢和他聊，但他给这小孩树立了什么榜样？谁会想落到他这种地步？1966 年，玛丽安娜在维也纳去世，他连亲生母亲的葬礼都不去，我只好代他去，多悲伤的讽刺！他的理由是："为什么要在雨中在敞开的坟前站半小时？"

倘若我比他先走，他会来参加我的葬礼吗？奥斯卡应该把氰化物带来，一个毒苹果两人分，完美解决，220 和 284，也算圆满，我也能确定他在我的葬礼上。

我扶着墙回到客厅，瘫坐在椅子上，再起来都得求人帮忙。那三个男人一言不发地看着我，肯定特别想把我也送进疯人院。我只能缴械投降，我已被掏空，肥硕但空荡荡。

"该怎么办就怎么办吧。"

"你做得对，他需要精神治疗。"

"我们会给你找个护工，你不能再独自承受这一切。"

51.

自由如鸟

"来得很晚啊，小姑娘，找到别的乐趣了？"

安娜把包扔在人造革座椅上，工作一天后很不想跑这一趟，但要赶紧了结这事，把亚当斯的命令告诉阿黛尔。一想到他就想撞墙，她本应该当面顶回去。她不该抽那支烟，之后一直强忍去买一包的冲动。脖子僵硬得想骂人，和法国人喝一杯后也没放松下来。他要去工作，一早就走了，因为有了新的灵感，但也提议进一步证明他俩完美匹配。她一个人吃早饭，反复看餐台上方裱起来的冯·诺伊曼涂鸦，思考自己为什么总像海员的老婆一样孤单。

哥德尔夫人建议她泡杯甘菊茶，没见过她这样闷闷不乐，但也没多说什么。安娜烧上水，取出装茶包的盒子，调高收音机音量，《自由如鸟》①响彻整个房间。前一天晚上，约翰·列侬遇刺，之后所有电台都在循环播放披头士的歌曲。

安娜小心地把两杯冒着热气的茶端到阿黛尔的床头柜上，然后在蓝椅子上坐下，老太太把毯子递给她，她把自己裹起来。

"我祖母今天该八十八岁了。"

"我为她祈祷。"

"她去世很久了。"

"祈祷总有用。"

安娜喝了口茶，被烫到。12 月 8 日对其他人也将是个悲痛的日子，广播没完没了地讲着列侬遇刺的悲剧。

---

① 披头士乐队的一首歌。原书如此，疑有误，这首歌于 1995 年 12 月正式发行，最初只有约翰·列侬在 1977 年录制的一版小样。——译者注

"您注意到没，阿黛尔？我们庆祝普通人的生日，却纪念名人的忌日。"

"1963 年肯尼迪遇刺，我记得很清楚，全国上下什么都停了，一个世界终结了。"

"您丈夫没能像他朋友爱因斯坦那样声名显赫，您遗不遗憾？"

"库尔特肯定受不了那样的压力，不过就算他老抱怨，也不是总被忽视！他获得哈佛大学名誉学位时，一家报纸的报道标题是《20 世纪最重大的数学发现》，我买了二十份！"

"我读过《时代》周刊的一篇文章，他被列为 20 世纪最重要的一百个人之一。"

"那名单里还有希特勒呢，我宁愿忘了那人。"

"希特勒改变了历史进程，遗臭万年。"

"我不信魔鬼，只信集体的懦弱，这是人类最普遍的品质，和平庸一样，包括我自己，实话！"

"您可不平庸，我觉得您非常勇敢。"

老太太向优秀学生笑笑，安娜开心地注意到她又戴着洗得焕然一新的头巾。安娜感觉冷，把毯子朝上拽拽，一直盖到下巴。她从泳池出来时着凉了。阿黛尔某天曾向她坦言从没学会游泳，安娜没像通常和老人说话那样，安慰她说"还有时间"。已没时间。她还是不知如何启齿，想到了利奥，讲讲在厨房聊的话题应该能弥补一下。

"您见过数学家艾伦·图灵吗？"

"我记得我们说起过他的死，库尔特问他结婚没有，觉得结了婚的人非常不可能自杀。大家都很尴尬，图灵是众所周知的同性恋，但我丈夫对闲言碎语充耳不闻，而我就喜欢嚼舌根！孩子，你都不给我点儿可说道的。圣诞节和谁一起过？"

"应该会去伯克利我妈那里。"

哥德尔夫人毫不掩饰失望，以为会和她一起过？安娜考虑起来，就这么跟凶神恶煞的蕾切尔说，因为工作走不开真是个非常好的借口。

"你是不是病了？"

"别精神分析过度，阿黛尔，身体不能解释一切。"

"那是对别人！我可和一个躯体化博士过了一辈子，自己也一看到年末将近就感觉病恹恹，神啊！谁又真喜欢圣诞节？"

安娜扯下头上的皮筋，使劲儿挠挠头皮，又把头发扎上，紧得生疼。

"我以后不会这么经常来看您，昨天院长告诉我任务结束了。"

阿黛尔不急不忙地啜着茶，安娜从她脸上读不出任何信息，老太太听到这消息似乎既不痛苦也不吃惊。

"他对遗稿已经没兴趣了？"

"他想把我炒了。"

"做得对！这工作对你不好，就把这机会当作新阶段的开始吧。"

安娜心中突然出现一个倒计时，令她五内俱焚，不是圣诞节，是另一件事，但安娜就算把舌头切了也不会在阿黛尔面前说出来。她做了一个决定，几天前就该做，只是一直不愿下定决心。

"要不和您一起过圣诞节？"

"你完全自愿忍受和一群活死人聚会？"

"其实帮我躲过一劫。"

安娜揉揉脸，想消除五味杂陈、呼之欲出的感情，真是受够了总要找借口。

"赶紧别揉了！不到岁数就该长皱纹了，为什么这样折磨自己？"

"我没您的勇气，一辈子都在逃避，真是可悲。"

阿黛尔摸摸她的手，亲切又温柔的动作差点儿让安娜落泪。

"你不会要哭了吧？谁让你这么不开心？"

"我不好意思诉苦，尤其在您面前。"

"痛苦不是比赛，哀悼也可以是解脱，有时怀念好过相见。"

安娜轻轻抽回手，仿佛在老太太身上看到自己，有那么短短一瞬间想把一切都告诉她，但人的世界彼此隔绝，"他性"不可消除又无法避免。如何向阿黛尔解释她就不要走一样的路？哥德尔夫人不过是接受了那个时代的规范，选择库尔特或利奥那样的人，就必须牺牲自己，哪怕有时附带一些其他好处。怪兽总是什么都要，却付出得很少。阿黛尔在这个过程中失去了天生的快乐，也没有任何希望通过为人母来让自己变得完整。安娜理解她想当妈妈的心情，却不认为这是必需的。不管在婚姻关系中还是在亲子关系中，她妈妈蕾切尔都选择保持自我。安娜钦佩她的自由，却不欣赏随之而来的强硬。最后，这两个女子都为自己的选择付出了代价，一样孤独，那命题同样不可判定。

"你该出去旅行，安娜，好好利用自由，你面前还有那么多可能。"

阿黛尔身侧突然一阵疼痛，倒在枕头上，安娜伸手按铃，老太太却一边喘气一边拦住她。

安娜用纱布蘸了点儿清凉止痛药水给她敷上，尽力抚慰。自从上次偷跑出去，阿黛尔的脸愈发深陷。安娜怎能看不见？都是她的错，阿黛尔耗尽了最后一点儿气力，甚至连仅剩的快乐——闲聊都牺牲了。死神在计分。安娜想起回程也让人筋疲力尽，不知道琼今天在不在，出去时可以找她讨根烟，但又很羞愧这就想着走，感觉自己很龌龊，沾满一贯的懦弱，哥德尔夫人时日无多，欠她至少这一点儿小勇气：真诚。

"真的很高兴认识您，阿黛尔，我之前一直觉得自己对谁都没用。"

老太太困难地坐起来，一时间，安娜还以为她耗尽了度量，但阿黛尔柔和的话中没有一丝嘲讽，让她感到意外。

"我要是离开这世界还让你这样觉得，那我可真要自责。我不过是你道路上一个小小的弯，你还有大把时间给自己找个使命。"

52.

1973 ～ 1978
白头偕老

"人就是这么冒失，这么荒唐，
有时越怕死越被推向死亡。"
——伊壁鸠鲁

1973 年 11 月 15 日，普林斯顿

亲爱的简：

虽然我从不能坚持写信，但这次这么久没音信事出有因。这几周忙得很，我给一对夫妻当陪护，彼得在他们家做园丁。我真同情这对老头老太太，他们确实需要人全天照顾，尤其是可怜的老太太，她坐在轮椅上起都起不来，所以老头负责买东西、做家务，你可以想象我去时那家里什么样。我一看就明白，除了当护士，还得当清洁工、厨师、养老保姆。哥德尔两口子在一起快五十年，若不是境况这么惨，我真会为他们白头偕老感动。他们没孩子，很孤独，哥德尔夫人受不了，有人聊天她特别开心，和我一样唠叨！

怎么跟你描述这奇特的一对呢？哥德尔先生似乎是天才，我也不懂。他是个怪人，有时很好，大部分时候一句话也不说，白天黑夜都把自己关在书房。他吃得很少，吃之前还得闻闻弄弄一百遍，他老婆说他怕被人下毒。他瘦得都没人样，简直是具活骷髅。阿黛尔·哥德尔倒很肥，一身老年病却不注意治疗，不过脑子很清醒，依旧想着快散架的老公。

我也搞不清哥德尔先生到底得了什么病，医生只叮嘱我注意他的前列腺问题，因为他不肯手术，宁愿冒肾脏严重感染的危险戴着导管。这可怜的人偷偷吃一大堆不需要的药。你我都在医院干过，你自己看，我清点过他吃的药：治溃疡的镁乳、治便秘的纤维粉、各种抗生素（阿奇霉素、土霉素、头孢氨苄、乌洛托品、呋喃妥因），还有地高辛和奎尼丁，但他其实心脏没问题。最后，好戏来了：他居然还吃泻药。我见惯了人老了有多惨，但看到这般景象也无语。今年春天，他终于肯动手术，进了医院却又大闹一场，拔了导管要回家，好像没事人一样。难搞的病人我们遇到过，但这位真是数一数二！

不再用老头老太太的事烦你了，这些年你也看过不少。我自己身体挺好，还是不信你那套，衰老不传染！快点儿给我写信，我等不及要读读你的新鲜事，你怎么会想到搬到美国的另一边去？！如果不是这么喜欢你，真要恨死你。好好享受灿烂阳光吧，你值得。

你的好友，

伊丽莎白

1975 年 4 月 2 日，普林斯顿

亲爱的简：

你说的都对，但我下不了决心辞职，现在这情况下我不能扔下阿黛尔不管，可狠不下那心。那男的简直要把我逼疯！阿黛尔怎么能每天受他的罪，一直受这么多年？他人不坏，就是太叫人操心！每顿饭我都要费尽力气才能让他吃进去一点点，连哄带骗，又是求又是吓唬，他才肯吃两块胡萝卜。一天一个鸡蛋两勺茶就能挺过去！每天早上都问我想着买橙子没有，买回来他又不吃。若不是那么喜欢阿黛尔（我仿佛能听见你说"不是喜欢是可怜"），我早就撒腿开溜了。另外，再没人有勇气对付他的"怪"，除了和你说起过的他的老朋友莫根施特恩，还有一个年轻的亚裔"逻辑学家"（我也不明白他到底研究什么！）。他们很少来探望，但经常给他打电话。这位莫根施特恩先生得了癌症，但不想告诉他，免得他担心。这人如何让别人对他那么忠心？阿黛尔说哥德尔先生可是他那个领域的翘楚，我却只觉得照顾的是老到快不行的可怜老头，不过他刚获美国国家科学奖章，这可是很高的嘉奖。以他的状况，我怀疑他不能参加典礼。

光说这二老了，每天和他们在一起，他们的痛苦也成了我的负担。

很感谢你邀我去玩，但目前不行，我不能扔下他们。我太投入？那是当然！你见了他们也会喜欢。阿黛尔粗鲁，有时甚至暴躁，但非常勇敢。你喜欢爱情故事，这就是真实的爱情故事，童话不说白马王子最后会大小便失禁，还胡言乱语。我没那么好运，或者说没那么倒霉，和青春所爱白头偕老。有时我庆幸，有时我遗憾，看日子。

别怪我这封信写得悲伤，你向来有同情心，乐意听人倾诉。

祝好！

伊丽莎白

1976 年 6 月 15 日，普林斯顿

亲爱的简：

你在上一封信中问我"小老头小老太"怎么样，可怜的阿黛尔住院了，又是脑出血，情况很糟，胡言乱语，要输营养液。我自己也筋疲力尽，带哥德尔先生去看他老婆，往返于医院和家之间。他就像被抛弃的孩子，看着实在可怜。我给他买东西，简单做点儿吃的，但他说想自己做，我不信，他现在完全糊涂了，有些日子和我说阿黛尔说上几小时，有些日子怀疑我也密谋扳倒他，忘了自己已经退休。阿黛尔脑出血和这几个星期受的压力不无关系，她老公本来要紧急手术，重置导管，结果从医院跑了，走回了家，当着我的面指责他老婆想害他，趁他不在把他的钱都吞了，可怜的阿黛尔绝望地直哭。不管是医生命令，还是他朋友莫根施特恩好言相劝，都不能让他接受镇静剂，半疯半傻执意不肯好几

天，甚至还打电话给远在欧洲的哥哥，要他当法定监护人，第二天却又说恨他。阿黛尔真能忍，简直有无穷无尽的耐心，她百般规劝，哥德尔先生才平静下来，一切似乎又回到正轨（如果这疯子之家也能有正轨），她却犯病了，我们赶紧送她去医院。从那以后，他就只记挂她。莫根施特恩先生也让人不忍看，形销骨立，用尽最后的力气担忧这反复无常的活死人。哥德尔先生应该被收进精神病院，但阿黛尔不让，还找法子为不能照顾他自责。

我筋疲力尽，简，给我点儿勇气吧。我发誓以后只照顾婴儿！你要提醒我，好不好？

伊丽莎白

1977 年 9 月 2 日，普林斯顿

亲爱的简：

最近都没好消息，阿黛尔在重症看护病房两个月了，脑出血已经够她受的，不知道还能不能从结肠造口术恢复过来。往好了想，她圣诞节前也回不了家，如果还能回家，害怕抛下丈夫是唯一支撑她活下去的想法。夏天开始时，我的担心成真了，无须会算命！哥德尔先生把自己关在家里，不接受任何帮助，老婆不在就不吃东西，我把菜放在门前，第二天去一看，一点儿没动。昨天我在门垫上发现一盘叮满苍蝇的鸡肉，有其他人给他送吃的，但无济于事。

我不知道怎么继续瞒着阿黛尔，她责备自己把他抛下："没有我，他怎么办？伊丽莎白，你每天都给他送吃的吧？"

哥德尔先生不再给任何人开门，也不要我照顾。我给他打电话，接通后他说我不让同事来看他，他要见他的朋友奥斯卡。莫根施特恩先生已经去世两个月了，他不愿接受这个事实。

我怕终点已近，他俩都是，没有她，他就放任自流，而她会比他先走。

替我拥抱那些棕榈树！也许你觉得现在不该想着玩，相信我，我竭尽全力不和他们一起消沉。

你真挚而疲惫的好友，

伊丽莎白

1978 年 1 月 21 日，普林斯顿

亲爱的简：

你不会惊讶于这消息：哥德尔先生于 1 月 14 日去世了。阿黛尔依然蒙着，还没反应过来，她原本那么高兴，终于说服他住院。尽管她出院回家，悉心照料，但为时已晚，她不在时，他在医院因饥饿走了，死时只有六十斤！他那么聪明的人怎么会落到如此地步？我真搞不懂。他是下午走的，蜷在病房椅子上像个胎儿。

葬礼后我一直陪着阿黛尔，她时而觉得解脱，时而自责。我还发现她和他说话，她脑子有点儿不清楚。其实这样也好，她从此得放下他继续生活——如果这也能叫生活。

我们会给她安排个养老院，她表面上不乐意，其实知道这是最好的办法。她很怕一个人待着。给她的抚恤金不多，但卖了房子应该够找个条件还过得去的住处。

我在这里的工作结束了，真是漫长又可怕的五年。医生说哥德尔先生的厌食症由人格障碍引起。真没想到！他早就该被强制送进精神病院，若不是"翘楚"，他肯定不会躲过。由她来选，她选择不送，也承担到底。我最后的任务是帮她整理文件，我看过地下室，这活儿绝不轻松，她丈夫存了一大堆草稿。

我很快就会去看你，简，我急需欢笑、阳光，忘了所有这些事。和病人有了感情就会变成这样！

你永远勇往直前的伊丽莎白

53.

圣诞聚会

"院方知道你们的小聚会吗？"

"'娱乐'那部分写着，老人和死人、猫、档案员说话时不得打扰。"

安娜不情愿地推着轮椅，带阿黛尔去"秘密"集会。她骗母亲说自己得了流感，不能去加利福尼亚找她，结果圣诞夜还得面对这些幼稚的行为。哥德尔夫人说，在维也纳，某些实证主义者就搞过"特异功能"，但安娜无法接受20 世纪最伟大的逻辑学家只为揭露江湖骗子的真面目就参与这完全不理性的活动。

"又不会有任何损失，最坏不过召错人。"

"让人笑话都算好的。"

老太太让她俯身靠近，戳了一下她眉心："打开你的灵性，哪儿哪儿都锁着。"

"我学会发挥理性，收集事实得出结论，不理会任何形式的玄学。"

"你确实努力，但通向光明有捷径，在那些路上，你的小齿轮转得再快也是空转，就连你那么喜爱的语言都毫无用处。"

她们走进一个堆满东西的房间，窗帘拉着。安娜在阴暗中依稀能辨认出叠起的画架和一排排画框，这是艺术治疗室，诊室墙上那些污迹就由此而来。松节油味混着小圆桌上熏香蜡烛的熏人气味，几个人围坐在桌边，安娜认出杰克，还有躲不开的粉毛衣。阿黛尔向她介绍另外三个不怎么熟的人：格温德琳、玛丽亚、卡尔。格拉迪丝戴着无比闪耀的镶水钻眼镜，起身要亲她："老古板来啦！"安娜不禁后退一步。玛丽亚八十多岁，酒瓶底镜片遮住大半张脸，她凶巴巴地瞪了安娜一眼。格拉迪丝示意安娜不要说话。"朋友们，让我们欢迎新人！"格拉迪丝摘下眼镜，眼里闪着兴奋的光。安娜强忍住笑，她安置好阿黛尔，然后在最后一个空位上坐下，旁边是杰克。她看见他用那只好眼睛向她使眼色，好像挺喜欢这聚会。她也该体验下，这会是个独特的圣诞节，不像她以为的那样，和这些时日不多的孤寡老人一起强颜欢笑。格拉迪丝动来动去，等不及要开始。

所有人牵起手来。安娜左手牵着哥德尔夫人的手，冰冷又粗糙；右手牵着杰克的手，他的手指一直在弹琴。她饿了。这些老人都能不费力地撑到半夜吃圣诞餐，圣诞老人肯定给了他们能量补充剂。格拉迪丝闭眼唱诵，安娜神游天外。

格拉迪丝把她从神游中拉回来："放开一点儿，安娜！别当我们之中最老的。"

现在，阿黛尔和安娜饶有兴致地看着放得开的人伴着音乐跳狐步舞。一个男的来请安娜跳舞，但她谢绝了。阿黛尔用脚打着拍子。

"我以前那么喜欢跳舞。"

"我则能躲就躲，跳得很滑稽。"

"看那两人！跳得真好。现在的年轻人都不会跳双人舞，我们还要惊讶离婚率高！"

一对七十多岁的男女在她们桌前旋转，默契十足，飘然蹁跹，有一种不老的高雅。安娜又想起过去那些聚会，在沙发上看别的少男少女眉来眼去。利奥头发盖到眼睛，穿着皱巴巴的T恤和裤子，舞得好像不跳就再也没机会。他喜欢强劲的音乐，四肢不受控地乱摆，忘掉还要回寄宿学校。他从不需要任何人。安娜则总在等下一首歌再决定走不走，下一首可能会让她想纵身跃入舞池。她还在等。

"每个聚会都自带惆怅。"

"孩子，你更乐意旁观，以为嘲讽代表看透，其实是胆小！"

音乐停了，服务员收拾完所有桌子，她们想显得喜庆点儿，戴着红软帽，脖子上还挂着扎人的金属光泽流苏环。一时间，所有桌上的人都动起来，一个个礼物不知从哪里冒出来，惊叹、撕包装后是假牙欢快的碰撞。阿黛尔递给安娜一个牛皮纸袋，用一条白缎带扎着。她打开，是件朱红色开衫，毛线的手感好极了，她高兴得当场就穿上。

"喜欢吗？我自己织的。"

"我从没收到过这么好看的东西，太麻烦您了！"

"你这发色和肤色，应该多穿红的。"

安娜想起为感恩节买的那条连衣裙：一件衣服就能改变命运，也是奇怪。和那个法国人好聚好散，不必说没用的誓言。她把红色连衣裙挂进衣橱，和其他遗憾一起。

安娜等不及要把礼物给阿黛尔。前几周，她想了好久，在纽约喧闹的街上漫无目的地走了整整一下午后，进了梅西百货，转过一条道，在一件华美的睡衣前停住。天价吊牌她不看，她爸给的信封终于找到用武之地。她喜滋滋地带着这件古铜色锦缎内衬山羊绒的美物回到普林斯顿，完全能想象出哥德尔夫人穿上这华服的样子，就像威武的女皇。阿黛尔展开衣服，惊叹一声："太美了！你发什么疯，这得花掉你一条胳膊吧！"

"准确地说是两条胳膊，但您穿上这居家装肯定美得不得了。"

"居家装？现在的名堂真多，还有什么想不出？我太激动，这太贵重。"

"您不会要哭了吧？"

她俩都笑了。格拉迪丝硬冲过来，毁了这一刻。她给每个人都准备了礼物。安娜略感尴尬，她只带了一盒巧克力。准备好做惊喜状，她撕开嫩粉色包装纸，打开里面的盒子，取出略有酸味、不太好闻的一瓶东西。她拥抱格拉迪丝，也不敢问那一瓶糊糊是果酱还是发乳。格拉迪丝散发着同样的气味，颠颠地继续给别人发，毛衣上的大绒球一抖一抖。阿黛尔晃着收到的礼物：一组艳到扎眼的刺绣手帕。

"你走运。"

"您想不想再见见您丈夫?"

"他从不喜欢午睡时被打扰。"

"您不想再和他说说话吗?"

"我掐住他脖子，他头一歪，说话都多余。"

安娜抿了一口她那杯难喝得要命的起泡酒，努力不龇牙咧嘴。

"我去那边后你会召唤我吗?"

"我会留扇窗，万一……"

安娜一瞬间觉得老太太要亲她，最后还是没好意思。

"圣诞快乐，阿黛尔!"

"圣诞快乐，玛丽亚小姐! ①"

阿黛尔给安娜戴上花环，她仿佛是个迷途的夏威夷女子。

---

① 德文：Frohe Weihnachten, Fräulein Maria! ——译者注

54.

1978
孤家寡人

> "摇篮与棺材、坟墓与母亲的胸脯——我们的心将它们混为一谈，
> 说到底也几乎一样。"
>
> ——克劳斯·曼，《转折点》

"我完全可以帮你弄好。"

"我得做，没事。"

她拍拍我的手："那得来点儿小点心！"

伊丽莎白去了厨房，把我留在客厅面对地毯上堆成小山的文件。我得找到过这最后一关的勇气。

去参加他葬礼的人很少，几个两鬓斑白、着急结束的人扶着一小群身着黑衣的老太太：没有奥斯卡的多萝西、没有埃里克的莉莉，男人总是先走。颤抖的我紧紧抓住伊丽莎白的胳膊。长长的灵车卸下棺材。有人讲了感人的话？我不记得，不过研究院肯定挤出了一篇悼词。转到金布尔太平间后的事我几乎都不记得，只记得有花：覆土前，我把红玫瑰扔在棺木上，山茶花的季节已过去。1月19日后，库尔特睡在深灰色大理石墓碑下，两步外就是我母亲安息的地方。她不会打扰他，总睡得很沉。

伊丽莎白端着茶盘回来，我们喝茶，吃饼干，听壁炉里让人安心的噼啪声，想到接下来要花的力气就已疲惫。

"你想怎么整理，阿黛尔？"

"注意时间顺序，有些盒子已贴标签。库尔特也没留下特别说明，除了邮票要拿给鲁道夫卖掉。鲁道夫估计想把所有这些材料都卖了，但我才不会遂他的意。"

"其余的呢？"

"我分拣，你装盒。"

"看这乱七八糟一堆，谁能相信你丈夫在我印象中那么认真细致！"

"他什么都留，应该在里面找到了逻辑。"

最后为库尔特做一次家务，一辈子净为他做家务了，把世界整理好，不让那讨厌的熵吞没它。所有女人都是一样的命？为爱，或为安全感，找个人一起，最后却得使劲拽着本应是依靠的他，我们所有女人都得这样？兄弟、父亲、爱人、朋友，我们女人来世上就为救他们？我们不过是救生圈？再没有人要救时，我们还剩什么？

整理回忆。

"要不就是蚂蚁爬一样的小字，要不就是用速记法写的，我要疯了。"

"你该歇歇了，阿黛尔，都弄三天了，拖一下没事。"

"我想马上弄完，这些鬼画符对他很重要。"

分拣毫无进展，不管是一张照片、一张手写字条，还是一篇报纸文章，我看到就会忆起过去，没人抵抗得了这慢慢注入的怀旧之毒。这已不是整理清点，而是对一生的剖析。

库尔特死时在病房椅子上蜷成一团，孤零零一人。

他撒手人寰前想到了什么？想到谁？呼唤我了吗？责怪我不在吗？就这一次我没应声跑去，都怪这庞然身躯困住了我。"夜蛾"变回毛毛虫，一个巨大的蛹，没有手，无法最后一次抱紧他，发不出声音，不能对他说："没事，库尔特，会过去的，最后再来一勺吧，求你了。"

他像他们说的那样因营养不良过世？不，应该是因为工作中的意外，探索不确定，被疑问咬噬而死。他是看过自己的病发现永远无药可救的医生。生命不是精确科学，它的一切都变幻不定，无法证明。他不能一个参数一个参数地验证，不能将存在公理化。他要找什么？不在心、不在腹。他决定脱离，置身世界之外以弄懂它。有些系统我们无法抽身出来，阿尔伯特清楚。从生命中抽离就是死亡。

"阿黛尔，我发现这个被单独放一边，在封着的文件袋里。"

我扫了一眼这张薄薄的纸，一串符号、公理、定义，既没解释也没评论，枯燥得就像没音乐的一天。我的目光撞上写得清清楚楚的最后一句："定理4：必然存在如上帝之物。"这和上帝有什么关系？我又读了一遍，似乎是个证明。那些专业术语我一点儿也看不懂，又是他那讨厌的逻辑学，我从没学会那些话："积极性质""当且仅当""一致性质"。

"重要吗？"

"应该是个证明……证明上帝存在[①]。"

伊丽莎白戴着眼镜看了一遍，又摘下眼镜看了一遍，然后把证明还给我，一脸困惑，应该很失望。

"放'杂项'里吧。"

多不谦虚！多疯狂！他怎么能证明？他掉进了什么深渊？上帝有他作陪一定开心！库尔特会对他说："哎，天父！我说个特好笑的事，你肯定特喜欢！我证明了你的存在。"只是，上帝有幽默感吗？我觉得肯定有，不然库尔特和我也不会相遇。

我得承认，我其实感觉解脱，这样拿上帝开玩笑更让我确信。时候到了，他该走了。我们这几年越来越糟，最后的境况简直是地狱，我如何能承受更久地看他那样？他变了模样，惨不忍睹，从瘦子变成骷髅，从天才变成疯子。他是一下就到了那边，还是误入生死间的无限过渡？他永远失落其中。

这么多年，我都心存希望，相信可能。当奥斯卡在锅炉后找到虚脱的他

---

① 写于1970年，可在库尔特·哥德尔的遗稿中查到，其中既无介绍也无评论，更未解释所用的模态系统（逻辑语法的类型）。虽然哥德尔未说明，但这份"本体论证明"似乎以11世纪神学家安瑟伦的论证及笛卡儿、莱布尼茨的研究为基础。

时，我放弃了。我哀悼那些可能：不会存在的我、他本可成为的人、没有他我再也不会有的东西。如果我们是他人就好了。我宁愿将他留在回忆中，在维也纳的那个茶室里，他擦擦眼镜，想好好看看我。

　　我总把最难啃的留到最后，之前把两个标着"私人"的盒子放到了一边。伊丽莎白和我各拿一个，不可能在里面找到情书，它们都留在维也纳随战火燃烧。里面也许会有几张我从欧洲寄来的明信片，或久未见到的照片，但更可能装着*亲爱的妈妈*的信。这么多年过去，为什么我还如此介意？她经常引我发火，我也没让那老太婆省心。老太婆，如今我也是老太婆。担心死人的看法做什么？我逃避这个事实：我是她的复制品，一个支撑而已。

　　"这些怎么办？"

　　伊丽莎白拿着一叠笔记本，都是他记录的便秘情况和体温。她轻描淡写，照顾我丈夫时也不议论他的怪癖。

　　"依我就烧了，但肯定会有人说我不该！这些古怪东西也是他的一部分。"

　　"我在想象，别人发现这些一定目瞪口呆。"

　　"看别的看多了，看看这也是放松。"

　　"你不怕别人把他当成……？"

　　"看啊，他还留着我们婚宴的账单！简直不敢相信他把这纸条装箱子里横穿了整个西伯利亚。"

　　"也许他念旧。"

　　"他想最后和我算总账。"

　　"阿黛尔，他那么爱你。"

　　"这个太好笑了，数学协会会员费欠缴通知，库尔特最怕欠钱，肯定内疚了一辈子，我得给他们寄张支票。"

　　"留着钱，你需要。这儿有张什么《数学原理》的购买小票。"

　　"我们刚认识时，那本书他从不离手，和他的博士论文一起放'1928/29'那盒。"

我翻看褪色的明信片，缅因州，1942年，我们一起买的，但从没寄出。

"你们的德国护照要放哪盒里?"

我翻开他那本，看着那么年轻的他，仿佛另一个人。我把护照还给伊丽莎白，没看我那本。

"1948年，和入籍文件放一起。"

"天啊，阿黛尔，你好漂亮! 我没见过这张照片。"

我端详了一会儿那泛黄的照片，一个清盈浅笑的少女摆着姿势。

"放'杂项'里。"

"你不想留给自己吗?"

"我已不是这个人。"

"你当然是!"

我继续分拣。快速扫过他哥哥寄给疗养院的信: 1936年那盒。从日本启程的船票: 1940年那盒。沉甸甸的文件袋，装着银行房贷资料: 1949年那盒; 贷款还完了，房子都卖了。一张褪色的小纸片，我动容了，"夜蛾"的存衣票: 1928年那盒。

"就剩玛丽安娜·哥德尔的这些信。"

我叹了口气。

"得都看一遍。"

"不必，你会让自己难受。"

"让我一个人看吧，一会儿就看完。"

"我去把你的纸箱打包好，你真的什么也不想带?"

"都放仓库吧，养老院房间你也看过，没地方放碍事的纪念品，这样也好!"

"要打电话给高等研究院说资料的事吗?"

"先不用。"

他们通信这么多年，能讲什么? 她肯定在背后说我坏话，他就像一贯那样也不怎么为我说话。我从未能给他灵感，激发他的才智，这不是我的角色，我也无怨无悔，但没给我的解释都讲给她了吗？她是否得他相告？

我随便打开一封：1951 年，祝贺他得奖，有些词句因审查被涂黑。1938 年 11 月，我们结婚一个月后，不是在说政局就是让他注意身体。1946 年，从欧洲传来消息，告诉他教父死了。1961 年，她就他的神学世界观[①]给他回信，所以他和她详细说过。我激动地将这些信一封封拆开，一头扎进这些陌生的话语。伊丽莎白时不时从客厅门口探出头来，然后又不好意思地回去做事。

我没找到一丝对我的刻毒，通信四十年，她一次都没说起过我，甚至一次都没提我的名字。这些信灼烧着我的双手。

"看完了？"

我把凄苦的脸转向伊丽莎白，库尔特走后，我第一次流泪。她把我抱在怀里，轻轻摇晃，不讲无谓的话。我抱紧她，满心愤慨混合伤痛，绝望得只觉天旋地转，血冲上头，撞击着太阳穴，咚咚咚地打出狂乱的心跳。不过我不想走，现在还不行。

"我对他们来说不存在，伊丽莎白，我从来就没存在过。"

平静下来后，我从她怀中挣脱，费力捡起散落一地的信，统统扔进火里。

[①] "今天，我们离科学建立神学世界观当然还很远，但我认为，从现在起，能以纯粹理性的方式（不依靠对任何宗教的信仰）承认，神学世界观与所有已知事实（包括支配我们这个世界的客体）完美相容。"——库尔特·哥德尔，与玛丽安娜·哥德尔的通信。

55.

阿黛尔的葬礼

安娜抖掉身上和头上的雪，走进高等研究院大堂，穿着米白色薄大衣瑟瑟发抖——没料到会倒春寒。今天大自然也一袭白衣以示哀悼。她该想着把厚冬装拿出来。阿黛尔的葬礼后，她就没迈进办公室一步，也没请假，不接电话也不看信，突然回归肯定会引起些风波，但就像阿黛尔会说的："去你们的！"

那个早上，伊丽莎白·格林卡给她打电话时，她正准备去看哥德尔夫人，就像圣诞节后的每个周末一样。"罗思小姐吗？"后面的话安娜都猜到了。她坐下任悲伤侵袭，还没和阿黛尔说再见。

去参加她葬礼的人很少，几个两鬓斑白、着急结束的人扶着一小群身着黑衣的老太太。颤抖的她紧紧抓住伊丽莎白的胳膊。她几乎不记得那个时刻。长长的灵车卸下棺材。卡尔文·亚当斯致辞了吗？她不记得。覆土前，她把红玫瑰扔在棺木上，没找到山茶花。葬礼的宗教仪式生硬而迅速。之前伊丽莎白问她用什么音乐好，安娜推荐了马勒的艺术歌曲《我弃绝尘世》(*Ich bin der Welt abhanden gekommen*)，致敬那个消失的维也纳。仪式中，她又觉得该选詹姆斯·布朗，那就能看见格拉迪丝舞动黑毛衣，让空荡荡的礼拜堂活跃起来。高龄芭比有件黑毛衣，安娜为什么会记得这么小的细节？

阿黛尔直到最后头脑都清醒。护士们没听懂她的临终遗言，是德语，安娜肯定那是说给她丈夫听的。1981 年 2 月 8 日起，她安息在丈夫身旁，灰色大理石墓碑上刻着"哥德尔，阿黛尔·T.：1899—1981；库尔特·F.：1906—1978"。从此以后，她睡床的左半边。

高等研究院的门卫招手让她过去，他看起来和这楼一样老。一改往常的内敛，他表现出很高兴又见到她的样子。"大家很担心她。"安娜还没来得及细想"大家"都有谁，门卫就把一个巨大的包裹放到柜台上。她向冻僵的手指呵了口气，拆开和包裹一起的信，字像小孩写的，署名是伊丽莎白·格林卡："我代表阿黛尔寄给你一个礼物和一封信。请不要悲伤，她也不悲伤，她想走。"安娜不禁笑出来。她确实悲伤，但现在这悲伤还可以承受，出于完结而非遗憾，就像狂欢过后第二天的惆怅。她掂量了下包裹，里面不可能是遗稿。无所谓，她已下定决心离开普林斯顿研究院。她这一次的长久不露面不是逃避，而是裹着朱红色毛线开衫积蓄力量，上午就会把辞呈放到卡尔文·亚当斯的办公桌上。

安娜一直期望公正、秩序。有那么一刻，她以为在这世上的使命就是拿回那些文件。阿黛尔接受了使命：她来到这世上是为了阻止那个天才早衰。她是孕育崇高的沃土，血肉、皮毛、粪便，没有这些，灵魂也不存在。她是必要条件，却不充分，愿意只当链条中的一环，永远是那个没文化的奥地利妇女。

今天，安娜想告诉她，她错了。一个个肉体在消亡，一个个灵魂被遗忘，在这连续不断中，生命都是一样的。我们都是链条中的一环，没人有使命。阿黛尔爱过库尔特，没什么比这更重要。

办公室不像她担心的那样一股不透气的味儿，"大家"给屋子通过风，还拿盆绿植装点了一下，旁边有张卡片："早日康复——卡尔文·亚当斯。"安娜对这关心感到惊讶，原以为最好也得再受最后一次警告。她轻蔑地看了眼塞得满满的信箱，还是从读阿黛尔的信开始吧，给自己泡杯茶，不慌不忙地坐下，闻了下信纸，好像略带记忆中的薰衣草香。她按捺住涌动的心潮，阿黛尔肯定不喜欢哭哭啼啼。

> 亲爱的安娜：
> 我将库尔特·哥德尔的遗稿留给普林斯顿图书馆，我从来就没有过别的打算。我让伊丽莎白把这些箱子以你的名义寄送给高等研究院院长。这

不是礼物，千万别把它当成礼物！万事皆有时，安娜，有躲在书里的时候，也有该好好活一下的时候。

你给我的远多于你的想象。最后，还有那么多美妙等待你去体验，我也就不觉得只能遗憾。愿你有美好的一生。

你的阿黛尔·图斯奈尔达·哥德尔

字迹工整，但阿黛尔在签名后加了个随意写就的附言，让安娜又感觉到她血肉的存在："别忘记微笑，姑娘！ [①]"

安娜开始拆里三层外三层的包装，伊丽莎白真细致。里面装的是旧的粉色水泥火烈鸟，安娜笑得眼泪都出来了。她把这碍手碍脚的假鸟在办公桌上放好，然后把包里的东西都倒在桌上，不用找，利奥的字条被她用作《阿列夫》的书签，她每次去养老院都带着这本书，还没看完。

她展开那张纸，几行代码上，利奥乱涂出醒目的数字，后面写着"请坚持打！"，下面还画了三道线。安娜透过窗户，看被白雪覆盖的宽阔草坪像镜子一样映照低沉的白色天空。

于是，她拨了利奥的号码，一串毫无逻辑的数字，却有一种完美的优雅感。

---

① 奥地利德文：Vergessen Sie nicht zu lächeln, Mädel! ——译者注

哥德尔、格劳乔·马克斯、海森伯坐在吧台旁。

海森伯说："这不太可能，但我想我们是不是在一个笑话里。"

哥德尔说："我们在笑话外就会知道，但既然我们在里面，那就没有任何方法确定我们是不是在里面。"

格劳乔·马克斯回答："这当然是个笑话，只是你们讲得不好！"

谨以此书献给我的父亲，作为告别。

Y. G.

后记

　　本书虽是一部小说，但为尊重阿黛尔·哥德尔和库尔特·哥德尔的事迹，我还是小心细致地尽力忠于能查到的个人、历史、科学事件，专家们肯定能察觉到不准确、有错的地方，以及许多过分的省略。

　　这故事是许多真相中的一个，是客观事实与主观可能的交织。1927年，阿黛尔和库尔特确实住同一条街，他们相遇于此在我看来非常可能。阿黛尔迷倒库尔特显而易见，库尔特给阿黛尔上了一节逻辑课就不太可能。他们在床上分享一个苹果是诗意的发挥。阿黛尔被允许照顾库尔特并和莫根施特恩相遇于疗养院是猜想，她一小勺一小勺地喂他则是真的。婆婆恶毒，这很可能，主动要她和儿子结婚就不大可能。阿黛尔在结婚时已怀孕完全是杜撰，但她在维也纳大学的台阶上用雨伞当武器救了丈夫则是真实的逸事。他们乘火车经过西伯利亚大铁路时又冷又怕在我看来很符合逻辑。阿黛尔喜欢日本的天妇罗很自然，谁不喜欢？哥德尔说箱子的钥匙被偷，这个故事来自善良的弗雷德里克夫人。泡利和爱因斯坦钟爱奥地利菜是假设，但"泡利效应"是广为人知的科学段子，阿黛尔的蛋奶酥亦不能幸免。爱因斯坦和哥德尔每日并肩散步是历史事实。爱因斯坦爱出汗亦是。他的所有传记都说他爱慕女性，又对女性很粗鲁，他对相对性洗衣桶的兴趣则无甚记载。熟悉爱因斯坦的人可不费力地看出据说出自他之口的名言警句。入美国籍的情形乃莫根施特恩先生亲述。他在车里逗库尔特是站得住脚的猜测。关于阿黛尔朋友的资料甚少，但一些档案中关于莉莉·冯·卡勒的只言片语让人觉得这是个很讨喜的人。阿黛尔和爱因斯坦的友谊则无可置疑。阿黛尔生过丈夫的气，这毫无疑问，换别人可能早就生气了。胡尔贝克先生是个滑稽的怪人，还打鼓，这都有文献记载。他不屑于歌德和德国古典文化在我看来完全可能，符合达达主义。尽管如此，西奥罗尼乌斯·杰瑟普是编出来的人物。奥本海默夫妇确实受到麦卡锡迫害，阿尔伯特·爱因斯坦也确实被监听，所以库尔特·哥德尔被 FBI 跟踪也很有可能。哥德尔两口子玩过心灵感应游戏是真实的逸事。一部传记说某位电影导演曾找过这位深居简出的天才，我觉得是库布里克大师。年轻的保罗·科恩去师长家啜热水只为方便叙事。他吃了闭门羹是历史事实。哥德尔先生死于饥饿是令人悲伤的真事。阿黛尔不愿交出他的遗稿，则完全是扭曲事实。哥德尔的遗孀将遗稿交给了普林斯顿的费尔斯通图书馆，体积约有九立方米。他们相爱五十余载在我看来是不言自明的真事。

安娜、红发安娜、利奥、卡尔文·亚当斯、弗吉尼娅·亚当斯、皮埃尔·西科齐、欧内斯廷、丽艾莎、格拉迪丝、杰克、蕾切尔、乔治及所有配角，在这个故事中都是纯粹的虚构。

致谢

感谢我的爱人比我更有信心。感谢我的孩子们，时不时给我留出一点儿时间来写作。感谢我的母亲，培养了我对书的兴趣。感谢我的哥哥，让我进入极客的世界。感谢我的编辑斯蒂芬·C.，感谢他的信任和鞭策。感谢西蒙·D.对"连续统假设"的清楚解释。感谢安妮·S.自这本书还在萌芽状态时就支持这本书。感谢马克西姆·P.中肯的热情。感谢菲利普·B.提供乒乓球桌。感谢埃马纽埃尔·T.和我一起聊女生的那些事。感谢达恩和达娜·K.的指导。感谢玛丽内拉和丹尼尔·P.的友善。感谢泰蕾兹·L.允许我用她的"你好强"理论。感谢阿克塞尔·L.，你是如此美丽的一个拐点。感谢蒂娜·G.、马丁娜、亚历克斯·T.、奥雷莉·U.、凯特琳·K.和克里斯蒂安·T.，提供德国德语及奥地利德语的翻译。感谢网上所有热爱数学的人，没有你们，这本书就不会存在。感谢阿黛尔，若能见你一面，我会非常高兴。

参考文献

Logical Dilemmas : The Life And Work of Kurt Godel, John W. Dawson, A. K. Peters, 1997.

Reflections on Kurt Gödel, Hao Wang, A Bradford Book The Mit Press, 1987.

Les Démons de Gödel : logique et folie, Pierre Cassou-Noguès, Seuil, "Science ouverte", 2007.

Einstein/Gödel. Quand deux génies refont le monde, Palle Yourgrau, Dunod, 2005.

Gödel, Pierre Cassou-Noguès, Les Belles Lettres, 2004. *Gödel, Escher, Bach : les brins d'une guirlande éternelle*, Douglas Hofstadter, Dunod, 1985.

Histoire des codes secrets. De l'Égypte des pharaons à l'ordinateur quantique, Simon Singh, Étude, Poche, 2001.

Le Génie et la Folie, Philippe Brenot, Odile Jacob, 2007. *Il était sept fois la révolution, Albert Einstein et les autres...*

Étienne Klein, Flammarion, "Champs sciences", 2008.

传记、小说

Le Monde d'hier, Stefan Zweig, Ldp, 1996.

Le Tournant, Klaus Mann, Actes Sud "Babel", 2008.

Einstein, Jacques Merleau-Ponty, Flammarion, "Figures de la science", 1997.

Einstein. Le génie, l'homme, Denis Brian, Robert Laffont, 1996.

Alan Turing, l'homme qui a croqué la pomme, Laurent Lemire, Hachette Littérature, 2004.

Comment je vois le monde, Albert Einstein, Flammarion, "Champs", 1999.

L'Aleph, Jorge Luis Borges, Gallimard, "L'Imaginaire", 1977.

报刊文章

"Gödel. Adieu, Vienne", Gianbruno Guerrerio, *Les Génies de la science*, n° 20.

"Dieu existe-t-il?", Gianbruno Guerrerio, *Les Génies de la science*, n° 20.

"Gödel déchiré", Gianbruno Guerrerio, *Les Génies de la science*, n° 20.

"Gödel le difficile", Gianbruno Guerrerio, *Les Génies de la science*, n° 20.

"Entre éloges et critiques", Gianbruno Guerrerio, *Les Génies de la science*, n° 20.

"En quête de la perfection", Gianbruno Guerrerio, *Les Génies de la science*, n° 20.

"Imaginer l'infini, ou le découvrir?", Jean-Paul Delahaye, *Pour la Science*, n° 370.

"De la machine de Turing à l'ordinateur", Jean Lassègue, *Les Génies de la science*, n° 29.

"La machine de Turing", Jean Lassègue, *Les Génies de la science*, n° 29.

"Brouwer et Gödel : deux frères ennemis", Mark van Atten, *Dossier Pour la Science*, n° 49.

"Leibniz, le penseur de l'universel", Massimo Mugnai, *Les Génies de la science*, n° 28.